权威·前沿·原创

皮书系列为
“十二五”“十三五”国家重点图书出版规划项目

水利风景区蓝皮书

BLUE BOOK OF
WATER PARK

中国水利风景区发展报告（2018）

DEVELOPMENT REPORT OF WATER PARK IN CHINA
(2018)

主　编／李晓华　兰思仁
副主编／谢祥财　汤勇生

社会科学文献出版社
SOCIAL SCIENCES ACADEMIC PRESS (CHINA)

图书在版编目（CIP）数据

中国水利风景区发展报告. 2018 / 李晓华，兰思仁主编. --北京：社会科学文献出版社，2018.12
（水利风景区蓝皮书）
ISBN 978-7-5201-3939-7

Ⅰ.①中… Ⅱ.①李… ②兰… Ⅲ.①水利建设-风景区-研究报告-中国-2018 Ⅳ.①K928.7

中国版本图书馆 CIP 数据核字（2018）第 265036 号

水利风景区蓝皮书
中国水利风景区发展报告（2018）

主　　编／李晓华　兰思仁
副 主 编／谢祥财　汤勇生

出 版 人／谢寿光
项目统筹／王　绯　赵慧英
责任编辑／赵慧英

出　　版／社会科学文献出版社·社会政法分社（010）59367156
地址：北京市北三环中路甲 29 号院华龙大厦　邮编：100029
网址：www.ssap.com.cn
发　　行／市场营销中心（010）59367081　59367083
印　　装／三河市龙林印务有限公司

规　　格／开 本：787mm×1092mm　1/16
印 张：17.25　字 数：259 千字
版　　次／2018 年 12 月第 1 版　2018 年 12 月第 1 次印刷
书　　号／ISBN 978-7-5201-3939-7
定　　价／98.00 元

皮书序列号／PSN B-2015-480-1/1

《中国水利风景区发展报告（2018）》
编　委　会

主　　编　李晓华　兰思仁

副 主 编　谢祥财　汤勇生

编写人员　王　凯　赵　敏　邹秀萍　连泽俭　曾宜富
刘　敏　张　蕾　于小迪　陈　菁　李　琛
司保江　汪德根　李亚娟　李灵军　韩凌杰
廖梦均　刘　洋　邓宝祥　卢　婧　苏争荣

前　言

《中国水利风景区发展报告（2018）》是《水利风景区蓝皮书》自2015年首期发布以来连续结集出版的第四期。这是以科研院校专家学者为主体的第三方研究团队，综合分析我国水利风景区发展动态，客观反映水利风景区改革发展成果，系统阐述水利风景区发展中一系列重要问题并从理论上开展探索创新的综合研究报告。《水利风景区蓝皮书》力求多角度、多层面总结行业发展情况，反映新特点，分析新问题，探讨新趋势，提出对策与建议，对促进水利风景区全面、协调、可持续发展具有重要的理论指导与现实实践意义。《水利风景区蓝皮书》前三期的出版发行在社会公众中产生了积极影响，已经成为社会了解中国水利风景区建设与发展的重要载体，行业工作人员开展工作的权威依据，党委政府开展决策的重要参考。

2017年是全面深化改革进入决战决胜阶段的关键一年，也是实施水利改革发展“十三五”规划的重要一年。2017年，随着中国共产党第十九次全国代表大会的胜利召开，水利风景区的发展进入了新的时期，整体规模不断扩大、总体质量稳步提升，在服务打好三大攻坚战特别是生态文明建设、城市双修（生态修复、城市修补）、脱贫攻坚战等方面的作用日渐突出，成效持续显现。2018年是深化党和国家机构改革之年，根据《中共中央关于深化党和国家机构改革的决定》《深化党和国家机构改革方案》《国务院机构改革方案》，将国务院三峡工程建设委员会及其办公室、国务院南水北调工程建设委员会及其办公室并入水利部，水利部职责得到优化。

《中国水利风景区发展报告（2018）》的编写思路和框架结构与《中国水利风景区发展报告（2017）》总体保持一致，由总报告，专题报告，省、市域发展报告，景区报告和附录五个部分共十九章构成。总报告部分系统总结了2017年国家、区域（省、市级）水利风景区的发展现状与发展特征，分析了2018年党和国家机构改革对水利风景区发展带来的机遇和挑战，阐明了新时期水利风景区的功能定位、发展方向，阐述了水利风景区取得的发展成效与基本经验、存在的主要问题、面临的宏观形势与发展机遇，并对水利风景区的发展趋势与前景进行了预测与展望，针对各级人员建设与管理实践中发现的问题进行了研究分析并提出了对策建议。专题报告部分围绕"一带一路"倡议框架下水利风景区的发展、河长制背景下的水利风景区发展、水利风景区建设在精准扶贫实践中的作用与作为、水利风景区的体制机制创新、国家水利风景区信息化建设等专题进行了研究。省、市域发展报告部分对湖南省域及无锡市域水利风景区发展进行了系统叙述，对莆田市域水利风景区的资源评价、管理及利用进行了分析与探讨。景区报告部分对浙江浦阳江水利风景区、湖北百里荒水利风景区、四川仙海水利风景区、陕西石门水利风景区、安徽肥西三河水利风景区等进行了实证分析。附录部分为国家水利风景区分省份统计数据。

《中国水利风景区发展报告（2018）》的编写工作历时约一年时间。为了使报告能够实事求是地反映和分析客观事实，研究团队于2017年初成立了编写组、技术咨询组和编审组三个工作组，在大量的实地调研、数据收集的基础上，书稿历经"三研三编三改三审"，即写作大纲、报告初稿、专题报告三次研讨，书稿第一稿、第二稿、第三稿三轮编撰、修改，技术咨询组会审、主编统审、出版社编审三次审稿。这其中的每一个过程都是交流碰撞、递进升华的过程，也是诸位专家倾注心血、真诚奉献的过程。李晓华、兰思仁、谢祥财、汤勇生共同制定了书稿写作思路与框架结构，谢祥财、汪德根、赵敏、司保江、张蕾对本书稿做了统稿修改，其中，总报告部分由邹秀萍、张蕾、赵敏、谢祥财、汪德根、李琛、汤勇生、曾宜富、廖梦均等共同完成编写；刘敏、刘秋华、李灵军、王凯、李亚娟、刘洋、韩凌杰、陈菁、李慧玲、张馨元、谢祥财、连泽俭、邓宝祥、刘洋、曾宜富、周乐新、谭佩君、刘添、温海燕、刘林松、臧红飞、邵建明、朱齐亮、董世一、卫东山、再丽娜、苏争荣、卢婧等同时参加了本书其他部分的编写工作。

《中国水利风景区发展报告（2018）》成稿出版，是众多专家辛勤劳动和智慧的结晶，是水利行业老领导、专家们持续关心、支持与指导的结果，是基层水行政主管部门及从事水利风景区管理工作的同志们共同努力的成果。编写过程中得到了水利部领导及专家、基层党委、政府部门和水利风景区各级管理单位的关注、关心和帮助。水利部、水利部综合事业局领导及相关专家、专业人员为本书编辑提出了一系列指导意见和要求，水利部水利风景区建设与管理领导小组办公室对本书的编写与出版提出了许多珍贵意见和建议。编写过程中还得到了福建省、湖南省、江苏省等省水利风景区管理部门和陕西石门水利风景区、浙江浦阳江水利风景区等景区管理单位的鼎力支持与协助。社会科学文献出版社社会政法分社王绯社长、赵慧英编辑为本书的出版给予了许多指导，付出了许多辛勤劳动。对此，一并表示诚挚感谢。由于时间和调研等方面的局限，本书难免存在不足和问题，诚恳希望社会各界同人们多提宝贵意见与建议，我们将在以后的相关工作中认真吸收和改进。

《水利风景区蓝皮书》编写委员会

2018 年 8 月

摘　要

《中国水利风景区发展报告（2018）》由总报告，专题报告，省、市域发展报告，景区报告和附录五个部分共十九章组成。

总报告对2017年国家、省域（省级）水利风景区的发展现状与发展特征进行了总结概述，对水利风景区发展成效、存在问题、宏观形势与发展机遇进行了分析与总结，对水利风景区发展趋势进行了预测与前景展望，并针对存在问题提出了具体的对策措施与政策建议。2017年全国新增54个国家水利风景区，全国国家水利风景区达到832个，相当于省级质量的水利风景区达2000多家，呈现出“突出绿色发展、强调民生服务功能、注重文化内涵提升”等发展特征，水利风景区在我国经济社会发展中的综合效益日益显现。在此供给侧结构性改革的深化之年，各省（区、市）及流域机构依托水工程，充分结合维护水工程、保护水资源、改善水环境、修复水生态、弘扬水文化、发展水经济等多层次多方面的需要，积极推动省级水利风景区开发建设。2018年是改革之年，根据党的十九大关于深化机构改革的决策部署，水利部职责进行了优化，为此，在总报告中对新时期水利风景区的功能定位、发展方向等进行了分析与阐述。

专题报告对“一带一路”倡议框架下水利风景区的发展、河长制背景下的水利风景区发展、水利风景区建设在精准扶贫实践中的作用与作为、水利风景区的体制机制创新、国家水利风景区信息化建设等问题进行了专题研究。报告全面分析了中国“一带一路”沿线水利风景区的发展情况，对水利风景区与丝绸之路两者之间的文化脉络进行梳理与总结，指出了“一带一路”建设对我国水利风景区发展的促进作用。报告分析了水利风景区规划、建设与河长制实施的关系并论述了应该注意的内容。报告指出国家水利风景区在贫困地区的扶贫带动作用已凸显，不仅维护水生态安全，改善人居环境，同时促进了贫困地区饮水安全、防洪安全等，更重要的是其开发激活了整个地区的产业链，拉动了整个区域的经济发展。报告从组织机构的设置、管理依据和经费筹措与队伍建设等方面对水利风景区管理体制机制进行梳理分析，并对相关问题提出了对策建议。同时，报告分析了国家水利风景区信息化发展的现状，并指出国家水利风景区在信息化建设方面的不完善之处，提出了国家水利风景区信息化持续发展的对策建议。

省、市域发展报告中针对湖南省域、无锡市域、莆田市域水利风景区发展做了系统研究。分别对湖南省及无锡市水利风景区基础与现状做了描述，对其发展成效与问题做了总结，对发展形势做了分析，针对存在的问题提出了对策与建议。报告对莆田市域水利风景资源进行了评价，对其管理及利用情况进行了总结与探讨。

景区报告对湖北百里荒水利风景区，四川仙海水利风景区、陕西石门水利风景、安徽肥西三河水利风景区等景区进行了实证分析，从具体案例上反映了2017年水利风景区发展的现状、特征、问题与成效等。

附录部分为国家水利风景区分省统计。

关键词： 水利风景区　水生态　水文化

Abstract

The development report of China water conservancy scenic spot (2018) is composed of 19 chapters, including general report, special report, provincial (municipal) regional development report, scenic spot report and appendix.

Total report on 2017 national, provincial (provincial) water conservancy scenic area development present situation and the development characteristics summarized an overview of the achievements, problems in the development of water conservation scenic spot, macro situation and development opportunities are analyzed and summarized, the development trend of water conservancy scenic spot has carried on the forecast and prospect, and puts forward concrete countermeasures against the existing problems and Suggestions. 54 countries created over the water conservancy scenic spot in 2017. the national water conservancy scenic area reached 832, equivalent to the provincial water conservancy scenic area more than 2000 present a "green development, emphasize the service function of the people's livelihood, pay attention to the cultural connotation of ascension" development characteristics, such as comprehensive benefits of water conservancy scenic spot in China's economic and social development has become increasingly apparent. In this year of deepening supply-side structural reform, all provinces (regions and cities) and river basins actively promote the development and construction of provincial-level water conservancy scenic spots by relying on water projects, fully combining the needs of maintaining water projects, protecting water resources, improvingwater environment, repairing water ecology, carrying forward water culture and developingwater economy.

Thematic reports on the development of Water Conservancy Scenic spots under the "one belt and one way" initiative, the development of Water Conservancy Scenic spots under the background of river system, the role and action of Water Conservancy Scenic spot construction in the accurate poverty alleviation practice, the institutional mechanism innovation of water scenic spots, and the role and action of Water Conservancy Scenic spot construction in the precise poverty alleviation practice, The National Water Conservancy Scenic Area Information Construction and other issues were studied.

The report comprehensively analyzes the development of Key Water Conservancy Scenic Spots in China's border areas, summarizes and summarizes the cultural context between the Water Conservancy Scenic Spots and the Silk Road, and points out the promotion role of the "one belt and one road" construction to the development of Water Conservancy Scenic Spots in China. The report analyzes the relationship between the planning and construction of Water Conservancy Scenic Spots and the implementation of the river head system and discusses the contents that should be paid attention to. The report points out that the role of the National Water Conservancy Scenic Spot in poverty alleviation has been highlighted. It not only maintains the water ecological security and improves the living environment, but also promotes the safety of drinking water and flood control in poverty-stricken areas. More importantly, its development activates the industrial chain of the whole region and stimulates the economic development of the whole region. The report combs and analyzes the management system and mechanism of Water Conservancy Scenic Spots from the aspects of organizational setup, management basis, fund raising and team building, and puts forward countermeasures and suggestions for the related problems. Starting from the construction of the National Park system, the report points out that the management system of protected areas should be based on the National Park system, and then introduces the Water Conservancy Scenic Area as a protected area, expounds the relationship between the two, and puts forward the existing problems and suggestions in the development of Water Conservancy Scenic areas. At the same time, the report analyzes the current situation of the informatization development of the National Water Conservancy Scenic spots, points out the imperfections of the informatization construction of the National Water Conservancy Scenic spots, and puts forward the countermeasures and suggestions for the sustainable development of the informatization of the National Water Conservancy Scenic spots.

The provincial (city) domain development report systematically studied the development of Hunan Province, Wuxi City, and Putian City Water Conservancy Scenic Area. The basic and current status of the water conservancy scenic spots in Hunan Province and Wuxi City were described respectively. The development achievements and problems were summarized. The development situation was analyzed and countermeasures and suggestions were put forward for the existing problems. The report evaluated the water resources and landscape resources of Putian City, and summarized and discussed its management and utilization.

The scenic spot report carried out an empirical analysis of Hubei Baili Wastewater and Scenic Area, Sichuan Xianhaishuili Scenic Area, Shaanxi Shimen Water Conservancy Scenic Spot, Anhui Feixi Sanhe Water Conservancy Scenic Area, etc., reflecting the current situation of the development of water conservancy scenic spots in 2017 from specific cases. characteristics, problems and results.

The appendix is the statistics of the National Water Conservancy and Landscape Division.

Keywords: Water Park; Eco - Water; Water Culture

目 录

Ⅰ 总报告

Ⅱ 专题报告

Ⅲ 省、市域发展报告

Ⅳ 景区发展报告

Ⅴ 附录

CONTENTS

I General Reports

II Special Reports

Ⅲ Provincial and Municipal Development Report

Ⅳ Case Studies

Ⅴ Appendix

总 报 告

General Reports

B.1 发展现状与基本特征

邹秀萍　张　蕾*

摘　要： 2017年全国成功申报获批的国家水利风景区共有54个，其中城市河湖型15个、水库型11个、自然河湖型15个、水土保持型3个、湿地型6个、灌区型4个。总体来看，2017年申报的景区具有主题鲜明、资源富集、文化丰富、功能综合、贴近民生等特点，其中不乏具有“世界文化遗产”称号的广西兴安灵渠水利风景区等著名景区。

关键词： 水利风景区　水利风景区持续发展　水生态

* 邹秀萍，中国科学院科技政策与管理科学研究所副研究员；张蕾，水利部景区办中级经济师。

一 国家级水利风景区发展现状

水利风景区在生态文明和美丽中国建设中发挥着重要的窗口作用，随着国家生态文明战略和美丽中国战略的推进，各地建设水利风景区的热情空前高涨，许多地方充分利用山水自然资源和文化资源，结合水利工程、城镇化建设和美丽乡村工作，通过综合协调水利工程建设和生态环境建设，保护水资源，改善水环境，修复水生态，保障水安全，弘扬水文化，统筹山水林田湖草系统治理，实现工程景观与自然景观的相互融合与整体提升，在一定程度上满足了人民日益增长的对美好生活空间的需要。

（一）发展规模稳定增长

随着生活水平不断提高，人民群众对享有绿色公共游憩空间的需求也不断增长，获取水文化、水科学知识的愿望也更为强烈。同时，国家生态文明建设战略、美丽乡村，特色小镇建设及一大批水生态文明试点城市的建设为全国水利风景区的建设与发展创造了有利的环境。全国各地结合河长制的推行，河流湖泊保护及工程运行管理和维护，不断加强水利风景区内的环境治理和生态保护，进行生态环境整治，对生态文明与美丽中国建设做出了积极的贡献。

2017 年新增国家水利风景区 54 个，在地区上覆盖了 2 个流域机构和 22 个省、自治区、直辖市（见表 1）。2001 ~ 2017 年，全国共批准设立了 832 个国家水利风景区，平均年增 49 个景区（见表 2）。

表 1　2017 年新增国家水利风景区名称一览

序号	流域机构/省份	景区名称
1	长江水利委员会	陆水水库水利风景区
2	黄河水利委员会	长垣黄河水利风景区
3	河北省	邯郸广府古城水利风景区
4	内蒙古自治区	包头南海湿地水利风景区
5		鄂尔多斯马颤沟神龙寺水利风景区

续表

序号	流域机构/省份	景区名称
6	吉林省	永吉星星哨水利风景区
7		通榆向海水利风景区
8		临江鸭绿江水利风景区
9	黑龙江省	哈尔滨长寿湖水利风景区
10		呼兰河口水利风景区
11	江苏省	泰州凤城河水利风景区
12		宜兴华东百畅水利风景区
13		涟水五岛湖水利风景区
14	浙江省	湖州吴兴太湖溇港水利风景区
15		云和梯田水利风景区
16		金华浦阳江水利风景区
17	安徽省	肥西三河水利风景区
18		南陵大浦水利风景区
19		祁门牯牛降水利风景区
20	福建省	长汀水土保持科教园水利风景区
21		宁德水韵九都水利风景区
22		霞浦杨家溪水利风景区
23	江西省	石城琴江水利风景区
24		崇义客家梯田水利风景区
25		德兴大茅山双溪湖水利风景区
26	山东省	莒县沭河水利风景区
27		青州阳河水利风景区
28		沂水县沂河水利风景区
29	河南省	荥阳古柏渡南水北调穿黄水利风景区
30		林州太行平湖水利风景区
31		南乐西湖生态水利风景区
32	湖北省	武汉金银湖水利风景区
33		蕲春大同水库水利风景区
34		武穴梅川水库水利风景区
35	湖南省	芷江侗族自治县和平湖水利风景区
36		长沙洋湖湿地水利风景区
37		祁阳浯溪水利风景区
38	广西壮族自治区	桂林灵渠水利风景区
39		隆林万峰湖水利风景区
40	海南省	海口美舍河水利风景区

续表

序号	流域机构/省份	景区名称
41	重庆市	丰都龙河谷水利风景区
42	四川省	雅安陇西河上里古镇水利风景区
43		南江玉湖水利风景区
44		遂宁观音湖水利风景区
45	贵州省	凯里清水江水利风景区
46		福泉洒金谷水利风景区
47		贵定金海雪山水利风景区
48	云南省	双柏查姆湖水利风景区
49		丘北纳龙湖水利风景区
50	陕西省	延川乾坤湾水利风景区
51		西安渭河生态水利风景区
52		镇坪飞渡峡水利风景区
53	甘肃省	景电水利风景区
54	宁夏回族自治区	银川黄河横城水利风景区

表 2　2001～2017 年国家水利风景区批准设立情况

单位：个

批次	年份	数量	批次	年份	数量
1	2001	18	10	2010	53
2	2002	37	11	2011	52
3	2003	30	12	2012	43
4	2004	54	13	2013	70
5	2005	53	14	2014	70
6	2006	42	15	2015	61
7	2007	38	16	2016	59
8	2008	42	17	2017	54
9	2009	56	合计	832	

（二）类型结构趋于合理

国家水利风景区在开发和建设过程中逐步形成了水库型、自然河湖型、城市河湖型、湿地型、水土保持型和灌区型等六大主体类型。在 2017 年新增的54个国家级水利风景区中，城市河湖型水利风景区15个、自然河湖型水利风景区15个、水库型水利风景区11个、湿地型水利风景区6个、灌区型水利风景区4个、水土保持型水利风景区3个（见图1）。

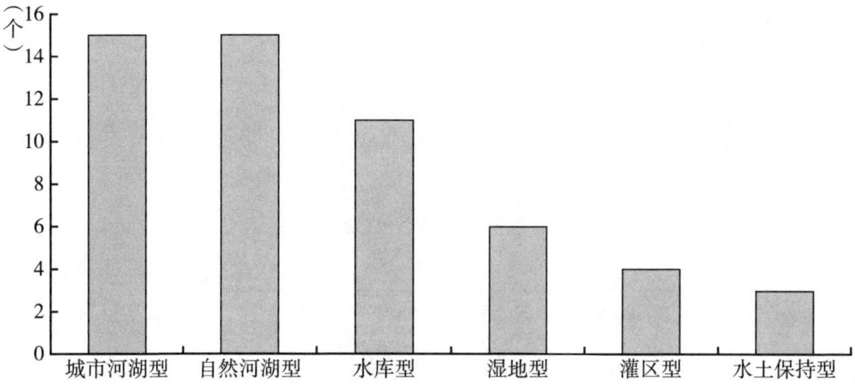

图1　2017年新增国家水利风景区的类型分布

截至2017年底，在全国832个国家水利风景区中，水库型水利风景区达到362个，占总量的43.5%；自然河湖型水利风景区共有182个，占总量的21.9%；城市河湖型水利风景区共有175个，占总量的21%；湿地型水利风景区共有47个，占总量的5.6%；水土保持型水利风景区共有36个，占总量的4.3%；灌区型水利风景区共有30个，占总量的3.6%（见图2）。

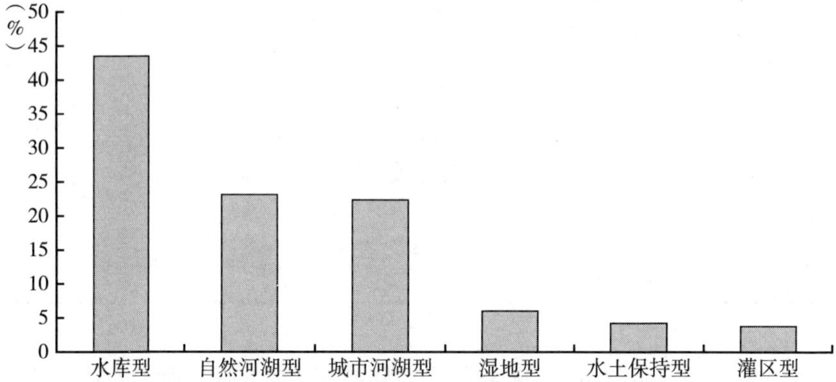

图2　国家水利风景区的类型分布（截至2017年底）

不同的景区类型具有不同的资源特点，从各类型景区的数量上看，未来应积极发展水土保持和灌区等类型的水利风景区，丰富和平衡各类景区协调发展。在各类景区的规划和建设中，应根据不同类型景区的开发与保护需求，因地制宜营造不同类型景区的特色。

（三）空间布局逐步优化

2017 年全国共有 54 家水利风景区成为国家级水利风景区（见表 3）。

表 3　国家水利风景区机构分布情况（截至 2017 年底）

单位：个

主管机构	新增数	累计数	主管机构	新增数	累计数
水利部	—	2	江西省水利厅	3	41
长江水利委员会	1	3	山东省水利厅	3	92
黄河水利委员会	1	22	河南省水利厅	3	40
淮河水利委员会	—	3	湖北省水利厅	3	22
海河水利委员会	—	2	湖南省水利厅	3	40
松辽水利委员会	—	2	广东省水利厅	—	13
太湖流域管理局	—	1	广西壮族自治区水利厅	2	13
北京市水务局	—	3	海南省水利厅	1	5
天津市水务局	—	2	重庆市水利局	1	15
河北省水利厅	1	21	四川省水利厅	3	39
山西省水利厅	—	17	贵州省水利厅	3	31
内蒙古自治区水利厅	2	27	云南省水利厅	2	20
辽宁省水利厅	—	10	西藏自治区水利厅	—	3
吉林省水利厅	3	28	陕西省水利厅	3	38
黑龙江省水利厅	2	31	甘肃省水利厅	1	28
上海市水务局	—	4	青海省水利厅	—	13
江苏省水利厅	3	58	宁夏回族自治区水利厅	1	12
浙江省水利厅	3	33	新疆维吾尔自治区水利厅	—	12
安徽省水利厅	3	42	新疆生产建设兵团水利局	—	10
福建省水利厅	3	34	合　计	54	832

从国家水利风景区在全国各地区的数量来看，其呈现为三个明显的梯队，山东、江苏、安徽、江西、河南、湖南处于第一梯队，拥有 40 个或以

上的景区。四川、陕西、福建、浙江、黑龙江、贵州、甘肃、吉林、内蒙古、湖北、河北、云南处于第二梯队，拥有景区数在 20～40 个（不含 40）之间。山西、重庆、青海、广东、广西、新疆、宁夏、新疆生产建设兵团、辽宁、海南、上海、北京、西藏、天津处于第三阶梯，拥有的水利风景区不足 20 个（见图 3）。

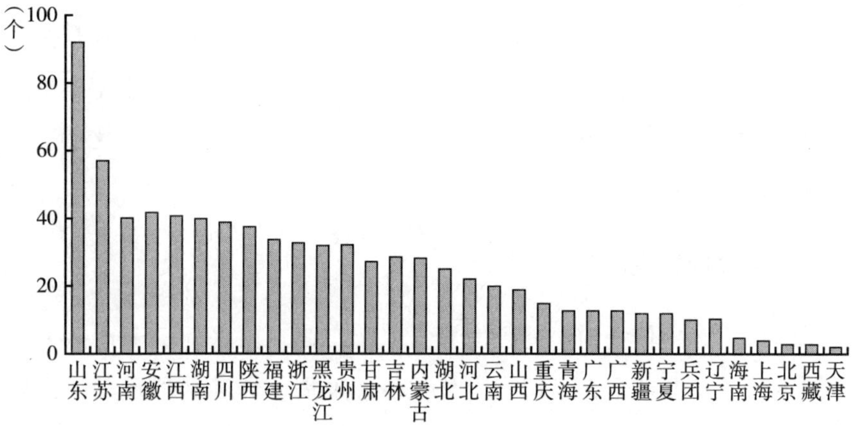

图 3　国家水利风景区的区域分布（截至 2017 年底）

截至 2017 年底，东部地区国家水利风景区数量达到 279 个，占总量的 33.53%；中部地区有 219 个，占总量的 26.32%；西部地区有 264 个，占总量的 31.73%；东北地区 70 个，占总量的 8.41%（见表 4）。

表 4　2017 新增国家水利风景区经济区域分布情况

经济区域	包含省、区、市（含流域机构）	新增国家水利风景区		国家水利风景区总量	
		数量（个）	比重（%）	数量（个）	比重（%）
东北	辽宁、吉林、黑龙江	5	9.26	70	8.41
东部	北京、天津、河北、江苏、浙江、上海、福建、山东、广东、海南、	14	25.93	279	33.53
中部	山西、安徽、江西、河南、湖北、湖南	17	31.48	219	26.32
西部	四川、重庆、贵州、西藏、陕西、甘肃、青海、宁夏、内蒙古、广西、云南、新疆（含兵团）	18	33.33	264	31.73
总　计		54	100	832	100

二 2017年全国水利风景区发展特征

水利风景区的建设发展已成为地方政府推进生态文明建设，放大改革红利，增强群众幸福感、认同感的有力措施。全国各地秉承“创新、协调、绿色、开放、共享”发展理念，统筹山水林田湖草系统治理，积极探索河流湖泊自然和文化资源的保护利用，结合水利工程建设与改造，在全国主要江河湖库、灌区、水土流失治理区，建设了一大批特色鲜明、类型丰富的水利风景区，为广大人民群众休闲娱乐、观光旅游、科普教育、文化活动等提供了清新灵秀的场所和空间。

（一）突出绿色发展理念

2017 年，各地依托山水资源优势，积极实践“山水林田湖草是一个生命共同体”的发展理念，坚持生态优先绿色发展，促进水利风景区提质增效。据调查，在已建成的水利风景中，近 80% 的景区水源涵养能力进一步提升，水生态环境进一步改善，水土流失综合治理率进一步提高，成为生态文明建设的典范。四川省将水利风景区作为构建“长江上游生态屏障”、建设“美丽四川”的重要组成部分。湖北省黄冈市白莲河水利风景区围绕贯彻落实市委市政府出台的《关于促进白莲河水库生态保护和绿色发展的意见》，以防洪安全为中心，以水质保护为核心，以绿色发展为路径，全面推动白莲河水库生态保护和绿色发展，水质由Ⅳ类提高为Ⅱ类，水面清洁美观，已逐渐成为鄂东旅游休闲新名片。内蒙古自治区巴彦淖尔市二黄河水利风景区大手笔写好“水、绿、文化”三篇文章，将景区打造为塞上江南、草原水城。

（二）强调民生服务功能

水利风景区是以河流湖库及水利工程为依托，可开展科学、文化、教育及观光、游憩、休闲、度假活动的区域（《水利风景区管理办法》，

2004），是建设生态文明和美丽中国的重要载体。水利风景区的建设与发展，顺应了社会发展的需求，在一定程度上满足了人民对美好生活空间的需要，增强了对外交流与联系，提供了直接、间接的就业机会，促进了精准扶贫工作。如安徽省合肥市肥西三河水利风景区推进共建共享，一方面政府让利于民，景区免费对游客开放；另一方面政府引导镇区居民按照景区规划布局，参与景区开发、产品创新、服务供给，真正让群众享受到旅游发展带来的红利。2016 年，景区共接待游客 380. 6 万人次，实现旅游综合收入 4. 2 亿元。河南省林州市政府组建了红旗渠集团，整合露水河流域旅游资源，打造太行平湖水利风景区，取得了较好的社会效益和经济效益。湖南省益阳市明石谷生态园（石牛潭水库）利用水库优雅环境，建设光辉颐养院，开展异地养老、居家养老、生态养老、医养结合，开拓了水利风景区发展新模式。

（三）注重文化内涵提升

2017 年新增的 54 个景区具有主题鲜明、资源富集、文化丰富、功能综合、贴近民生等特点，其中不乏具有“世界文化遗产”等称号的著名景区，如广西兴安灵渠水利风景区等。

提升水利风景区科普文化的内涵，将水利风景区打造成为讲好水利文化故事、开展科普宣传的重要平台，成为各地建设水利风景区的重要措施。如安徽省要求新建水利景区必须结合景区特点、地方特色和流域文化开展水科普、水文化展示设施建设。宿州新汴河国家水利风景区投资 3000 万元建设水利展览馆，展示宿州以水定城、隋唐运河变迁及新汴河建设发展历程。江苏全省各级水利风景区已建成水文化展示馆 68 个，水景观小品近千处，设置室外标牌 3900 余个。湖北省武汉市依托“长江主轴”建设和“两江四岸”景观提升工程，将江滩国家水利风景区积极打造成展示“长江文化、生态特色、发展成就”的靓丽窗口。江苏、贵州联合地方高校、科研机构开展水利风景区水文化专项研究，其中贵州水文化研究被列为省长课题。

三　发展问题及建议

（一）水利风景区发展存在的问题

水利风景区的建设与发展在国家和区域经济、社会、生态、文化建设中发挥了重要的作用，但同时，目前水利风景区的建设与发展也存在一些问题与不足。

（1）水利风景区与旅游业的协同性不够

2017 年，旅游业收入靠前的广东、江苏、浙江、山东、北京、河南、四川等 7 个省市中，山东、江苏、河南、浙江的国家水利风景区拥有量也相对较高，反映出其水利风景区建设同旅游业发展的协同性较强；但广东、四川的水利风景区拥有量很少，不到山东省的 1/8，反映出在部分地区水利风景区建设同旅游业发展的协同性不够，这种现象在其他省、区、市也不同程度存在。

（2）水利风景资源的利用深度不够

部分水利风景区的旅游基础设施配套水平不高，景区只有风景资源，没有旅游服务设施。许多水利风景区仍然停留在“景点”阶段，即只有一些简单的景点，对旅游资源的文化价值、商业价值、社会价值挖掘不够。部分水利风景区依托现有的水利工程景观开展传统观光旅游，新型旅游产品开发不足，旅游消费中文化、娱乐两大消费水平低。相关的水利旅游产品的开发层次较低，旅游项目多以游船、垂钓等亲水项目为主，有关近水旅游、入水旅游等项目的开发不够。此外，景区所依托的水资源、水环境、水科技、水文化等要素形成的水利风景资源优势尚待进一步开发，未来可探索开发知识型、探索型、体验型、情趣型、养生度假型水利旅游产品。水利风景资源开发的深度直接影响着水利旅游产品对现代旅游市场需求的适应能力和水平。

（二）水利风景区发展建议

国家、社会、民众对水利生态服务功能的新需求，为水利风景区的建设和发展提出了新要求。水利风景区是强化江河湖泊保护、落实绿色发展理念的重要途径。

（1）突出开发特色品牌

一要突出水文化特色。以水文化、水生态、水利工程为重点，突出水利工程及其附属水域的自然、人文景观，实现水域风光、地域风情、工程风貌、水文化的和谐统一，打造独具特色的水文化旅游品牌。例如扬州市结合大运河申遗，注重修复园林和恢复古代富商官宦的“个园”，极力打造运河文化，形成独特的品牌效应，吸引了众多的中外游客。

二要突出生态特色。基于水利风景区环境优美、空气清新、水质优良的特点，将自然生态、人文风情、休闲度假、康体保健融为一体，打造生态旅游品牌。例如，很多水库型水利风景区都开发了生态垂钓、森林浴场、负离子呼吸等生态项目，在打造生态旅游品牌的同时也实现了可观的经济效益。

三要突出经营特色。水利风景区应结合景区的具体特点，合理打造旅游产品，根据景区自身的特点在水利旅游产品开发时，应注重开发项目的新颖性、经营理念上的超前性，定位于景区的特色开发。例如临沂市致力打造“水上运动之城”，实施了沂河南岛水上运动基地建设、北岛文化演艺基地建设、水上赛事观景台建设、沿河百里健身长廊建设。先后成功举办了摩托艇世界锦标赛、中美澳划水邀请赛、世界杯滑水锦标赛等国际赛事。

（2）加强合作打造精品

一是加强与大旅游的合作。水利风景区的开发建设与市场推广要充分发挥区位优势，与所在区域的大旅游优势互补，共同开发旅游精品线路，使水利风景区成为大旅游线上的一个重要节点，大旅游圈上的一个特色景区，实现水与旅游“双赢”。

二是加强水利风景区之间的合作。可以试点组建省、区、市乃至全国层面的水利旅游集团公司，发挥整体力量，在实现资源优势的同时也形成行业优势，打造水利旅游品牌，提高行业竞争力。

三是加强与社会资金的合作。水利风景区的发展在寻求政策支持和政府的投入外，还应充分利用市场机制，通过股份、租赁、承包等多种融资途径，积极引进和吸纳社会资金参与水利风景区的建设，破解景区开发建设中的资金不足难题。

四是要加强水利风景区的宣传与推介，立足水利行业在国民经济中的重要地位，宣传水利科普教育的重要性。充分利用报纸、电视、杂志等各类媒体，策划推出水利旅游项目和旅游线路，并通过各种旅游交易会、展览会等推销水利旅游产品，提高水利风景区的知名度。

（3）强调以水文化为灵魂

水文化是以水利人为主的社会成员在处理人水关系的实践中创造出以精神成果为核心的各种成果的总和。① 水利文化是水文化的核心，在水文化的成熟和发展中占据主导地位，是水文化的基本内容。② 推动水文化的传承和发展，是建设文化强国的一个重大而紧迫的任务。水利风景区蕴含着丰富水文化，挖掘水利风景区的水文化内涵，可提升水利风景区的品位，塑造水利风景区特色，提高水利风景区的社会效益、生态效益和经济效益。

首先，水利风景区是水文化展现的重要窗口。水文化是水利风景区建设中所要体现的水利文化核心要素，是水利风景区建设的基本要求和区别于其他景区的基本特征。应把水利文化以人们喜闻乐见的方式展示出来，让人们充分了解水利，理解水利，支持水利，进而珍惜水，保护水。水利风景区良好的环境，也为展示水利文化提供了良好的条件。例如滨州市三河湖国家水利风景区内的滨州市水文化馆，通过实物展示、多媒体、景观小品等多种形式，把滨州市水利建设管理及各项水利工作，通过水文化展示的方式，向社会各界进行展示和宣传，取得了广泛的社会效益。

① 郑大俊、王如高、盛跃明：《传承、发展和弘扬水文化的若干思考》，《水利发展研究》2009 年第 8 期。

② 毛春梅、陈苡慈、孙宗凤、张鹏程、朱丽向：《新时期水文化的内涵及其与水利文化的关系》，《水利经济》2011 年第 29（04）期。

其次，要将水利风景区建设成为水文化传播的重要载体。水利风景区在水文化传播中可发挥如下几方面功能：第一，向国内旅客宣传中国当代的治水理念以及中国古代的水文化，进而推动公众对水利建设的支持以及水资源保护意识的提高；第二，向国外旅客传播中国当代的水利建设成就以及中国古代的治水思想，推动水利建设的国际交流；第三，为发掘我国灿烂的古代治水文化和保护辉煌的水文化遗产夯实社会基础；第四，通过弘扬中华水文化，启迪和提高民族自豪感，培养民众的爱国素养。

B.2
发展成效与基本经验

赵 敏　谢祥财*

摘　要： 截至2017年底，全国共批准设立了十七批832个国家水利风景区。水利风景区的发展进入了新的阶段，规模不断扩大，质量稳步提升，作用日渐突出，成效持续显现。初步形成了类型较为齐全、布局较为合理、功能较为完备、管理较为科学的景区网络，基本实现了水清、岸绿、景美且人水和谐发展的局面，全面改善了城乡人居环境。各地认真遵照生态文明建设要求，坚持新时期发展的“创新、协调、绿色、开放、共享”理念，积极作为、扎实推进水利风景区建设，开拓了新局面，创造了新经验。

关键词： 水利风景区　治水　水生态

一　发展成效

2017年，根据习近平总书记提出的新时期治水思路“节水优先、空间均衡、系统治理、两手发力”，在水利部景区办的具体领导下，通过争取各级党委和政府的支持，在各级水行政主管部门的共同努力以及相关部门的协作下，水利风景区的发展进入了新的阶段，规模不断扩大，质量稳步提升，作用日渐突出，成效持续显现。

---

* 赵敏，河海大学教授，博士生导师；谢祥财，福建农林大学园林学院副教授。

（一）水利风景区的规模不断扩大

2017 年我国新增国家水利风景区 54 个，覆盖了六种类型的水利风景区，地域涉及 22 个省、区、市和 2 个流域机构，遍及全国东、中、西部。其中，水库型、自然河湖型和城市河湖型水利风景区占比分别为 20.37%、27.78% 和 27.78%，仍然保持较大增幅。由此可见，2017 年国家水利风景区的发展是数量继续稳定增长，类型依旧体现多样，总体规模呈现出不断扩大的趋势。

随着规模的不断扩大，水利风景区的发展已经基本覆盖了全国主要河流、湖泊和大中型水利工程及其服务区域，初步形成了类型较为齐全、布局较为合理、功能较为完备、管理较为科学的景区网络；全面改善了城镇与乡村人居环境，逐步体现出水清、岸绿、景美，以及人水和谐发展的局面。为实现《水利风景区发展纲要》（水综合〔2005〕125 号）所提出的到 2020 年建设 1000 个国家级水利风景区的发展目标奠定了坚实的基础。

（二）水利风景区的质量稳步提升

水利风景区的质量稳步提升主要体现在以下三个方面。

1. 逐步由“重规模”向“重质量”转变

自 2001 年设立水利风景区以来，国家水利风景区在短短的 17 年间从无到有，实现了规模化增长，取得了很大成就。但在重规模的同时也存在轻质量的现象，具体表现为“重申报轻建设，重建设轻管理，重建设不管理”。这导致各地的国家水利风景区之间形成了恶性竞争的格局，具体而言就是景区低水平重复建设和产品同质化开发的现象较为普遍，水利风景区的整体经济效益不高；而在外部与其他类型风景区相比较，则整体产业竞争力不高，极易受其他类型风景区的品牌和市场遮蔽，水利风景区的自身品牌很难形成，社会影响力并未达到预期效果。在此情况下，国家水利风景区由注重“规模化”向注重“质量化”转型是其必经之路，在适度控制发展规模和速度的同时，必须提高发展质量和管理服务水平，继而培育出有一定竞争力的精品景区。为此，水利部景区办采取了积极措施，提出了进一步完善景区

“分层、分类和分级”管理的思路，开展了精品和典型景区的建设与示范工作。各级水行政管理部门已经清楚地认识到，为了继续保持水利风景区的发展成果，保障景区事业的良性发展，正确处理好景区数量与质量的关系已成为当务之急。应当进一步严格评审管理，加强动态监管，尽快实现国家水利风景区由重数量向重质量的转变。2017 年，全国各省区市、流域机构共有 86 个景区申报国家水利风景区，流域机构和省级厅（局）初审后推荐出 58 个景区报水利部，最终批准 54 个，通过率仅为 63%，初审工作严格规范，把关作用十分明显。同时还采取了多项具体措施：一是打造品牌，建设精品，推出了一批在国内外具有一定影响力的水利风景区；二是严格水利风景区准入与退出机制，严格把关水利风景区申报过程，加强评审管理，开展景区自我管理动态评估；三是运用多种手段，加强对水利风景区建设的宣传策划和舆论引导，不断扩大社会影响力。通过不断努力，水利风景区建设由“重规模”向“重质量”转变的态势已初步显现。

2. 逐步由“不平衡”向“相对均衡”转变

长期以来，国家水利风景区发展存在多种不平衡的现象，一是区域发展不平衡，二是质量水平不平衡，三是类型结构不平衡。不平衡发展虽然是景区发展的必经阶段，但平衡发展是提高景区发展水平的必由之路。为此，水利部景区办和各级水行政管理部门积极作为，努力改善，通过政策引导和资金扶持等宏观调控措施，努力平衡景区在区域间的发展规模，优化景区类型结构，释放行业生产力，提高行业整体发展水平。2017 年，水利部在关于国家水利风景区申报工作的通知中就要求，在满足基本条件的基础上择优推荐（每个流域机构或省区市不超过 3 个）。2017 年新增的国家水利风景区地跨东部、中部、西部和东北四大经济区域，分布于全国 22 个省区市和 2 个流域机构，且新增数量在各个地区之间趋于平均。由此可见，新增的国家水利风景区在一定程度上不仅改善了国家水利风景区的区域和类型分布，而且使国家水利风景区之间的质量差异也在逐步缩小。总体而言，国家水利风景区建设正在逐步由“不平衡”向“相对均衡”转变。

3. 逐步由“行业认可”向“社会认可”转变

加强水利风景区的建设与管理，是落实生态文明建设战略决策、促进人与自然和谐相处、构建社会主义和谐社会的需要。实践证明，水利风景区在维护工程安全、涵养水源、保护生态、改善人居环境、拉动区域经济发展等诸多方面，无不发挥着极其重要的功能和作用。水利风景区以其巍峨的水利工程、独特的水利景观、优良的生态环境、深厚的文化底蕴，为人们提供了丰富的观光、休闲及文教活动的空间，满足了人们渴望置身青山绿水的需求，同时也让人们更好地享有水利发展成果，实现了生态、经济、社会、文化效益的良性互补。通过 17 年的发展，社会各界逐步认识到水利风景资源的潜在价值和社会需求，水利风景区的发展前景十分广阔。水利部景区办和各级水行政管理部门采取各种措施，进一步强化了国家水利风景区的内部营销，使全行业认识到景区对于资源水利、生态水利、民生水利的意义，以及对于整个水利事业发展转型、新经济增长点培育和可持续发展的价值所在。与此同时，积极发挥市场的作用，通过重点发展精品和典型景区，形成了一定的产业支撑，提高了整个行业的地位和效益，提升了外部社会的认知度。随着对景区管理工作的不断推进，各地景区陆续建立了相应的管理体系，建设与管理工作得到逐步加强，有力地促进了水利风景区的发展。从实践成效上来看，国家水利风景区不仅全面发挥了“维护水工程、保护水资源、改善水环境、修复水生态、弘扬水文化、发展水经济”的六大功能，而且还改善了水管单位的经济条件和水利行业的形象，带动了区域经济及相关产业的发展，提高了人民群众的生活质量和幸福指数。目前，“以开发促保护，以保护促发展”的水利风景区建设与发展理念，已从水利系统的内部认识，逐步发展为得到人民群众的普遍响应，越来越被社会所认可。

（三）水利风景区的作用日渐突出

水利风景区的作用日渐突出主要体现在以下五个方面。

1. 是水生态文明建设的重要载体和抓手

水资源、水环境、水生态、水景观、水文化，是水生态文明的关键要素，也是水利风景区最为关注和着力解决的重点问题。从各地建设水利风景区的实践成效来看，无论是最严格水资源管理制度的建立、“三条红线”的划定，还是水资源全面节约、合理开发、高效利用、综合治理、优化配置、有效保护和科学管理的具体推进，以涵养水源、保护生态为主旨追求的水利风景区落实得最好，措施最得力，成效最明显，已经成为水生态文明建设的典型示范和引领。

2. 是社会和谐稳定的重要平台和样本

水利风景区建设与管理的基本原则就是“以人为本，全面协调，因地制宜，统筹兼顾”，既坚持以自然生态资源为基础，又充分考虑社会发展和人的需要；既统筹自然生态的各个要素，即水的资源功能、环境功能、生态功能、景观功能，又兼顾上下游、左右岸各方面的要求，以最大利益公约数协调处理各种合理诉求，有效地解决了很多利益冲突和历史矛盾。尤其是，美丽的风景为人们提供了休闲、娱乐、旅游、度假、养生的空间，顺应了人民群众对改善生活环境、生活质量的期盼，营造了和谐安详的氛围，促进了社会的和谐稳定。

3. 是经济社会发展的重要推手和引擎

经济发展了，国家富强了，人民富裕了，很多问题都会迎刃而解。水利风景区的旅游发展，带来了游客的吃、住、行、游、购、娱，促进了区域人流、物流、信息流和资金流的增长，拉动了地方经济发展。一些城市通过治理河湖，建设水利风景区，给城市提供了一张新名片，不仅生态环境良好，城市宜居，旅游业兴旺，而且投资商云集，土地增值，产业结构得到较合理的调整，经济不断腾飞，增加了对外影响力、辐射力和凝聚力，从而改变了一个城市的命运，使城市得到了新生。

4. 是水文化弘扬的重要渠道和窗口

大禹治水疏九川而定天下，诞生了中华民族最早的水文化，被后人记述入史；从都江堰到三峡，从灵渠到红旗渠，从京杭大运河到南水北调工程，无不印证了中华民族探索治水规律的艰难过程和坚定不移的治水精神。从老子到孔孟，从《诗经》到《离骚》，从汉赋到唐诗宋词，水，始终成为哲学的借喻、文学的素材和美学的话题。许多水利风景区所拥有的水文化小品、水利博物馆，或水情教育馆，使游人在娱乐休闲中潜移默化地得到文化的普及和水文化的熏陶，增加了爱国的情怀和民族的感情，增进了对水的认识，自发地亲水、爱水、护水、惜水，既丰富了人们的文化内涵，又提升了人们的思想境界。

5. 是水利工程管理水平提升的条件和手段

习近平总书记提出的“节水优先、空间均衡、系统治理、两手发力”治水思路，为水利改革发展注入了新的内涵，提出了新的任务。开展水利风景区建设，旨在促进水管单位系统地运用治理手段，在体制机制方面不断进行制度创新，科学合理有序地开发和保护水利风景资源，这在一定程度上保障了水利工程的运行安全和防洪、灌溉、供水、发电、水资源调配等功能的充分发挥，也进一步提升了水利工程的管理水平。实践表明，水利风景区建设业已成为保证水利工程安全完好，以及充分发挥工程效益的前提条件和重要手段。

（四）水利风景区的成效持续显现

水利风景区的成效持续显现主要体现在以下四个方面。

1. 生态效益持续显现

一是通过统筹供需，基本维护了水安全。各地景区坚持将统筹考虑水资源开发利用与保护、维护水体健康生命、防汛减灾之间的关系放在十分重要的位置，积极促使人与水资源在生活、生产、生态方面和谐共处，在促进经济社会发展的同时也维护了可持续发展用水和生态用水安全。

二是通过尊重自然，不断修复了水生态。各地景区始终把水生态修复作为发展宗旨，根据当地的河流水系分布状况、水资源禀赋条件和水利工程布局特点，因地制宜且稳步地推进了水生态修复工作，通过实施各种工程与非工程措施，不断恢复河湖生态系统及其功能，以还人民群众一个碧水青山。

三是通过绿色发展，逐步改善了水环境。各地景区通过实施多项工程措施，如水系连通、水源涵养、清淤疏浚、截污纳管、水情调度等，使景区内的水体自净能力得到提升，区域水环境逐步改善。

四是通过防治并举，持续减少了水土流失。各地景区尤其是水土保持型景区，依托水土保持工程，采取人工治理与自然修复相结合、工程措施与非工程措施相结合、生态效益与社会效益相结合的方法加以建设，改荒山秃岭、千沟万壑为青山绿草、清水活流。

五是通过协调发展，全面美化了城市乡村。各地景区十分注重河道、绿地、山体之间的协调，依托对河流、湖库的工程建设，形成了山、水、林、田、湖、草与城镇、乡村交相辉映的发展格局，勾画出一幅城镇烟雨清幽、乡村田园风光的美丽景色。

2. 经济效益日渐体现

一是注重资源科学利用，增加水管单位收入。通过水利风景区的建设，水利风景资源得到了开发和利用，水利旅游收入进一步增强了景区所属水管单位的经济实力，既改善了水管单位的工作环境和职工生活，又增加了水管单位的运行管理经费来源。据不完全统计，目前已有数以百计的国家水利风景区旅游年收入在1000万元以上，为反哺水利工程的管理与养护奠定了必要的经济基础。

二是注重低碳经济发展，促进产业结构调整。各地景区所拥有的丰富生态资源和独特山水景观，既可作为第三产业（尤其是旅游业）和其他绿色产业的发展形态，也是调整区域产业结构、培育无烟企业、减少碳排放的良好条件。

三是注重优势品牌建设，拉动区域经济发展。区域经济的发展要靠人流、物流、信息流、资金流，许多地方通过利用当地的资源禀赋或水系条件打造水利风景区，形成了颇具优势的地方品牌或城乡名片，使其成为增强人流、物流、信息流、资金流的一种新途径。

3. 社会效益逐步突显

一是满足了大众需求，提高了人们的幸福指数。各地景区能够为人们提供休闲、旅游、娱乐的空间，凭借其拥有的丰富景观资源和文化价值，业已成为广大居民近水、亲水、陶冶情操、锻炼身体和体验独特魅力的重要场所，特别是依水兴建的城镇，更是体现了景区与居民日常生活的关联，有效地提高了人民群众的生活质量和幸福指数。

二是拉长了产业链条，增加了多种就业。各地景区的建设与发展具有很强的经济关联性，可以带动交通运输、邮电通信、商业餐饮、休闲娱乐、房地产、科教文化等多个产业发展，同时也是连接城乡发展的天然纽带；既对就业有很大的容纳作用，也为消除城乡二元发展结构、促进城乡统筹协调发展发挥着重要作用。

三是赢得了各界关注，提升了社会影响力。各地景区的建设及其所取得的成效，已经得到了人民群众的广泛响应和积极认同，景区的发展也得到了全国、省（自治区、直辖市）两会代表的持续关注，社会影响力不断提升。

四是迎合了发展潮流，促进了社会和谐发展。各地景区的建设与发展迎合了人民群众日益增长的物质文化需求，既拉动了区域经济的发展，提高了当地居民的收入，也维护了各界的安定团结，促进了社会的和谐发展。

4. 文化效益日益彰显

一是开发水利资源，拓展了水文化内涵。拥有深厚的水文化底蕴，是水利风景区区别于其他类型风景区的特色之一，科学合理地开发利用水利资源，既打造和挖掘了水文化，也融合了丰富的历史和科学知识，使水利风景区真正成为传承和拓展水文化的重要阵地和载体，也使人们在掌握水文化内涵的同时陶冶了情怀。

二是活化水利资源，弘扬了水利精神。综观我国历史，历朝历代统治者无不把治水当作第一要务，“为政之要，其枢在水”，特别是新中国成立后治水成就更为显著。但长期以来，种种原因造成水利的作用不能被大众所直观了解，而水利的外部性又使水利的全部价值难以用货币定量统计，从而导致水利在社会上的地位不够突出。而水利风景区则以人们喜闻乐见和通俗易懂的方式，宣传了国家的水利政策，展示了治水的科学原理，弘扬了工程设计者和建设者的艰苦奋斗精神，揭示了水利对促进地方经济社会发展的作用和成就。因此，水利风景区拉近了社会大众与水利工作的距离，吸引各界人士了解、关注进而支持、帮助水利事业的发展，起到了不可替代的宣示水利成就、弘扬水利精神的窗口作用。

三是弘扬人水和谐，促进了水文化发展。各地景区通过对水利工程建筑的环境艺术设计，既宣扬了水文化的内敛含蓄之美，也与水工建筑物保持着内在的关联，充分体现了人文内涵与水利功能的有机结合，起到了把握文脉、保护历史、彰显文化的作用，以此推进了水文化的发展。

四是秉持寓教于乐，普及了水科普知识。各地景区凭借其优美的水生态环境和独特的水资源景观，以寓教于乐的形式，为广大群众提供了赏心悦目、陶冶情操的体验空间和普及水科普知识的传播平台。人们可以通过实地了解水、玩赏水、体验水，进而产生亲近水、爱护水、珍惜水的意识，进一步提升自身的文明水平。

二　基本经验

2017 年，在水利部党组的正确领导和各级水利部门的共同努力下，全国水利风景区建设与管理工作发展良好，各地认真遵循生态文明建设的战略部署与基本要求，坚持新时期发展的“创新、协调、绿色、开放、共享”理念，积极作为、扎实推进，开拓了新局面，创造了新经验。

（一）创新建管模式，激发发展活力

各地创新理念、整合资源，探索推进景区的集聚发展、特色发展，为景区发展创造更大新空间。山西汾河水库、汾河二库、盂县藏山等多个水利风景区已实现了管理权和经营权分离，理顺了政府、企业、群众的利益关系，形成了责任明确、利益共享的发展格局。

（二）加强制度建设，提升管理能力

各地进一步加强领导，建立激励机制，完善管理体制，加大政策支持和资金支持力度，有力推动水利风景区建设发展。福建省、安徽省以河长制为平台，将水利风景区建设管理纳入河务管理。湖南、广西等省份对拥有国家

和省级水利风景区的县（市、区），给予一定的资金奖励，并在水利工程维修养护、水利基金等项目上予以倾斜和优先安排。辽宁省将水利风景区建设与管理工作纳入了对市、县政府水利建设绩效的考核。黑龙江省根据景区建设覆盖广、任务重、要求高、难度大等特点，建立了以地方行政领导负责制为核心的工作责任制，形成工作有人抓、问题有人管、责任有人负，一级抓一级、层层抓落实的工作体系。浙江浦江县建立水利风景区“一事一议”制度，在规划审查、项目建设等方面落实到位，对各项工作进行跟踪、交办、督办、催办。

（三）落实规划引领，夯实发展基础

各地高度重视水利风景区规划编制，采取以县为单元，“自下而上、上下结合”的方式，对风景优美、自然生态和文化资源价值较高的河流、湖泊（水库）及水利工程等目标区，进行调查、评估，根据资源禀赋和保护利用条件，以及当地经济社会发展状况和人民群众需求情况，研判规划建设水利风景区的必要性、可行性，编制完成本区域水利风景区发展规划，为水利风景区科学发展理清思路，明确目标，提供保障。贵州省在水利前期经费中列支专项资金开展了《贵州省水利风景区建设发展规划》《贵州省旅游 + 水利融合发展规划》的编制。合肥市财政安排 270 万元经费用于市级规划的编制。江苏省将水利风景区纳入《江苏省“十三五”水利发展规划》《江苏省旅游业“十三五”发展规划》。河南、陕西在部分重点水利工程建设的同时，就编制了水利风景区规划，实现了“建一处工程，成一处景区”。

（四）狠抓提质增效，打造精品景区

各地依托山水资源优势，积极实践“山水林田湖草是一个生命共同体”的发展理念，坚持生态优先、绿色发展，促进水利风景区提质增效。据调查，在已建成的水利风景中，近 80% 的景区水源涵养能力进一步提升，水生态环境进一步改善，水土流失综合治理率进一步提高，成为生态文明建设的典范。

（五）强化安全管理，履行监管职责

各地进一步深化红线和底线思维，切实落实水利风景区安全监管责任。浙江省水利厅要求各地进一步完善水利风景区安全管理制度责任，层层落实安全责任，结合“千人万项”蹲点服务、水库明察暗访等活动对水利风景区安全再检查、再落实，切实把水利风景区安全管理落到实处。青海省派专家组赴西宁市、海东市、黄南州等地进行现场监督检查。云南省要求各级水行政部门牢固树立“安全第一”的理念，排查安全隐患，定期维护安全设施，建立健全应急预案，确保水资源安全、工程安全和游客安全。

（六）抓好融合发展，助推地方扶贫

各地党委、政府高度重视水利风景区综合带动效应，打破部门、产业界限，在农业、林业、旅游、美丽乡村建设中，统筹考虑景区配套服务和基础设施，打造绿色循环、低碳发展的产业体系，进一步提高水利公共产品供给质量，将生态效益转化为经济效益，让贫困地区群众生活环境有所改善、收入持续增长，生动体现了“绿水青山就是金山银山”的科学内涵。山西、贵州、重庆将水利风景区融入全域旅游发展大格局中。陕西省在全国率先出台关于在水利风景区开展脱贫攻坚工作的意见，指导地方在工作中，通过与景区规划、建设和运营相衔接，统筹扶贫帮困项目，提高脱贫攻坚实际效果。全省省级及以上水利风景区共安置临聘人员 124 户 2097 人。安徽金寨县燕子河大峡谷等一批水利风景区的建设发展，促进了金寨县旅游业的发展，让贫困群众享受到了景区发展带来的实实在在的效益与实惠，实现了水利扶贫长效化。

B.3
宏观形势与发展机遇

汪德根　连泽俭*

摘　要： 在推行美丽中国与生态文明建设中，我国水利风景区建设拥有良好的发展机遇：在国家宏观层面，脱贫攻坚战进入决胜阶段、生态文明建设、全面深化改革、实施区域协调发展战略、推行河长制等方面的方针政策为水利风景区创造了有利的发展环境；在水利行业层面，实施全民节水行动计划、建设重大水利工程、提升水利管理水平、补齐补强水利短板和防范洪涝灾害风险等实践行动为水利风景区建设提供了发展资源和基础服务；在旅游行业和其他领域层面，实施全域旅游战略、优化旅游空间布局和实施生态旅游开发的发展趋势为水利风景区提供了科学创新的发展指导。推进民生事业建设、推动文化产业发展和坚持新发展理念等实际需求使水利风景区充分发挥了社会、经济和环境效益。

关键词： 水利风景区　生态文明建设　河长制　全域旅游

党的十九大报告指出，中国特色社会主义进入了新时代，我国社会主要矛盾已经转化为人民日益增长的美好生活需要和不平衡不充分的发展之间的矛盾。2017 年是脱贫攻坚战进入决战决胜阶段的关键一年，也是实施水利改革发展“十三五”规划的重要一年。我国全面深化改革，一批标志性、

* 汪德根，江苏大学教授；连泽俭，水利部景区办工程师。

关键性的重大改革方案出台实施。党中央高度重视绿色发展，把建设生态文明摆在实现中华民族伟大复兴中国梦的突出位置，形成了治水兴水管水的重要战略思想。《关于全面推行河长制的意见》的实施贯穿了绿色发展理念，明确了地方主体责任和河湖管理保护各项任务，是水治理体制的重要创新。全国各地、各级水利部门全面落实相关规章制度，努力实现生态文明理念，牢牢紧抓水资源管理的工作任务和质量，为水利风景区建设提供了良好的发展环境。

一　国家层面的宏观形势与发展机遇

（一）脱贫攻坚战的决胜阶段

中国的脱贫攻坚战已经取得决定性进展，同时，脱贫攻坚战已经到了决战决胜阶段，时间紧迫，任务艰巨。目前，亟须脱贫的对象大都是条件较差、基础较弱、贫困程度较深的地区和群众，都是需要下大力解决的“硬骨头”。十九大报告也指出，要重点攻克深度贫困地区脱贫任务，确保到2020年我国现行标准下农村贫困人口实现脱贫，贫困县全部摘帽，解决区域性整体贫困。战争的号角已经打响，在党和政府的战略指导和政策支持下，全社会资源被积极调动、有效利用和科学配置，贫困地区成为重点发展和帮扶对象，贫困群众的积极性和自信心增加，政府、企业和群众齐心协力、共同奋斗，抓住一切可发展机遇，决心突破长期落后的桎梏。

部分水利风景区分布在自然资源较好但经济发展落后的偏远地区，发展水利风景区是支持贫困地区发展特色产业、加快脱贫的重要途径。要科学分析贫困地区的水资源禀赋、水利景观、历史文化、产业现状和市场空间等要素，制定水利风景区特色产业发展规划。深入实施水利旅游的扶贫工程，整合发展乡村旅游、休闲农业和乡村民宿产业，鼓励并支持贫困村、贫困户发展特色农产品及其加工业，拓宽贫困户就业增收渠道。

（二）生态文明建设的加强

十八大报告首次专章论述生态文明，首次提出“推进绿色发展、循环发展、低碳发展”和“建设美丽中国”。党的十八大以来，以习近平同志为核心的党中央高度重视生态文明建设，做出一系列重大战略部署，带领全党全国各族人民努力开创社会主义生态文明新时代，多次强调“绿水青山就是金山银山”，亲自制定“节水优先、空间均衡、系统治理、两手发力”的新时期水利工作方针，既为水利工作特别是水利风景区建设发展指明了方向，又提供了强大的思想武器和科学行动指南。

生态文明建设的重要内容之一是城乡水生态文明。2017 年 3 月，住房和城乡建设部印发了《关于加强生态修复城市修补工作的指导意见》，安排部署在全国全面开展生态修复、城市修补工作。“生态修复”工作主要就是修复城市被破坏的自然资源和环境，提高城市的自我调节能力，它的重要内容之一就是开展水体治理和修复，系统开展江河、湖泊、湿地等水体的生态修复，切实保护城市水系的自然形态，保持河湖水系的自然连通和流动性。

水利风景区建设与管理是水生态文明建设的重要载体和抓手。加强水利风景区建设是实现水资源可持续利用，保护水环境、水生态、水景观和水文化的重要措施。水利风景区以涵养水源、保护生态、服务人民、弘扬文化为基本宗旨，水利风景区的科学管理增强了自然生态的自我修复能力，推进了城市水利和农村水系的综合整治，契合了“创新、协调、绿色、开放、共享”新发展理念，响应了中央关于生态文明、美丽中国建设的要求。

（三）全面深化改革的执行与体制机制改革

2017 年，国务院办公厅印发了《关于创新政府配置资源方式的指导意见》（以下简称《意见》），《意见》提出要大力推进市场化改革，使政府对资源的配置力降低，同时借助市场机制和手段提高资源配置的效率和效益。要创新自然资源配置方式，建立健全自然资源产权制度，健全国家自然资源资产管理体制，完善自然资源有偿使用制度，发挥空间规划对自然资源配置的引导约束作用。

全面深化改革为水利风景区的快速发展提供了便利条件和制度保障。水利风景区的建设、申报、审批和管理涉及不同部门与流程，行政审批和管理制度改革升级了水利风景区的管理体系，带动了全国范围内高级别水利风景区申报的积极性，提高了协同网络中水利风景区监管的效率。水资源是国家战略性自然资源，创新资源配置的指导意见健全了资源管理制度，提高了资源管理效率，给水利风景区发展带来新活力，保障了资源利用的可持续发展。

（四）区域协调发展措施的实施

深入实施“一带一路”建设、京津冀协同发展、长江经济带发展三大措施，启动建设了一批重点项目，促进区域协调发展，加快形成新的增长极。“一带一路”建设打造了国内中西部地区与国外沿线国家的经济合作和文化交流通道，带动内陆地区向西开放，给内陆经济发展带来了新机遇。中国本土的产业技术提升、优势资源开发和文化内涵挖掘得到进一步加强，推进了中西部的开放型经济发展进程，形成了中国经济的新增长极。国务院批复在辽宁、浙江、河南、湖北、重庆、四川、陕西等省市设立7个自贸试验区，总体方案中强调加大西部地区门户城市开放力度并促进西部大开发的深入实施。同时，自由贸易区配合“一带一路”“长江经济带”等重大措施的实施，形成一个点、线、面联动的开放格局。此外，编制西部大开发“十三五”规划，实施新一轮东北振兴战略，支持东部地区率先发展，推动中西部地区崛起，促进了全域协同效应逐渐显现。

实施三大措施、促进区域协作加强了经济欠发达地区的发展动力，增加了对休闲旅游的市场需求，创造了水利风景区的发展机遇。水利风景区类型多样，以城市河湖型、湿地型等为主的城市水利风景区和以水库型、自然河湖型、灌区型、水土保持型等为主的农村水利风景区布局于城镇及其周边，为城镇居民提供了休闲游憩场所。中国水资源分布广阔，中西部具有建立水利风景区的自然资源优势，水利风景区的空间拓展顺应了区域协同的战略要求和发展趋势，同时，水利风景区的建立可以丰富旅游产品类型，增加目的地吸引力，创造水利旅游经济，促进中西部经济增长。

（五）河长制管理方式的推行

2016 年 12 月，中央制定出台了《关于全面推行河长制的意见》（以下简称《意见》）。《意见》提出全面建立省、市、县、乡四级河长体系。各省（自治区、直辖市）设立总河长，由党委或政府主要负责同志担任；各省（自治区、直辖市）行政区域内主要河湖设立河长，由省级负责同志担任；各河湖所在市、县、乡均分级分段设立河长，由同级负责同志担任。县级及以上河长设置相应的河长制办公室。全面推行河长制是落实绿色发展理念、推进生态文明建设的内在要求，是解决我国复杂水问题、维护河湖健康生命的有效举措，是完善水治理体系、保障国家水安全的制度创新。

全国的水利风景区已经形成了涵盖全国主要江河湖库、重点灌区和水土流失治理区的水利风景区群落，是水治理体系的重要组成部分。为避免水利风景区建设中的资源浪费和环境破坏，要以河长制为抓手，进一步完善与地方人民政府的沟通协调机制，发挥流域管理与区域管理的各自优势，共同抓好库区水资源保护与水生态保护。根据水利风景区的管理要求，管理部门要建立与工程运行及水利风景区管理相配套、符合实际的标准体系，不断提升管理水平，确保水利工程的综合效益得以发挥。

二　水利行业层面的形势与发展机遇

（一）水利部职能优化调整

2018 年新的国务院机构改革方案对水利部的职能做出了调整，同年批复的水利部新“三定”方案中，明确了水利部具有“指导水利设施、水域及其岸线的管理、保护与综合利用”的职能，并要求水利部要加快职能转变，“坚持保护优先，加强水资源、水域和水利工程的管理保护，维护河湖健康美丽”。这一系列富有新时代特点的重大决策，为今后水利风景区建设与管理指明了发展方向。水利风景区是对水利工程、水域及其岸线的综合利用，是水利部门以维护河流湖泊健康美丽为原则，为人民群众提供的优质生态产品。开展水利风景区的建设与管理是对水利设施、水域及其岸线综合利用的重要举措，是维护河湖健康美丽的重要途径。把全国每一条河流、每一个湖泊建设得更加健康、更加美丽是新时代水利风景区工作始终秉承的历史使命。

（二）全民节水行动计划的实施

为贯彻落实《中华人民共和国国民经济和社会发展第十三个五年规划纲要》关于实施全民节水行动计划的要求，推进各行业、各领域节水，在全社会形成节水理念和节水氛围，全面建设节水型社会，2016 年 10 月 28 日，国家发展改革委等 9 部门印发发改环资〔2016〕2259 号《全民节水行动计划》。该《行动计划》分农业节水增产行动、工业节水增效行动、城镇节水降损行动、缺水地区节水率先行动、产业园区节水减污行动、节水产品推广普及行动、节水产业培育行动、公共机构节水行动、节水监管提升行动、全民节水宣传行动 10 部分。实施全民节水行动计划，要在农业、工业、服务业等各领域，城镇、乡村、社区、家庭等各层面，生产、生活、消费等各环节，通过加强顶层设计，创新体制机制，凝聚社会共识，动员全社会深入、持久、自觉地行动，以高效的水资源利用支撑经济社会可持续发展。

我国水资源时空分布不均，人均水资源量较低，水资源短缺已经成为经济社会可持续发展的突出制约瓶颈。水利工程建设是高效合理利用水资源的重要措施。水利风景区是开展水情教育、弘扬水利文化、展示水利成就和现代化水利进步的重要窗口，对人们具有展示水文化的教育作用，加深人们对水的认识和感受，使人们了解管理水、治理水和改造水环境的社会行为，增加人们珍惜水资源的节水意识。

（三）重大水利工程的建设

2017 年是加快推进 172 项重大水利工程建设的关键一年。一方面，要狠抓西江大藤峡、淮河出山店、陕西引汉济渭、贵州夹岩、西藏拉洛等在建工程进度，加快投产一批重大水利工程。另一方面，要深入推进云南滇中引水、黑龙江锦西灌区、吉林西部供水等重大项目前期论证，力争新开工 15 项重大水利工程，在建投资规模超过 9000 亿元。各地要细化年度实施计划，逐项落实工作责任，强化前期绿色通道、按旬统计分析、按月调度会商、跟踪督导检查等行之有效的工作机制，确保年度重大水利工程建设中央水利投资计划完成 90% 以上。进一步推进太湖治理，具备条件的项目要加快实施。抓好东北三江治理、进一步治淮等大江大河治理，推进重要蓄滞洪区建设。抓紧编制出台全国海堤建设方案，着力解决海堤建设历史欠账多、标准低的突出问题。继续推进西南等工程性缺水地区中型水库建设，进一步提升供水安全保障能力。

水利风景区与水利工程相辅相成，一方面，水利工程建设，特别是中西部重大水利项目的实施，为水利风景区发展提供了资源条件和基础设施，水利工程在规划时需要提前考虑水利风景区的开发需求，完善基础配套设施，为后期高品质景区的建设夯实基础。另一方面，水利风景区使水利工程的综合效益得以充分发挥，以水利风景区为依托的水利旅游业已经成为水利经济新的增长点和发展民生水利的重要方式。

（四）水利管理水平的提升

2017 年 2 月，水利部制定印发《水利部深化水利改革领导小组 2017 年工作要点》，其中关于提升水利管理水平的改革举措有：一是加快水行政管理职能转变，实现审批事项全流程网上办理和在线监管。二是推进水资源管理体制改革。实施“十三五”水资源消耗总量和强度双控行动。三是建立健全水权制度和水价机制，开展水流产权确权试点，指导试点地区做好试点实施方案编制工作。四是建立严格的河湖管理与保护制度。全面推行河长制，推动建立河长制工作部际协调机制，推动各地出台省级工作方案，制定印发督导检查制度及分工方案。五是健全基层水利管理体制机制。加快基层水利服务机构能力建设，建立健全基层防汛抗旱、水资源管理、灌溉排水、农村供水、水土保持等专业化服务组织，构建完善的基层水利专业化服务体系。

水利风景区建设工作是系统工程，当前，个别景区经营存在管理粗放，安全意识缺乏，工程安全、资源安全和人身安全的风险防控不到位等问题。所以，要按照深化水利改革发展的部署，不断强化监督管理工作，凝聚社会力量，尝试引导社会资本和社会组织，参与水利风景区的建设与管理，共同推进水利风景区发展。

（五）全面推行河长制河湖管理模式

全面推行河长制是以习近平同志为核心的党中央从人与自然和谐共生、加快推进生态文明建设的战略高度做出的重大决策部署，是破解我国新老水问题、保障国家水安全的重大制度创新。2016 年底，中共中央办公厅、国务院办公厅印发《关于全面推行河长制的意见》，明确提出在 2018 年底全面建立河长制。2017 年元旦，习近平总书记在新年贺词中发出“每条河流要有‘河长’了”的号令。按照党中央、国务院安排部署，水利部会同有关部门多措并举、协同推进，地方各级党委、政府担当尽责，真抓实干，全国 31 个省（自治区、直辖市）在 2018 年 6 月底前全部建立河长制，比中央要求的时间节点提前了半年。

实践表明，水利风景区对河长制河湖管理模式具有积极的促进作用，一些省区市已将水利风景区建设纳入河长制湖长制内容，取得了显著效果。如太湖流域制定出台《关于推进太湖流域片率先全面建立河长制的指导意见》，探索建立省、市、县、乡、村五级河长体系，并将水利风景区建设与管理纳入河长制工作内容，根据已出台的关于流域片“一河一策”编制指南和湖泊河长制工作指导意见等文件，加强对流域水利风景区的分类指导和监督检查，全面落实流域内水利风景区河长制管理目标，促进河湖水源涵养能力提升和水质不断优化，凸显了流域机构协调、指导、监督等作用。浙江省委、省政府印发《浙江省全面深化河长制工作方案》，明确提出“提升河道水环境改造。实施河湖绿道、景观绿带、堤防闸坝水环境治理等工程。开展河湖水环境综合整治，创建以河湖或水利工程为依托的国家水利风景区 8 处，实现河湖环境整洁优美、水清岸绿”，并将责任进行细分，持续全面深化河长制，全面推进“山水林田湖”综合治理，打造“浙江最美河流”。

（六）水利短板的补齐补强

改善基础设施薄弱环节、加强生态环境保护被列入“三去一降一补”中补短板的重点内容，水利部门针对薄弱环节，补齐水利短板，加快完善水利基础设施网络。①补齐防灾减灾短板。在加快推进大江大河大湖治理和流域骨干控制性工程建设的同时，针对洪涝灾害中暴露出的突出问题，水利部门扎实开展灾后水利薄弱环节建设，重点抓好中小河流治理、小型病险水库除险加固、重点区域排涝能力建设、农村基层防汛预报预警体系建设以及城市易涝点整治，着力完善防汛抗旱防台风综合防灾减灾体系。②补齐供水保障短板。水利部门科学规划、有序建设了一批重点水源工程和水资源配置工程，积极推进江河湖库水系连通，加快实施农村饮水安全巩固提升工程，大力提高区域水资源水环境承载能力，切实解决好资源性、工程性、水质性缺水问题，为经济社会持续健康发展提供了坚实的水资源保障。

加强水利风景区的基础设施建设是补齐补强水利短板的重要内容，应紧密结合水利工程建设改造，不断改善交通、通信、供水、供电、排污等基础设施和卫生、餐饮、住宿、娱乐、科普教育等服务设施条件，大力优化旅游服务环境，完善旅游服务体系。有条件的景区要加快推进以大数据、“互联网 +”等技术为基础的智慧景区建设，智能化管理，多措并举，全方位提高景区旅游服务质量，为游客提供高效、便捷、安全的服务。

（七）洪涝灾难风险的防范

我国每年防汛抗洪防台风面临多重挑战，任务艰巨，部分地区强降雨过程频繁，发生洪涝灾害风险加大。2017 年 7 月，国家防总副总指挥、水利部部长陈雷主持召开会商会，分析研判雨情水情汛情发展变化和台风活动情况，提出要最大限度地减轻洪涝灾害损失，确保人民群众生命财产安全，一是要加强预测预报预警系统，为抗洪抢险救灾赢得主动提供支撑；二是要抓好重点地区的抗洪抢险工作，科学调度骨干水库拦洪、削峰和错峰工作，及时降低超汛限水库水位，及时发现并处置险情，确保防洪安全；三是要全力防范中小河流暴雨洪水，着力做好城市防洪排涝工作，严防山洪地质灾害，避免“小水大灾”；四是要着力强化薄弱环节防御，深入排查防御工作中存在的突出问题和风险隐患，进一步抓好预警信息发布、人员转移避险、险情巡查抢护等工作。

水利风景区具有实现人水和谐共处、维护生态平衡、筑牢生态安全屏障的重要功能，水库型和灌溉型水利风景区直接具有防洪、灌溉作用。各地河湖自然禀赋不同，面临的主要问题各异，要从当地实际出发，因地制宜，因河施策，在确保水利工程安全的同时，强化技术支撑能力。以新一代互联网、物联网信息技术为支撑，拓展、整合水利信息化管理功能，提高景区智能化管理水平，利用科技手段提高水利风景区的环境保护、水量调节和灾情预防作用。

三　旅游行业的形势与发展机遇

（一）全域旅游战略的实施

全域旅游是指一定区域内，以旅游业为优势产业，以旅游业带动促进经济社会发展的一种新的区域发展理念和模式，是旅游发展理念、发展模式上的根本性变革。“旅游 +”是实现全域旅游的重要方法和路径，是“互联网 +”思维在一个行业的具体应用和实践。发展全域旅游，需要大力推进“旅游 +”，加大旅游与农业、林业、工业、商贸、金融、文化、体育、医药等产业的融合力度，通过“旅游 +”产生适应全域旅游特征的旅游形态，培育全域旅游的新产品新业态。推广“旅游+”新的生活方式，包括旅游+研学、旅游+交通、旅游+休闲度假、旅游+新型养老、旅游+健康养生、旅游+购物等。大力推进旅游业与第一产业融合发展，注入旅游休闲功能，形成一批乡村旅游度假区、水利风景区、生态旅游区和养生养老中心等。实施全域旅游战略，推进“旅游+”，就是推动旅游与新型工业化、信息化、新型城镇化、农业现代化及民航、交通、体育等行业的融合发展，创新旅游发展新领域，拓展旅游发展新空间。

水利风景区具有独特的自然资源禀赋优势，是旅游业与水利工程的产业融合，可以产生旅游+休闲度假、旅游+研学、旅游+乡村扶贫等多类主题产品。具有区域优势的地区可以以水利旅游为特色产业，创造全域旅游契机，带动区域经济社会的发展突破，特别是促进偏远地区的经济增长和就业增加。

（二）旅游空间布局的优化

《“十三五”旅游业发展规划》对优化旅游空间布局、构筑新型旅游功能区做出了重要部署，重点强调“按照分类指导、分区推进、重点突破的原则，全面推进跨区域资源要素整合，加快旅游产业集聚发展，培育新型旅游功能区，构建旅游业发展新格局”。可依托跨区域的自然山水和完整的地域文化单元，培育一批跨区域特色旅游功能区，构建特色鲜明、品牌突出的区域旅游业发展增长极。在扩大旅游新供给中，应加快休闲度假产品开发，建设一批旅游度假区和国民度假地，支持东部地区加快发展休闲度假旅游，鼓励中西部地区发挥资源优势，开发特色休闲度假产品，加快推进环城市休闲度假带建设。

江河湖泊等水利资源具有丰富的景观类型和跨区域的空间特征，水利风景区是推进跨区域资源要素整合、实现区域旅游业协同发展的重要途径。水利风景区提供观光、度假和综合类旅游产品，既是居民进行亲水性娱乐的重要场所，又是游客亲近大自然的休闲度假目的地，在地方政府的积极开发与合作下，将逐步建立起结构合理、规模适度、布局均衡的水利风景区体系，优化现有旅游资源的空间布局形态。

（三）生态旅游开发的实施

生态旅游作为一种绿色消费方式，是以可持续发展为理念，以实现人与自然和谐为准则，以保护生态环境为前提，依托良好的自然生态环境和与之共生的人文生态，开展生态体验、生态认知、生态教育并使人身心愉悦的旅游方式。国家发展改革委和原国家旅游局组织编制完成了《全国生态旅游发展规划（2016～2025年）》，旨在实施全国生态旅游发展规划，加大生态资源富集区基础设施和生态旅游设施建设力度，推动生态旅游协作区、生态旅游目的地、生态旅游精品线路建设，提升生态旅游示范区发展水平。首先是培育20个生态旅游协作区，以跨省域大山、大江、大河区域生态资源为基础，选择旅游资源富集、品牌优势显著、交通基础条件较好的区域，突破行政区划限制，建立合作框架和机制，加强区域合作和资源共享，实现错位发展、集群发展。

水利风景区拥有一定规模和质量的风景资源与环境条件，具有发展生态旅游的天然优势。开发水利风景区，需要深入挖掘水文化内涵和地方特色，确保水利风景区的高品位和特色化发展，推出一批生态环境优美、文化品位较高和标准化发展的精品水利风景区。

四　相关层面的形势与发展机遇

（一）民生事业建设的推进

发展社会经济、提高民众生活质量和推进民生事业建设是保障社会和谐稳定的重要内容。民生改善是历次五年发展规划的出发点和落脚点，“十三五规划”中有关民生建设的重点领域及内容有：一是公共服务建设，增加公共服务供给，创新公共服务提供方式。二是调节收入分配，实施脱贫攻坚工程，因人因地施策，提高扶贫实效。三是促进就业创业，坚持就业优先战略，实施更加积极的就业政策。

水利风景区建设保护了江河湖泊，事关人民群众福祉，事关中华民族长远发展。水利风景区依托水利工程的投资建设，在完善基础设施、改善城乡环境和实现脱贫致富等方面具有积极带动作用。水利旅游业不仅满足了居民亲水性的康体娱乐需求，而且带动了相关产业的快速发展，促进了区域人流、物流、信息流和资金流的增长，创造了新的经济增长点，也有利于当地政府调整产业结构，开展多种经营，拉动了地方经济发展，增加了地区创业就业途径，帮助了当地群众增收致富。

（二）文化产业发展的推动

满足人民过上美好生活的新期待，必须提供丰富的精神食粮。十九大指出，要深化文化体制改革，完善文化管理体制，加快构建把社会效益放在首位、社会效益和经济效益相统一的体制机制。完善公共文化服务体系，深入实施文化惠民工程，丰富群众性文化活动。加强文物保护利用和文化遗产保护传承。健全现代文化产业体系和市场体系，创新生产经营机制，完善文化经济政策，培育新型文化业态。

水利风景区拥有深厚的文化底蕴，蕴藏着宝贵的精神财富。许多水利工程深刻体现了中华民族的优良品质和人水和谐的治水理念，如“舍小家、保大家”的献身精神，“一丝不苟，敢于开拓”的创新精神，还有较多景区在治水用水方面体现的人水和谐精神，曾经在历史上产生了广泛而深远的影响，形成了景区的精神内核，通过情感感召和震撼旅游者。所以，水利风景区不仅是游客休闲度假的物质资源，更是人们陶冶情操的文化资源和净化心灵的精神资源。

（三）新发展理念的坚持

党的十九大报告指出，发展是解决我国一切问题的基础和关键，发展必须是科学发展，必须坚定不移贯彻“创新、协调、绿色、开放、共享”的发展理念。必须坚持和完善我国社会主义基本经济制度和分配制度，毫不动摇地巩固和发展公有制经济，毫不动摇地鼓励、支持、引导非公有制经济发展，使市场在资源配置中起决定性作用，更好地发挥政府作用，推动新型工业化、信息化、城镇化、农业现代化同步发展，主动参与和推动经济全球化进程，发展更高层次的开放型经济，不断壮大我国经济实力和综合国力。

水利风景区建设是实现水利治水新思路的重大实践。新发展理念鼓励着各地在水利风景区管理模式上结合实际，勇于创新，不断提出新的理论和模式。在探索的过程中，要充分利用区域和体制优势，实现景区管理和工程管理的有机结合，利用建设水利风景区这个载体，对水利工程所处的河湖水系、岸线岸坡、山地林地、水源水质实行治理和管护，达到修复生态功能、改善水环境、保护水工程、发挥工程效益的目的。

B.4
发展趋势与前景展望

李 琛　汤勇生*

摘　要：“十三五”时期是全球经济的复苏和调整期，我国“四个全面”战略布局和五大发展理念进入实施期，“一带一路”倡议等对水利风景区的区域发展格局产生新的影响，党的十九大报告为水利风景区的发展指明了新方向，新时期水利风景区发展呈现出新的阶段性特征和要求。

关键词：水利风景区　生态文明　生态旅游

一　发展趋势

（一）生态文明将持续贯穿水利风景区建设的全过程

近年来，我国经济社会发展进入全面转型期，社会经济发展注重效率和质量，同时也更加注重对自然生态环境的保护。“四个全面”、“五位一体”和“五大水利建设方向”成为新时期水利风景区发展遵循的基本原则。水利风景区作为新时期水利发展的新思路，必须深入贯彻“四个全面”战略布局，以“五大水利发展方向”引领发展定位、发展思路和发展重点，把生态文明建设融入水利风景区建设的各方面和全过程。

十九大报告明确提出，到21世纪中叶，我国的生态文明将得到全面提

* 李琛，北京联合大学副教授；汤勇生，水利部景区办副处长。

升。按照习近平新时代中国特色社会主义思想，生态文明已经成为“强国”的标志，加快生态文明体制改革、建设美丽中国是全面建成小康社会的战略任务。十九大报告为水生态文明建设提出了更高更明确的目标，习近平新时代中国特色社会主义思想为开展水生态文明建设指明了方向。

水利风景区是水生态文明建设的重要内容，水利风景区建设必须高举生态大旗，把生态文明放在建设发展更加突出的位置，深入推进水生态环境的生态保护与修复和造林绿化，用绿色隔离城市，用水系连通城市，实现城在林中、路在绿中、人在景中。筑牢水利生态屏障，让优美生态环境成为水利风景区的最大优势。

（二）“一带一路”建设促进水利风景区建设形成区域联动发展新格局

“一带一路”国家重大建设的实施，将使全国水利风景区建设呈现区域联动和协调发展的新格局。要充分利用“一带一路”建设实施的机遇，加快水利风景区建设转型升级，促进“一带一路”沿线流域水利风景区的纵深合作，打造若干以流域为单元的跨区域水利风景区建设品牌，构建全方位、宽领域的对外开放新环境，拓展水利风景区发展的新空间。以水利风景区为平台之一，引导区域旅游产业与优质资源、优势资本相结合，与新型工业化、城镇化、信息化、农业现代化紧密结合，与文化、科技、教育、医疗、政治、外交、军事领域深度融合，全面形成全国水利风景区建设的区域发展新格局。

（三）新常态下旅游业发展对水利风景区提出了新要求

随着中国经济发展进入新常态，旅游业发展呈现四大变化，即：战略性支柱产业的产业定位变化、业态转型和跨界融合的行业变化、多样化和个性化的旅游需求变化、大数据时代的旅游方式变化，具体表现在：观光旅游向观光与休闲度假并重转型；自驾游、无景点旅游、深度游等继续快速发展；短时间、近距离的“微度假”逐渐成为都市人旅游方式的首选；文化休闲、康体运动、养生养老、乡村度假等休闲旅游占有越来越大的比重；出游方式呈现散客化、自助化、个性化；旅游形式呈现参与性、娱乐性、体验性；旅游需求呈现网络化、时尚感、便捷性；“80 后”“90 后”新生代客源市场、商务客源市场、家庭客源市场成为全国最重要的旅游客源市场。

在新常态、新形势下，旅游业的发展为水利风景区发展提出了新要求，水利风景区应积极应对旅游业发展的新特点与新变化，积极推进供给侧改革，兴建一批水利风景区，统筹推进城市绿景、景观水系建设，因地制宜地恢复和拓展水域面积。积极利用互联网大数据等高科技手段，创新管理方式，建设一批智慧旅游景区，全面提升水利风景区的品质，满足人民群众的休闲旅游需求。

二　前景展望

（一）以生态文明建设为基石，实现水利风景区的可持续发展

水利风景区建设将继续以生态文明建设为基石，坚持与生态保护相结合，积极推进绿色开发和低碳运营，构建生态友好的景观环境和生态化、集约型的旅游开发模式。

在国民生活质量持续提高，老百姓的“获得感”持续提升，民生保障持续完善的社会主义发展新常态下，水利风景区建设将继续以资源的永续利用为基础，以满足公众的休闲与旅游需求为核心目标，体现在水利风景区的建设发展目标上，就是打造良好的自然和人文环境以及更加舒适的旅游体验。进入新常态，随着旅游活动成为公众日常生活方式，水利风景区发展将面临更大的现实挑战。如果按照“到 2050 年中国成为初步富裕型国家，实现从全面小康型旅游大国到初步富裕型旅游强国的新跨越，年人均出游达 10 次”的标准测算，届时中国旅游人次将达到每年 140 亿人次。水利风景区作为中国景区系统的重要组成部分，在保障和满足如此大规模的旅游需求和实现旅游生态环境可持续发展之间保持动态平衡是需要关注的问题。新常

态下的水利风景区发展，必须始终坚持可持续发展的理念，积极发展生态旅游、绿色旅游、低碳旅游、循环经济，更加严格地保护生态环境，实现可持续发展。

（二）以跨区域联合为突破口，打造国际水准的水利风景区

水利风景区建设的区域一体化推进和国际化开放需要建立国际、国家和区域层面 3 个层次的协调，并形成纵向通畅、横向协调、统分结合、多层次推进的统筹协作机制。其中，国家层面跨区域统筹协调是核心突破口，这对于跨区域水利风景区建设和培育精品旅游目的地非常重要。要把跨区域水利风景区建设纳入国务院部际联席会议议程，在国务院层面统筹流域性重大基础设施、重大项目、重大政策等关键问题；建立由水利部牵头、各合作区参与的水利风景区合作联席会议制度和专项议事制度，统筹协调跨区域水利风景区发展规划，编制年度计划，组建跨行政区域的水利风景区协调机制。要建立区域或者次区域水利风景区合作协调机制、地区间横向帮扶机制、与周边经济区和城市群的合作机制，培育跨区域、大尺度的水利风景区精品，突出“国际化产品、国际化营销、国际化服务”三大特色，全面推进与“一带一路”沿线地区的国际合作交流，打造具有国际水准的水利风景区，将水利风景区推向国际化平台。

（三）以水文化建设为核心，提升水利风景区的文化软实力

十九大报告指出，要坚定文化自信，推动社会主义文化繁荣兴盛。水利风景区建设要立足水文化和乡土文化，以文化“软实力”为水利风景区发展凝聚强大正能量。

中国山水文化源远流长，自古便有寓情于景、寄情山水之说。文化丰富了山水的内涵，提高了山水的品位，水利风景区应充分挖掘乡土文化，将其纳入水文化的范畴，以此形成品牌知名度和吸引力。

水文化建设首先要立足全局，因地制宜，进行水域空间的优化设计，将河道护岸设计、水域景观设计与周边环境建设融为一体，提升水域空间的整

体人文气息，做到人与自然的有机统一。

其次，对于水工建筑，在设计建造和改造时，应充分考虑周边的自然、人文和生态特点，使水工建筑物与周围环境相得益彰。同时，对水利风景区内已有的水文化设施进行保护和修缮，新建的服务、管理等设施也要结合景区的地域特点，既充分体现地域文化特色又具有时代精神。

最后，可在景区定期举办有关水文化、当地文化历史、民风民俗的体验活动，吸引当地居民和游客参与其中，提高景区的社区参与性，以此提高景区水文化展示效果。

（四）以科技手段为支撑，全面实现水利风景区的智能化发展

物联网技术、云计算、移动通信技术、3S 技术等新技术的迅速发展带来了全球经济、社会结构的巨大变革，也将深刻地改变水利风景区的经营、管理和运作模式。水利风景区的智能化发展将紧抓互联网发展契机，以全方位满足公众的需求体验为目标，以智慧设施体系、智慧服务体系、智慧应用体系为核心，以新一代信息技术为支撑，加快推动物联网、云计算、大数据、空间地理信息集成等新一代信息技术在水利风景区管理、服务等方面的应用，构建贯穿整个旅游过程的主动感知与智能服务体系，全面提升水利风景区信息化应用水平，建成设施智能、服务便捷、运行高效的水利风景区，解决并满足公众的个性化旅游需求。

第一，打造智能政务服务系统。结合互联网技术升级改造，全面建设智能电子政务网络，逐步推进智能电子政务数据归集共享开放。通过云平台、网络设施、业务系统应用等资源的整合，着力构建一体化的智能电子政务管理体系，提升水利风景区管理能力、决策能力和服务能力。

第二，打造智能旅游管理服务平台。建立智能旅游管理公共服务平台，全面推进面向公众的景区吃、住、行、游、娱、购等公共服务智能应用系统建设，为公众提供一站式、互动式以及零距离的智能服务，让公众享受到真正智能、高效、便捷的服务。

第三，建立并完善游客信息服务体系。实现景区智能导游、电子讲解、

在线预订、信息推送等功能全覆盖，为游客提供无缝化、即时化、精确化、互动化的旅游信息服务。

（五）以特色小镇建设为契机，实现水利风景区的多元融合发展

2016 年 7 月 1 日，住建部、国家发改委、财政部联合发布通知，决定在全国范围开展特色小镇培育工作，提出到 2020 年培育 1000 个左右各具特色、富有活力的休闲旅游、商贸物流、现代制造、教育科技、传统文化、美丽宜居等特色小镇。在经济新常态下，水利风景区可以为地区特色小镇建设提供丰富的旅游资源与优美的环境，对当地文化形成有益补充，为特色小镇建设和谐宜居的美丽环境提供有力支撑，而特色小镇建设为文化创意、时尚娱乐、康体养生等旅游业态的发展带来更大的“创新空间”，也必将对水利风景区发展产生重大和深远的影响。

特色小镇重在“特色”，主要是指依赖某一特色产业、特色环境，如地域特色、文化特色、生态特色等，打造具有明确产业定位、文化内涵和一定社区服务功能的综合服务项目。特色小镇的建设与发展首先以特色产业、环境资源等为基础，其次，具备“环境 + 产业 + 文化 + 社区”的功能。

在特色小镇发展战略中，水利风景区应坚持生态优先、多元融合发展。按照协调、绿色发展理念，坚持把为特色小镇提供良好的生态屏障与资源作为第一理念，充分利用水利资源，做好整体规划和形象设计，构建绿色生态网络。以生态资源、文化特色为导向，使水利风景区与特色小镇建设互为补充，互为动力，注重水文化的深度开发，实现生产、生活、生态多元融合发展。

（六）以满足人民美好生活需要为导向，拓展水利风景区旅游功能

新时代下，人民群众的生活目标从追求物质向生活幸福转变，旅游正日益成为人民群众向往美好生活的重要载体，旅游及其相关产业成为促进人的全面发展和全体人民共同富裕的重要渠道。在此背景之下，水利风景区必须

紧紧围绕十九大报告的部署和安排，抓住中国特色社会主义新时代的发展机遇，发挥独特优势，找准发力点，迎势而上，主动作为，深化水利风景区供给侧改革，以水利风景区建设与管理为载体，推进水利文化繁荣兴盛，推进水生态文明建设，拓展旅游功能，完善旅游服务功能，推进水利与旅游产业要素的融合发展，激发水活力，深化水利观光旅游项目，发展水体休闲运动康养旅游项目，挖掘水文化展示与体验旅游项目，培育一批具有地方特色的、人与自然和谐共生的“水利＋旅游”水利风景区精品，为人民群众的美好生活增添鲜活内容。

B.5
对策措施与政策建议

曾宜富　廖梦均*

摘　要： 水利风景区以涵养水源、保护生态、服务人民、弘扬文化为基本宗旨。水利风景区经过十多年的发展，规模迅速壮大，品质不断提升，效益持续增长，已跨入了新的发展阶段。当前，水利风景区正肩负着规模再扩大、质量再提升、综合效益上台阶、为新时代政治经济社会文化生态协调发展多做贡献的使命。为使我国水利风景区保持快速健康发展态势，本报告针对存在的问题和不足提出对策措施，并向政府及相关层面提出政策建议。

关键词： 水利风景区　景区规划　水生态旅游

一　对策措施

当前，我国水利风景区虽有一定规模，但与资源总量、社会需要相比，在景区质量和服务水平上，尚有不小差距：一些地区和单位对于水利风景区社会需求的快速增长形势认识不够，对于水利风景资源的潜在价值认识不足，有的景区资源或被闲置，或被滥用开发；个别景区经营管理粗放，安全意识缺乏，工程安全、资源安全、人身安全的风险防控不到位；景区发展区域间不平衡，经济欠发达地区对于水利风景区建设有想法、没办法，缺资

* 曾宜富，中国未来研究会旅游未来研究分会会长；廖梦均，水利部景区办工程师。

金、缺技术、缺人员。今后要将水利风景区建设进一步纳入生态文明、美丽中国建设大局和水利发展总体部署，以深化水利改革发展为契机，紧紧围绕“巩固水利风景区建设成果”的要求，不断加快水利风景区的建设和管理，全面提升水利风景区发展水平。

（一）抓好景区规划管理

规划是水利风景区工作的关键，是牵动水利风景区发展全局的“牛鼻子”。《全国水利风景区建设发展规划（2017～2025 年）》已经印发，对我国水利风景区建设发展现状与形势进行了研判，理清了发展思路，明确了指导思想、功能定位、基本原则和发展目标，阐述了总体布局，强调了主要发展任务和主要建设内容，安排了项目实施计划，对规划的效益与环境影响进行了科学分析，并提出了保障措施，是指导今后一个时期水利风景区建设发展的重要依据。水利部门要按照蓝图从面上推进“十三五”乃至未来 10 年的水利风景区发展，积极指导各地在水利工程、道路交通、生态修复、文化建设、旅游发展中统筹兼顾水利风景区建设，为水利风景区发展多创造一些条件。同时，要注意抓好现有国家水利风景区的规划管理，从点上提升水利风景区的质量水平。目前，很多景区规划不到位，没有按照规定时间和内容要求编制，部分景区规划定位不准、目标不明、思路不清、措施不力，没有突出水利特色和文化内涵，未能发挥出应有的效益。相关职能部门要积极督促各级水利风景区认真按照《水利风景区规划编制导则》要求，高质量地编制自己的总体规划。水利风景区管理机构要认真抓好规划检查指导工作，及时协同相关部门做好规划的审查批复，切实发挥规划的引领作用。

（二）严格景区审定批准

要进一步规范国家水利风景区申报程序，坚持“以质量控制为核心”不动摇，严格准入，不断强化省级水行政主管部门的初审把关作用，让审核约束的关口前移，让质量提升的重心下移。要注意保护自然生态系统的完整性，对水质未达标实行一票否决制，从严预防环境污染和生态破坏，牢牢守住发展和生态两条底线。完善相关管理制度，及时修订与当前形势不相适宜的制度条款，有效规范管理行为。要严格执行《水利风景区评价标准》，针对水利工程安全、水质达标、水污染物控制等重要指标，从严控制，切实发挥水利风景区服务水利中心工作的平台抓手作用。

（三）创新景区体制机制

要充分认识科学开发与合理保护水利风景资源的重要意义，积极探索有效管理方式，努力形成可复制、可推广的水利风景区建设发展模式。河南信阳南湾湖水利风景区改革管理体制，成立直属于市政府的水利风景区管理委员会，集水利、林业、农业、交通等部门及有关乡镇政府职责于一体，统一负责景区规划、建设、管理和开发，汇集力量搞建设，转机制、用人才、严管理，水利风景区综合效益显著提升；江苏溧阳天目湖水利风景区将景区资源所有权与经营管理权适当分离，以保护定开发，以开发促保护，积极打造智慧景区，资源管理日益规范，旅游发展逐步升级，率先实现智能化管理，水生态环境质量不断改善，旅游公司成功上市等成功经验可予借鉴。要坚持问题导向，以深化供给侧结构性改革为目的，因地制宜，因水制宜，不断探索水利风景资源、资产、资本转化方式，推动水利风景区建设与互联网融合发展。树立“山水田林湖草系统治理”意识，积极争取环保、住建、农业、旅游等有关部门的支持，在河长制、生态文明示范区建设、美丽村镇建设、现代农业开发、全域旅游发展等工作中，统筹考虑水利风景资源综合开发与保护，推动水利风景区水文化创意、水利科普等创新产业快速发展。

（四）加强景区动态监管

要以深化改革为契机，全面提升水利风景区综合管理水平。一是要进一步巩固“景区自查、省厅复查、水利部抽查”三级督查机制，全面指导国家水利风景区单位开展自查，有重点地对一些敏感地区的国家水利风景区进行复查，详细掌握景区制度建设、规划编制、设施配套、管理运营等情况，对于水利风景区内存在的安全隐患要早发现、早处理，做好安全防控。二是要充分发挥好水利风景区动态监管平台的作用，加强平台建成后的使用管理，优化完善软件建设，将信息化手段真正应用到景区监督管理的全过程。三是要创新监管方式，积极探索利用远程遥控、无人机航拍、卫星遥感影像等先进技术手段进行监测分析，提前预警或预测报，提升事中事后监管能力。

（五）强化技术支撑能力

一是要顺应现代景区发展趋势，以新一代互联网、物联网信息技术为支撑，拓展、整合水利信息化管理功能，提高景区智能化管理水平，提升景区综合管理和运营能力。二是要加快培育水利风景区建设与发展的研究团队，打造国内一流、有行业影响力的水利风景区高端智库，发挥专家技术指导和帮扶的作用，精准施策，推动水利风景区快速发展。三是要按照建立国家体制的改革要求，针对水利风景区建设管理涉及的体制机制、运营管理模式和水生态环境保护治理技术、水科普水文化内涵等关键问题，开展专题研究，从理论上提出可行性方法，从实践中提炼可操作性举措。

（六）加强人才队伍建设

水利风景区工作是系统工程，相应的人才队伍是做好这一系统工程的重要保障。一是要注意与高校、科研院所加强合作，着力培养水利风景区重点领域的专业型人才，鼓励各地加大力度引进高端人才，为水利风景区发展提供持续智力支持。二是要组织开展业务培训，指导景区管理单位提升管理能力和服务水平，推动水利风景区快速、可持续发展。

（七）加快水利风景区与旅游业融合发展

旅游是开放性广、融合度高的业态，水利风景区是水利资源与旅游业相结合的“旅游+”或“+旅游”产物。水利风景区是展现水域风光、开展水情教育、弘扬水利文化、展示水利成就和现代化水利进步的重要窗口，与旅游业具有深度融合发展的丰富资源条件和共同价值取向。加强水利风景区与旅游业的融合发展，可实现二者相辅相成、共生共荣。一是水利风景区要注意凸显特色风景、挖掘文化底蕴、弘扬水利精神、彰显科技力量，充分发挥水利风景区的旅游价值和发展潜力。二是水利风景区要注意利用优越的自然资源和生态环境，积极发展生态旅游，努力打造生态环境优、自然景观美、文化品位高、设施标准化的精品水利风景区。三是水利风景区要大力推进跨区域资源要素整合，实现与旅游业协同发展，着力开发观光、休闲、度假等各类旅游产品，使其既是居民进行亲水性娱乐活动的重要场所，又是游客亲近大自然的休闲度假目的地。

（八）扩大社会宣传和认知

一是要加大宣传力度，整合宣传模式与途径。紧密契合“十三五”水利改革发展要求，围绕水生态文明建设工作，在宣传中小河流综合治理、江河湖库水系连通、水土保持、水生态修复、灌区改造等水利工程建设时，融入水利风景区的理念，形成一体化宣传。二是要创新宣传形式，积极策划开展媒体记者采风、创意海报大赛等主题鲜明、形式多样的水生态环境保护主题宣传活动，大力营造爱水护水、保护生态的舆论氛围。三是要深入一线发现典型事例，以基层景区的鲜活实践展示社会效益，以广大群众的切身体会反映发展成效，综合运用文字、影视、网络等多种手段，推出更多有深度、有价值、有感染力和影响力的宣传报道，增强传播影响能力，为提高全社会生态文明意识发挥重要作用。

二　政策建议

我国水利风景资源丰富，发展空间很大。积极而又稳步地推进水利风景区建设发展，既符合习近平总书记在党的十九大上阐述的“创新、协调、绿色、开放、共享”新发展理念，提出的“坚持人与自然和谐共生”“坚定走生产发展、生活富裕、生态良好的文明发展道路，建设美丽中国”的发展要求，也顺应了人民群众对创造美好生活的新向往、新希望、新期待，受到社会各界的普遍欢迎。但是，由于水利风景区具有功能的多重性、建设发展牵涉的广泛性，确需在更高的层面、更宽的范围有相应的政策措施做保障，才能使水利风景区得到更好更快的发展。

（一）将水利风景区建设纳入民生事业发展的重要范畴

发展社会经济、提高民众生活质量和推进民生事业建设是保障社会和谐稳定的重要内容。水利风景区建设保护了江河湖泊，事关人民群众福祉，事关中华民族长远发展。水利风景区依托于水利工程的投资建设，在完善基础设施、改善城乡环境和实现脱贫致富等方面具有积极带动作用。水利旅游业不仅满足了居民亲水性的康体娱乐需求，而且带动了相关产业的快速发展，促进了区域人流、物流、信息流和资金流增长，创造新的经济增长点，也有利于当地政府调整产业结构，开展多种经营，拉动地方经济发展，增加地区创业就业途径，帮助当地群众增收致富。因此，应将水利风景区建设进一步纳入社会民生事业发展的重要范畴，夯实景区基础设施，加强公共服务建设，增加公共服务供给，创新公共服务方式，发挥综合服务功能，为人民群众提供更多的福祉。

（二）将水利风景区建设作为生态文明建设的重要载体和抓手

习近平总书记在党的十九大上指出：“建设生态文明是中华民族永续发展的千年大计。必须树立和践行绿水青山就是金山银山的理念，坚持节约资源和保护环境的基本国策，像对待生命一样对待生态环境。”“建设美丽中国，为人民创造良好生产生活环境，为全球生态安全做贡献。”这既为水利工作特别是水利风景区建设发展指明了方向，又提供了强大的思想武器和科学行动指南。生态文明建设的重要内容之一是城乡水生态文明，加强水利风景区建设是实现水资源可持续利用，保护水环境、水生态、水景观和水文化的重要措施。将水利风景区建设与管理作为水生态文明建设的重要载体和抓手，进行科学管理，可增强水域自然生态的自我修复能力，促进城市水利和农村水系的综合整治，为建设生态文明、建设美丽中国做出重要贡献。

（三）将水利风景区建设与管理纳入河长制的工作内容

历史告诉我们，河湖岸边一般是文明的发源地，也是广大群众的乡愁记忆。积极推行河长制，建立水生态安全的保障机制，加强美丽河湖建设，营造“水清、岸绿、景美、人水和谐”的良好水生态环境，把人民群众最关心、最直接、最现实的水生态利益落实好，这是当前的惠民之举、利民之策，措施有力，成效显著。水利风景区建设以水系（水域、水体）为脉络，坚持生态优先、绿色发展，通过加强水源涵养、水土保持、水域岸线管制，积极推进重点流域、区域水生态保护和修复，不断满足城镇居民“望得见山、看得见水、记得住乡愁”的美好愿望，与推行河长制的主旨目标完全一致。因此，将水利风景区建设与管理纳入河长制的重要工作内容，加强领导、统筹协调，能使水利风景区的发展在更高更广的层面得到更好的协同和更大的支持，不断开拓建设与管理的新局面。

（四）将水利风景区建设与管理列入“城市双修”的工作部署

2017 年 3 月，住房和城乡建设部印发了《关于加强生态修复城市修补工作的指导意见》，安排部署在全国全面开展生态修复、城市修补工作。城市双修是治理“城市病”、保障和改善民生的重大举措，是适应经济发展新常态、大力推动供给侧结构性改革的有效途径，是城市转型发展的重要标志，而城市水体生态修复则是其重点工作之一。水利风景区具有涵养水源、保护生态和净化空气等多种功能，是推动区域绿色发展的主要载体之一。将水利风景区建设与管理纳入“城市双修”总体工作，进行统一部署，能进一步强化水利风景区的地位和作用，得到政府和社会的更多重视和关注，并促使其一方面进一步加强管理与保护，拆迁库区保护范围内的污染企业，控制面源污染，最大限度地降低水利开发对水生态环境的不利影响；另一方面充分利用水工程与水生态、水景观、水文化相融合的资源优势，开发水利旅游的绿色产品与服务，在坚守生态保护的基础上创造旅游经济效益，为进一步的城市水体修复提供资金支持，为自身增强发展后劲。

（五）将水利风景区建设作为重大水利工程规划建设的必备设置

2017 年全国共有 172 项重大水利工程在快速建设和推进，其中既有西江大藤峡、淮河出山店、陕西引汉济渭、贵州夹岩、西藏拉洛等在建工程，也有云南滇中引水、黑龙江锦西灌区、吉林西部供水等重大项目前期论证，同时还要抓好东北三江治理、淮河等大江大河治理、重要蓄滞洪区建设、海堤建设标准提高等重要工作。以后每年都还会有一大批重点工程项目付诸实施。水利工程功在当代，利在千秋，既要建成造福人民的水利设施，更要铸就世代景仰的水利文化遗产。因此，水利风景区与水利工程相辅相成，相得益彰。在水利工程的规划建设，特别是中西部重大水利项目的实施中，将水利风景区的功能事先充分考虑，切实设置进去，将使水利工程功能外溢、增效显著，并使水利风景区建设基础扎实、水到渠成。

（六）借鉴经验促进水利风景区管理体制机制创新

要积极研究水利风景区管理体制机制创新问题，合理划分中央和地方事权。水利部要建立健全监管机制，加强对国家水利风景区水生态环境和运行管理的监测，逐步对国家水利风景区的监督管理实现全覆盖；各地要结合实际，切实履行好水利风景区建设发展的主体职责，加强组织领导，完善管理制度，健全工作机制，落实经费保障，加大监督检查力度，推动“景区自查、省厅复查”常态化，对复查不合格的要限期整改，对整改不合格的要撤销“水利风景区”称号。同时，进一步提高国家水利风景区准入门槛，继续严格实行将旅游服务设施设备无安全隐患、水质达标、景区管理机构职责明确、文化科普及导览标识齐备等作为申报先决条件，实行一票否决。并积极推进由政府牵头、水利主导、多部门参与的管委会模式，加强部门协调，形成齐抓共管工作格局。

专题报告

Special Reports

B.6
“一带一路”倡议框架下水利风景区的发展

刘 敏　刘秋华　李灵军*

摘　要：“一带一路”是指“丝绸之路经济带”和“21 世纪海上丝绸之路”。本报告首先对“一带一路”的背景、历史机遇、核心目的进行分析，指出其建设对加强各国水资源领域的合作、实现水资源合作领域互利互赢的局面有着重要意义，其次对水利风景区与丝绸之路两者之间的文化脉络进行梳理与总结，并指出了“一带一路”建设对我国水利风景区发展的促进作用，最后对我国水资源的保护和发展提出建议，以期努力实现水资源的可持续发展。

* 刘敏，北京联合大学旅游学院教授；刘秋华，北京联合大学旅游学院研究生；李灵军，水利部景区办高级工程师。

关键词：“一带一路”　水利风景区　能源　水资源

一　“一带一路”的发展背景与现状

（一）“一带一路”的发展背景

在国际发展层面，世界多极化、经济全球化、文化多样化、社会信息化的潮流明显，世界经济发展需要有新的增长点，中国可借此机会将几乎所有相关国家的中国战略、政策融入“一带一路”当中，以期实现多方共赢。“一带一路”倡议的提出也得益于五个良好的机遇条件。其中包括由技术发展带来的物流大航运的机遇、人口经济发展带来的市场拓展机遇，以及中国的国际地位上升、外包工程能力增强带来的重新进行产业布局与产业转移的机遇。

与此同时，国内也面临着一些问题，第一，过剩的产能需要开辟新的市场，资本需要投资的空间；第二，中国的战略性油气资源和矿产资源对外依存度较高；第三，工业和基础设施过于集中于沿海，会有一定的风险性。因此，2013 年 9 月，中国国家主席习近平提出了历史性的“一带一路”倡议，得到了国际社会的广泛支持，并于 2017 年 5 月举办了“一带一路”国际合作高峰论坛，100 多个国家派代表参加，中国与相关国家签署 270 多项合作协议。

“一带一路”倡议的核心目的包括三方面：首先，在经济方面，构建“一带一路”的核心任务是发展经济，通过巩固、扩大我国与中亚、东南亚等沿途国家和地区彼此相互开放的局面，互利合作，形成公平、统一的市场竞争环境，促进各国资源的自由流动，不断扩大经济发展规模和总量，优化经济结构，造福于沿途各国人民。“一带一路”建设有利于沿线国家发挥各自优势，促进区域内要素自由流动和资源的有效配置。世界经济的繁荣与增长是世界沿海地区与内陆地区共同参与的结果，“一带”主要经过西部通向西亚和欧洲，与东部地区一起承担世界内陆的经济增长，“一路”依靠中国沿海地区和欧美沿海地区通过海上丝绸之路的海上贸易，加强能源资源合作，共同促进世界沿海地区的经济增长与繁荣。其次，在政治方面，“一带一路”建设是扩大我国对外开放的需要，也是加强我国与欧亚非各个国家互利合作的需要，提出丝绸之路沿线国家合力打造平等互利、合作共赢的“利益共同体”和“命运共同体”的新理念，加强传统能源的开发工作，加强多边合作机制，增进沿线国家的政治沟通，有利于世界的和平稳定发展。最后，在文化方面，深入挖掘历史文化，可增进沿线国家人民的人文交流和文明借鉴，构建各国人民和谐安宁、文明幸福的生活。

（二）“一带一路”的发展现状

“一带一路”倡议已经获得沿线国家的积极响应，并在贸易流通领域、金融领域、设施联通领域、文化沟通领域和旅游合作领域取得了一系列进展，包括推进区域全面经济伙伴关系（RCEP）谈判，中国—东盟自由贸易区升级谈判，中巴、中蒙俄、新亚欧大陆桥等经济走廊建设，民间文化交流，旅游便利化等多方面。

同时，亚洲基础设施投资银行成立，《中华人民共和国政府和匈牙利政府关于共同推进丝绸之路经济带和21世纪海上丝绸之路建设的谅解备忘录》签署，中缅原油管道、肯尼亚蒙内铁路、亚马尔液化天然气项目等“一带一路”沿线重大工程项目开始启动建设。这些重大工程项目为“一带一路”沿线国家带来了福祉。

二　“一带一路”框架下水利风景区的发展现状

（一）“一带一路”沿线省份水利风景区建设现状

依照“一带一路”沿线区域宏观布局，陆地依托国际大通道，海上依托重点枢纽港口，以沿线的旅游特色城市、主要旅游吸引物，尤其是世界遗产为支撑，形成了国际旅游合作走廊（见表1）。在涉及“一带一路”的18个省区市中，水利风景区也成为国际旅游合作走廊中不可或缺的节点之一。

表1　“一带一路”区域国际旅游合作空间走廊

合作走廊	合作依据	空间布局	节点城市
新亚欧大陆桥旅游合作走廊	以新亚欧大陆桥为交通主轴线，依托渝新欧、义新欧、郑欧、蓉欧、苏满欧等铁路通道，构建沿线重要旅游合作走廊	贯通我国江苏和山东沿海，经陕西、甘肃、新疆，通过哈萨克斯坦、俄罗斯、白俄罗斯，抵达波罗的海沿岸	连云港、徐州、郑州、洛阳、西安、兰州、乌鲁木齐，以及阿斯塔纳、莫斯科、明斯克等
中蒙俄旅游合作走廊	依托中蒙俄经济走廊，借助北京、天津、沈阳、大连、长春、哈尔滨等航空枢纽，形成与俄罗斯、蒙古的旅游合作空中走廊	贯通我国天津、大连，经呼和浩特、满洲里、黑河、绥芬河，通过蒙古、俄罗斯，抵达波罗的海沿岸	北京、天津、大连、沈阳、长春、哈尔滨，以及乌兰巴托、伊尔库兹克、叶卡捷琳堡、莫斯科、圣彼得堡等
中国—中亚—西亚旅游合作走廊	依托乌鲁木齐、兰州、银川、西宁形成中国—中亚—西亚的旅游合作空中走廊	自我国新疆乌鲁木齐，经哈萨克斯坦、吉尔吉斯斯坦、塔吉克斯坦、乌兹别克斯坦、土库曼斯坦、伊朗、土耳其，抵达波斯湾、地中海沿岸和阿拉伯半岛	乌鲁木齐、喀什、兰州、银川、西宁，以及阿拉木图、比什凯克、奥什、杜尚别、塔什干、德黑兰、伊斯坦布尔等
中国—中南半岛旅游合作走廊	依托昆明、南宁、深圳、广州、杭州、福州、三亚、海口等城市形成中国到中南半岛的空中走廊，依托泉州、广州、三亚、海口等港口城市形成旅游合作海上走廊	依托大湄公河次区域，自我国云南昆明，沿澜沧江－湄公河，经缅甸、老挝、泰国、柬埔寨、越南，抵达南海	昆明、瑞丽，以及仰光、万象、曼谷、金边、胡志明市等
中巴旅游合作走廊	依托乌鲁木齐航空港，形成中巴旅游合作空中走廊	依托中巴经济走廊，自我国新疆喀什，纵贯巴基斯坦，抵达瓜达尔港，连通印度洋，与海上丝绸之路连通	喀什、阿克苏，以及伊斯兰堡、拉合尔、卡拉奇等
孟中印缅国际旅游合作走廊	依托昆明、南宁等国际航空枢纽形成孟中印缅旅游合作空中走廊，依托北部湾等港口形成孟中印缅旅游合作海上走廊	依托孟中印缅经济走廊及多双边旅游合作机制，自我国云南昆明，经缅甸、孟加拉国、印度，抵达孟加拉湾沿岸，连通印度洋，与海上丝绸之路连通	昆明，以及密支那、曼德勒、达卡、加尔各答等

资料来源：林炜铃、邹永广：《“一带一路”沿线旅游合作空间格局与合作机制》，《南亚研究季刊》2016年第2期。

截至2017年底，“一带一路”涉及的18个省区市共有351个国家水利风景区（见表2），占全国国家水利风景区总数的42.19%。很多省区市都积极进行水利风景区建设。重庆市水利风景资源相对富集，境内江河纵横，雄伟壮阔的长江三峡、璀璨多彩的重庆夜景、秀丽怡人的芙蓉江是重庆重要的旅游资源，纵横交错的河流、星罗棋布的水工程、风光秀丽的巴山蜀水构成了重庆市丰富多彩的水利风景区，彰显出形形色色的水文化。目前已建成30处水利风景区，其中国家水利风景区15处。其水利风景区以水库型、城市河湖型为主，其中水库型24处，城市河湖型6处。各景区依托水利工程和天然河湖，注重水域环境保护和水生态修复，开展了多种多样的旅游活动，取得了较好的生态、社会和经济效益。重庆市水利局以水利风景资源调查为基础，编制完成《重庆市水利风景区建设与发展规划（2016～2025年）》，规划共涉及27个区县138个水利风景区。重点以风景优美、自然生态和文化资源价值较高的河流、湖泊（水库）和水利工程等为目标区，覆盖全市五大功能区域，时间安排有序，空间布局合理，类型结构多样，从现有的两种形态发展为五种形态。

表2 “一带一路”沿线省份国家水利风景区现状（截至2017年底）

单位：个

主管机构	2016年新增数量	2017年新增数量	总量	主管机构	2016年新增数量	2017年新增数量	总量
松辽水利委员会	—	—	2	浙江省水利厅	3	3	33
内蒙古自治区水利厅	1	2	27	云南省水利厅	—	2	20
辽宁省水利厅	2	—	10	西藏自治区水利厅	1	—	3
吉林省水利厅	2	3	28	陕西省水利厅	3	3	38
黑龙江省水利厅	—	2	31	甘肃省水利厅	2	1	28
上海市水务局	—	—	4	青海省水利厅	1	—	13
广东省水利厅	2	—	13	宁夏回族自治区水利厅	1	1	12
广西壮族自治区水利厅	1	2	13	新疆维吾尔自治区水利厅	—	—	12
海南省水利厅	1	1	5	新疆生产建设兵团水利局	—	—	10
重庆市水利局	1	1	15	福建省水利厅	4	3	34
				合计	27	24	351

（二）“一带一路”沿线中心城市水利风景区建设现状

“一带一路”倡议框架涉及7个高地（西宁、成都、郑州、武汉、长沙、南昌、合肥）、15个港口（上海、天津、宁波－舟山、广州、深圳、湛江、汕头、青岛、烟台、大连、福州、厦门、泉州、海口、三亚）和2个国际枢纽机场（上海、广州）建设。上述城市积极加强水利风景区建设，在景区基础设施投入、城市氛围营造、整体环境保护与治理、市场营销方面都有相应的投入。如西安市于2008年率先启动了渭河城市段综合治理工程。经过多年的努力，现已建成300年一遇防洪标准的生态堤防28千米和176座雁翅坝，堤顶宽49米，建成双向四车道堤顶道路、堤顶绿化和照明工程，堤外建有宽200米的景观绿化带和12个人工湖，绿化面积达2.39万亩，水面面积4963亩，为西安城区居民人均增绿3.52平方米。构筑了堤、林、路、水结合，乔、灌、草搭配，花、竹、藤点缀，三季有花、四季常绿、水面映衬、鸟语花香的生态美景。按照渭河城市段滩区治理规划，相继建成了城市绿地公园、西安湖、玫瑰园、渭湿地、华山湿地、灞渭桥车游湿地等多处景观。治理过程中，西安湖率先使用中水作为景观水，不仅最大限度地节约了水资源，涵养了地下水，增加了生态基流，还发挥了生态系统的自我修复、自我净化功能，进一步保障了河湖的健康发展。

三 “一带一路”框架下水利风景区建设框架

（一）宏观布局与区域建设

“一带一路”涉及的沿线区域要加强国际交流与国内合作，继续推进水利风景区建设，形成西北地区、东北地区、西南地区、沿海和港澳台区域、蒙陕区域的组团式布局（见表3）。

表3 "一带一路"沿线区域的水利风景区宏观布局

空间布局	合作条件和发展布局	节点区域
西北地区	1. 发挥区位优势,强化与中亚等国家的合作,打造新疆丝绸之路旅游经济带 2. 挖掘陕西、甘肃、宁夏和青海的综合历史文化沉淀与民族文化特色,形成文化交流基地	新疆、陕西、甘肃、青海、宁夏
东北地区	1. 立足与蒙古、俄罗斯、朝鲜具有陆路口岸的区位优势,推进与上述国家的客流互送和边境旅游发展	黑龙江、吉林、辽宁、内蒙古
西南地区	1. 推进大湄公河次地区、怒江、红河区域的旅游合作 2. 谨慎对待水资源利用与分配,积极推进"水利外交"	广西、云南、贵州、西藏
沿海和港澳台地区	1. 充分打造福建21世纪海上丝绸之路旅游合作核心区 2. 推进海南岛国际旅游岛的建设 3. 推进沿海港口和机场的旅游节点建设	长三角、珠三角、海峡西岸
蒙陕区域	1. 推进重要城市群建设	内蒙古、陕西

（二）文化建设与品牌塑造

通过共建“一带一路”构想，可推广“一带一路”建设的重点文化品牌，充分发挥文化的联系效应。一方面，“一带一路”沿线水利风景区要深挖自己的已有文化底蕴，形成品牌。建议可以从大的尺度梳理出“丝绸之路”文化品牌、地域独特水资源利用文化品牌、边境水利风景品牌三大品牌。另一方面，可通过文艺精品展演、丝绸之路文化周、艺术节等活动，深化“一带一路”文化研究，打造“丝绸之路”中华文化载体品牌，弘扬中华文化“和平、和谐、合作”的价值理念。例如，西安市灞桥湿地水利风景区是西安市著名的水利风景区，文化的交流与聚集将有助于提高灞桥湿地水利风景区对自身文化的认识，弘扬景区文化的规划理念，有利于其认识、吸纳其他国家水利风景区的文化内涵和底蕴。随着丝绸之路的文化传播，水利部门利用灞桥湿地水利风景区得天独厚的自然资源和良好的生态环境，充分挖掘和利用水文化资源，为人们提供观光、娱乐、休闲、文化、教育等活动。丝绸之路文化与水利文化相结合能够更好地促进经济、文化的快速发展。

（三）流域建设与水资源利用

水资源的合理分配和利用必将是未来解决水问题的重中之重与难点。随着经济的发展，国际河流的水资源合理分配和利用形势更加严峻。很容易出现由国际河流在不同国家之间的水资源分配与水生态环境保护的分歧导致的国家之间的外交关系紧张。国际河流的共享性及其主权边境和生态边境不一致的情况成为值得关注的问题原点。“一带一路”区域面临着中哈双边分水谈判和湄公河流域的跨界水资源问题，中国处于“亚洲水塔”的敏感位置，因此，需要与周边 18 个存在水资源利益关联的国家共同协商水资源问题，建立水资源合理利用联盟。另外，水利风景区的开发不能影响水资源利用和水环境治理，需要遵循可持续发展策略从流域建设的角度全面规划与综合统筹。最后，应加强水利风景区的共建共享机制，通过水利风景区的共建共享，通过旅游资源的开发，实现持续发展，增进周边居民的福祉。

四　国家水利风景区发展建议

当前水资源典型的问题就是利用水平不高、地下水开发过量、浪费严重。为了实现水资源的可持续发展，提出以下建议。

第一，在水利风景区水利水电工程建设方面，应高度重视水电工程对水资源的影响，发挥水电工程对保护水资源的作用，在对水资源的开发利用和治理保护进行充分分析与论证的基础上进行规划，实现在保护水利风景区水资源基础上的有序开发，让水资源永远为人类造福。

第二，在水利外交中，加强水利风景区建设，避免水资源争端。在“一带一路”的背景下，水利风景区发展应更加注重景区资源的开发与利用，面向国际，开拓市场，打造著名水利风景区。

第三，加强“一带一路”水利风景区的文化品牌建设。“一带一路”核心节点的水利风景区应进一步加强文化品牌规划，打造适应国际市场需求与国内文化挖掘的整体文化品牌，提高市场知名度和占有率。

参考文献

[1] 国家发展改革委、外交部、商务部：《推动共建丝绸之路经济带和世纪海上丝绸之路的愿景与行动》，2015 年 3 月 28 日。

[2] 习近平：《2017 年习近平“一带一路”讲话》，2017 年 5 月 24 日。

[3] 能源局：《落实“一带一路”战略推进能源国际合作会议》，www. gov. cn，2015 年 5 月 14 日。

[4] 左彩金：《“一带一路”：中东欧经济发展新引擎》，《人民论坛》2016 年第 24 期。

[5] 阮凤斌：《区域经济国际化与“一带一路”》，《光明日报》2015 年 3 月 8 日。

[6] 王义桅：《“一带一路”：机遇与挑战》，人民出版社，2015。

[7] 王浩：《解析“一带一路”水资源问题》，2017 年 4 月 10 日。

[8] 胡四一：《在全国水利风景区建设与管理工作会议上的讲话》，2012 年 11 月 1 日。

[9] 李鹏、李洪波、代燕：《中国水利风景区发展的思考》，《水利经济》2012 年第 30（1）期。

[10] 祁正卫：《水利风景区建设发展调研报告》，2010。

[11] 祁正卫、张淑华、黄河：《关于水利风景区发展的几点思考》，《中国水利》2012 年第 2 期。

[12] 吴殿廷、周伟、戎鑫：《水利风景区的旅游开发和规划若干问题》，《水利经济》2011 年第 24（5）期。

[13] 冯卫红：《基于系统观的水利风景区旅游可持续发展探讨》，《水利经济》2010 年第 28（6）期。

[14] 郭延军：《“一带一路”建设中的中国周边水外交》，《亚太安全与海洋研究》2015 年第 4 期。

[15] 王志高：《关于水利经济和谐发展的探讨》，《现代经济信息》2010 年第 9 期。

[16] 胡爱民：《水资源开发利用中相关水利经济问题研究》，《中国科技学报》2012 年第 3 期。

[17] 习近平：《呼吁共建“丝绸之路经济带”重要演讲》，中国新闻网，2013 年 9 月 7 日。

[18] 蒋建国：《在 21 世纪海上丝绸之路国际研讨会开幕式上的致辞》，中国国务院新闻办公室，2015 年 2 月 11 日。

[19] 肖飞、王凯：《对水利风景区文化内涵建设的若干思考》，《水利发展研究》

2015 年第 15（11）期。
[20] 马立彦：《论水资源的可持续发展》，《水利科技与经济》2007 年第 13（7）期。
[21] 吴维、吴明、郑贤来等：《论中国水资源的可持续发展与利用》，《农业经济与科技》2009 年第 227（8）期。
[22] 方源：《我国水资源的现状及其可持续发展》，《科技风》2010 年第 17 期。
[23] 林炜铃、邹永广：《“一带一路”沿线旅游合作空间格局与合作机制》，《南亚研究季刊》2016 年第 2 期。

B.7

河长制背景下的水利风景区发展研究

王 凯　于小迪*

摘　要： 全面落实省、市、县、乡四级河长制，将使全国河流水环境质量有本质提升，为依托河流水域与水利工程建设水利风景区打下广泛而坚实的基础。本报告介绍了河长制由无锡市发起、在江苏太湖流域推行、在江苏全省推广、在全国实施的过程，阐述了河长制的六项任务，总结了河长制在全国实行的情况，分析了水利风景区规划、建设与河长制实施的五个关系。在上述基础上，论述了河长制背景下水利风景区建设应该注意的六个方面。

关键词： 河长制　水利风景区　发展

水利风景区是以水域或水利工程为依托而建设的景区，河流是水域的主要存在形式，很多水利风景区都是结合河流综合治理工程、提升河流水环境而建成的。2016 年 11 月，中共中央办公厅、国务院办公厅印发《关于全面推行河长制的意见》，要求各省在2018 年底，全面落实省、市、县、乡四级河长制。河长制在全国的全面推行，将使全国河流水环境质量有本质的提升，为依托河流水域域水利工程建设水利风景区打下广泛而坚实的基础。河长制背景下水利风景区的建设与发展，是当前一个值得研究的课题。

* 王凯，南京市水利局巡视员；于小迪，水利部景区办工程师。

一 河长制

（一）河长制发起

2007 年夏季，太湖蓝藻暴发，无锡市饮用水源地遭受严重污染，一度引发市民抢水风波。同年 9 月，无锡市探索实行以水质达标为主要目标的河长制，颁发了《无锡市河（湖、库、荡）断面水质治理目标及考核办法（试行）》,[①] 将考核结果纳入县、区党政主要负责同志政绩考核内容。由无锡市、区党政负责同志分别担任 64 条河流的河长。实施一年后，辖区内水质明显好转，初步实现了河、湖有人管、管得好的目标。2008 年，在无锡市河长制取得经验的基础上，江苏省政府将其经验进行总结，推广到同一流域的省内镇江、常州、苏州、南京四市，由省、市政府两级领导共同担任入湖 15 条主要河流的“河长”，实行“双河长制”。省市政府共担责任的“双河长制”在治理太湖蓝藻取得成效后，省政府办公厅于 2012 年颁发了《江苏省河道管理河长制工作意见》，一个以确保河道供水安全、防洪安全、生态安全为主要目标的河长制在省内推行。之后，国内一些省、市纷纷赴江苏考察学习，一些省、市水利部门开始在当地推广无锡市河长制。在总结无锡、江苏及部分省、市实施河长制经验的基础上，2016 年底，中央颁发《关于全面推行河长制的意见》。由此，一种由无锡发起，经过太湖流域、江苏省、国内部分省实施近 10 年，具有新时代特征的河流治理与管理新体制，在全国实行。

（二）河长制任务

河长制的核心是由各级党政领导担任河长，使每一条河流都有人管。河长制的任务有“六条”，主要内容为：一是加大水资源保护力度。要按照当地河流的特点，将“三条红线”落实到相关用水单位，使最严格水资源管

① 《人民长江报》2017 年 5 月 20 日第 4 版。

理制度真正得到贯彻。二是加强水环境治理。按照水源地保护的要求，清除与水源地保护无关的建筑，确保水源地水质达标，保护好水源地。三是治理城市黑臭河。要把消除黑臭水体作为城市综合治理的重点，实现河流水清、岸绿、景美、畅流的目标。四是加强水污染防治，摸清入河污染物来源、位置、数量等数据，对已批准的排污口进行科学合理的调整，做到岸上与水上污染同治。在河流水体水质改善的同时，提升河流滨水景观。五是加强水生态修复。要采取恢复河床滩漕多样性、生态护坡、水中浮床、适当放流等方法，逐步恢复河流生态多样性。六是加强河流岸线管理。要按照各地颁发的水利工程管理条例规定，严查非法侵占河道管理范围、擅自围垦湖泊的现象，管控好河流岸线的生态空间。通过加强巡查频度，及早发现并处置违章现象，坚决打击触犯水行政法规的违法行为。① 由上述可知，河长制任务涉及政府系列的有水行政、环境保护、水上交通、航运、工业节水、农业、水上公安、林业行政等涉水行政主管部门；涉及党委的有纪律检查、宣传等主管部门；必须由当地党委、政府主官担任河长，协调各部门形成合力，才能完成河长制任务。

（三）河长制实施

按党中央要求，至2017年底，北京、天津、江苏、浙江、安徽、福建、江西、海南8个省（直辖市）已出台本地落实河长制的文件，在全省范围内推行河长制。北京市实施了河湖水系“三查、三清、三治”行动，主要内容是：查污水不经处理直排河道、查垃圾随意倾倒河床、查河流管理范围违法建筑，清滨水岸边、清河流水面、清河床底泥，治黑臭河湖、治面源污染、治滨水环境，以推动河道治理工作的落地。江苏省组织编制了一系列规划：全省水系规划、湖泊保护规划、退渔还湖规划、太湖流域小流域整治规划、畜禽养殖污染治理规划、长江岸线保护规划，以规划统领河长制的落实。江西省总结各地在推行河长制实践中的创新举措，向全省推广：萍乡市安源区推行“巡河日记”制，巡河员每日沿河巡查，对河道排污、

① 《中国水利报》2016年12月13日第3版。

保洁、违章、采砂等问题，以电子日记形式上传至河长办工作微信平台登记处理。目前，落实河长制已在全国形成了浓厚的氛围，一些河长制工作启动早的城市，部分河道水环境已有明显改善，显示出河长制强大的生命力和执行力。

二　落实河长制与发展水利风景区的关系

党的十八大以来，生态文明理念逐步深入人心，生态文明政策逐步落地，与其相关的水生态文明城市建设、黑臭河治理、全国172项重大水利工程陆续被批复和动工，都形成了大量的河（湖）水域风景资源。国家公园改革试点强调对自然资源和文化遗产保护的理念，促进了水利风景区对水资源和水文化遗产的保护。按照党中央的统一部署，到2018年底，全国省、市、县、乡四级河长制要全部落实到位，国内江河湖泊水环境将会大大改善，符合水利风景区风景资源条件的河流、湖泊越来越多，各地申报水利风景区的热情普遍高涨，创建国家水利风景区的呼声越来越高，水利风景区发展的形势越来越好。

（一）河长制任务与水利风景区规划建设有许多共同之处

1. 在满足人民群众对良好水环境需求方面有共同之处

前些年，“酱油河”“牛奶河”等新名词出现在公众视野，“让环保局长下河游泳”的呼声此起彼伏，反映了老百姓对河湖水污染现状的不满。在改善水环境方面，河长制能将地方政府对水环境的法定要求落实到具体的行政官员，由河长牵头整合资源，解决水环境问题，行政效率会大大提高。水利风景区是以河湖水域为依托建设的，能够开展游览、观光、教育、科普的场所，优良的水环境是水利风景区最基本的要求。两者有共同之处。

2. 在深化生态文明体制改革措施方面有共同之处

环境治理体制改革是生态文明体制改革的重要组成部分，河长制是环境治理体制改革的措施之一，旨在将目前纵向的部门管理的水污染治理体系，转变为横向的地方党委、政府牵头的管理体制。2013 年以来全国开展的水生态文明城市建设试点工作，已陆续进入验收阶段。已验收的水生态文明建设城市实践证明，水利风景区通过水环境建设，水域水质良好，彰显了物质形态的水生态文化，成为水生态文明城市建设的示范区。两者有共同之处。

3. 河长制的任务与水利风景区的规划理念有共同之处

对比河长制任务的“六要点”和水利风景区规划理念的“六要素”，共同之处是：两者都要开展水工程维护、水资源保护、水环境改善、水生态修复工作；维护水工程安全是河流作为水利工程与水利风景区载体的基本职能；河道水量与水质是对河流健康的两个基本要求，没有水的河流不可能成为水利风景区，水质达不到要求（四类水及以上）的也不能成为水利风景区；水环境改善既是河长制的重要目标，也是申报水利风景区的基础；水生态修复是河流水质长期向好的主要措施之一，也是维护水利风景区生物多样性的重要措施。两者有共同之处。

（二）河长制为水利风景区建设提供了江河湖库水环境基础

河长制工作步骤：一是确定河长。按行政区分地区总河长和具体河流的河长两类。一个地区的总河长由地方党委或政府主要领导同志担任，域内各河流河长由地方同级党委、政府负责同志分别担任。同时组建河长办，负责落实河长制的日常工作。河长办由当地党委、政府相关部门负责人组成。形成省、市、县、乡四级河长制网络。二是制定河湖治理方案。由河长办按照“水清、岸绿、景美、流畅”的标准，按“一河一策”制定区域内河流整治方案。三是“河长治”。由总河长将区域内河流治理任务分解落实到下一级河长，同级的相关职能部门予以配合，逐河实施河流治理工程。四是长效管理。按照河流整治方案完成整治任务后，由河长组织落实管理制度、经费、督察等，使河流管理规范化、长效化。

按照上述河长制的工作步骤完成河湖治理任务，实现了“水清、岸绿、景美、流畅”的河流治理目标，就为其创建水利风景区奠定了良好的水环境基础。

（三）河长制为水利风景区管理提供了制度保障

河长制的最终目的是落实河流、湖泊有人管、有钱管的问题。而水利风景区存在的问题之一是其日常运行管理的经费没有正常的资金渠道。大部分水利风景区是开敞的公共空间，其滨水空间已成为当地居民锻炼、亲水的地方，没办法也不应该收取门票。但由于资金负担问题，一些景区运行管理经费往往落实不到位，既影响了景区管理单位的积极性，也不能满足老百姓休憩活动的需要。随着河长制的逐步落实，河流的管理机构与经费将会逐步落实到位。这样，就为水利风景区提供了长效管理的保障，水利风景区也能够为公众提供更好的服务。

（四）水利风景区建设为河长制扩展了内容

水利风景区除了在水工程维护、水资源保护、水环境改善、水生态修复方面和河长制的内容一样以外，又扩展了弘扬水文化、发展水经济的功能。实际上，目前各地在黑臭河治理和河长制落实过程中，在解决了河滨通畅、雨污分流、清淤疏浚、河道水质改善等问题后，已开始着手滨水空间的水景观建设与水文化展示。如已经完成黑臭河治理的南京市内秦淮河东段，在河道滨水空间用线雕的艺术手法展示了初创该河历史的人物、河流演变的历史脉络、诗词等南唐文化，使市民在河边散步、锻炼的同时，能感受河流水文化的熏陶，受到沿河居民的好评。河长制在水资源保护、水环境改善、水生态修复、水污染治理的基础上，扩充了弘扬水文化的内容后，就形成了水利风景区的基本要素和水利风景资源，具备了开发水利旅游的基本条件。

（五）水利风景区为河（湖）管理创造了优美的环境

为加强水利工程管理，水利部要求水利工程管理单位创建省级、国家级水利工程管理单位（分河道、水库、水闸三类）。考核内容分组织管理、运行管理、安全管理、经济管理四个部分。创建成功省级或国家级水利工程管理单位，就说明其工程管理达到了一定水平。因为水利工程运行安全的基础是工程管理，根据《水利风景区规划导则》中位于规划“六要素”第一位的“水安全”的要求，为了确保水利风景区水利工程的安全，凡水利工程管理单位申报省、国家水利风景区，其前提条件是应先成为省级、国家级水管单位。这样，水利风景区所依托的水利工程就有了组织、运行、安全、经济管理的基础。同时，水利风景区创建为水利工程增加了水生态、水景观、水文化的内容，使河流水生态建康，水景观靓丽，水文化彰显。所以说，水利风景区为河（湖）管理创造了优美的环境，更加有利于水利工程的管理。

三　河长制背景下水利风景区发展应注意的几个问题

河长制为水利风景区的建设、发展提供了河流水环境基础和管理制度保障。水利风景区规划为河长制扩展了内容，给河长制提高了标准。各级水利风景区管理部门与“河长办”都在水利部门，水利部门应抓住实施河长制的机遇。按照生态文明的理念，在各地、各级落实河长制的顶层设计中，在进行“河长治”的治水、管水实践中，融入水利风景区规划的理念，在水利风景区规划与创建中应更加注重水环境保护、信息化建设、绿道和慢行系统的规划、建设流域型水利风景区、发展自然河湖型水利风景区、扶持公益性水利风景区。

（一）更加注重水利风景区水环境保护

水域、水体、滨水空间是水利风景区的基础。水利风景区如能做到：自然河湖型景区的水是清澈的，水土保持型景区涵养的水源能常年维持溪水的流动，城市河湖型景区的滨水空间是亲水的，灌区型景区的水能满足水稻等农作物灌溉对水量和水质的需求，水库型景区的水能满足国家标准对饮用水源水质的需求，湿地型景区的水能满足生物多样性的需求，就说明水利风景区的水环境保护工作是卓有成效的。河长制的实施为水利风景区的水环境质量提供了制度保障，水利风景区建设应更加注重水利风景区的水环境保护。

（二）更加注重水利风景区信息化建设

水利部、环保部联合颁发文件，要求各地自 2017 年 1 月起，各省区市河长办每两月将河长制进展情况信息公开报送两部。2017 年上半年，上海市河长 App 已上线运行，从河长、河道两个维度覆盖全体河长、全部河道，为各级河长、河长办及相关工作人员提供任务督办、政府与民众互动、综合评价等功能服务及河道基本情况、定位地图、整治进展、水质监测、河道巡查等基本信息服务。① 水利风景区也要加强信息化建设，逐步形成部、省、市、景区四级联网的水利风景区信息化系统，与河长制信息化系统兼容，做到信息共享，为水利风景区和河流管理提供信息服务。

（三）更加注重水利风景区中绿道、慢行系统的规划

“黑臭河”散布于新老城区，落实河长制与治理“黑臭河”，拆除了河道两岸的违章建筑，提高了河流的通达性，增加了居民散步、锻炼、聚会的场所。在水利风景区规划中应充分考虑当代人注重健体、交流的时代特点，应沿河流岸边设置自行车道、步行道等城市绿道、慢行系统，便于人们开展骑行、散步、慢跑等活动，使群众在河长制落实中有获得感和幸福感。在滨水空间小品景观设计中可用雕塑或文化墙的艺术手法展示河流的水文特征、演变过程、治水故事、名人轶事、民俗传说等，使市民在散步、锻炼的过程中了解河流、接受河流水文化的熏陶，从而更加热爱河流，自觉投身到保护河流的活动中去。

（四）更加注重建设流域型水利风景区

2014 年，国家公园体制改革开始后，对自然资源进行保护的理念逐步在水利风景区得到落实，水利风景区开始强化“六水”中的水安全、水资源、水环境、水生态、水文化五个元素，而淡化水经济（水利旅游）元素。水利风景区以水域为依托，而水域所在的河流有流域的特点，上下游、左右

① 《中国水利报》2017 年 4 月 27 日第 3 版。

岸、水域与滨水空间互相影响。从河流的水安全、水资源、水环境、水生态、水文化考虑，宜按流域上中下游、左右岸统一进行水利风景区规划，建设管理层次更高、区域面积更大、水域面积占景区总面积比例更高的流域型水利风景区，避免一条河流分而治之，各搞各的，不利于整条河流的水生态系统建康与水文化弘扬。

（五）更加注重发展自然河湖型水利风景区

自然河湖型水利风景区一般位于河流的上游或源头，人为干扰少，基本保持了河流的自然状态。这类水利风景区的水域一般以狭窄的溪流或水库宽大水面的形态出现，水质清澈，以自然的山体、溪流、植物、动物及其景观组合吸引游人。此类景区的游览区适宜开展生态旅游，景区必须严格按环境容量控制游客数量；缓冲区适宜探险、科学考察，只允许少量人员进入；核心区要严格保护，不允许人类进入，以保护自然河湖型水利风景区的水、土、生物资源不被破坏。

（六）更加注重扶持公益性水利风景区

水利风景区主要结合水利工程与河道综合治理工程建设进行创建，而水利工程大多是公益性的，由政府财政资金投资，其建成的水利风景区应无偿提供给大众享受。城市河湖型景区位于城市，其河滨岸线是当地居民开展锻炼、聚会、交流等休憩活动，外地游客进行观光、游览、度假等旅游活动的场所，应设置亲水平台、栈道，便于人们嬉水、亲水；应设置滨水市民广场，便于人们集会、锻炼；要因地制宜设置相对封闭的空间，使人们有一个安静的场所休息、思考。总之，滨水空间的设计，应更加人性化，满足人们的不同需求，将人们都吸引到水利风景区来，享受水域、滨水空间带来的愉悦与快乐。由政府投资建设、已经售票的景区应逐步降低票价，待河长制贯彻到位、景区维护与管理经费落实后取消门票，使老百姓享受到水利改革、水利风景区建设带来的福祉。

在全国上下轰轰烈烈落实河长制一年之际，2018 年 1 月，中共中央办公厅、国务院办公厅又印发了《关于在湖泊实施湖长制的指导意见》，对全国落实“湖长制”提出了要求。虽然湖泊治理的难度比河流治理的难度要大，但有了全国一年落实“河长制”工作的实践经验，我们坚信，随着“河长制”的进一步落实和“湖长制”的落实到位，“河长制”与“湖长制”将会变为“河长治”与“湖长治”，全国城市河流、湖泊水环境改善的进度将会大大加快。申报水利风景区的数量也会大大增加。对此，各级水利风景区主管部门应加强指导，主动引导各地在实施河（湖）长制过程中融入水利风景区规划、建设的理念，使河（湖）都成为安全的、生态的、景观的、文化的河（湖），发挥河流、湖泊的综合功能，为全域旅游提供更多的水利风景区，为群众提供更多风景宜人的滨水空间，这也是当前与今后一段时间水利工作的应有之义。

B.8
水利风景区建设在精准扶贫实践中的作用与作为

李亚娟　刘 洋　韩凌杰*

摘　要：国家水利风景区因具备多重功能，在贫困地区的扶贫带动作用已凸显。水利风景区不仅具备水利工程和设施在涵养水源、维护工程安全、改善人居环境和维护生态等方面的水利生态功能，同时促进了贫困地区饮水安全、防洪安全、农田灌溉、水源与用电保障等方面的改善，更重要的是其开发激活了整个地区的产业链，通过旅游休闲开发等附加功能推动了旅游扶贫项目的落地和旅游经济的兴起，为贫困地区提供了新的就业选择和经济发展机会，拉动了整个区域的经济发展。然而水利风景区在扶贫工作中还有很大的拓展空间和美好的前景，未来应充分发挥政府主导作用，建立多元化帮扶体系，维护良好的帮扶关系，加大贫困人群参与扶贫的广度和深度，深化水利风景区的全域化发展理念，强化环境保护意识，增加保护资金投入，提炼地方文化，提高地方文化自信，打造乡土水利文化产品，进一步促进水利风景区建设在精准扶贫实践中的作用与作为。

关键词：水利风景区　精准扶贫　贫困

* 李亚娟，华中师范大学城市与环境科学学院副教授；刘洋，温州大学旅游酒店管理研究所所长、教授；韩凌杰，水利部景区办工程师。

国务院扶贫开发领导小组办公室网站 2018 年公布的贫困县名单显示，我国目前贫困县的总数是 585 个。在地理空间上，这些贫困县位于我国水系密布区，特别是主要水系源头的生态脆弱区。贫困地区普遍存在生态脆弱、资源环境承载能力低、水土流失严重、抵御水旱灾害能力不足等生态问题。农村饮水安全、农田水利建设、病险水库（闸）除险加固、中小河流治理、农村水电和水土流失综合治理等一系列水利工作成为贫困地区经济社会发展的重要内容，也成为新阶段扶贫开发目标任务的重要组成部分。

由水资源问题造成的贫困人口占扶贫人口的大部分（陆益龙，2015），概括起来可以分为以下几类：第一类是由原生环境引起的，即自然资源本底带来的贫困，主要是我国西南山区。当地居民与他们生活的自然环境密切相关，而山地条件带来的旱涝等自然灾害的频率较高，因灾致贫人口较多。第二类是由水资源分布不均衡造成的贫困，特别是一些河流上游或者源头地区，出于生态角度考虑，发展经济受到了一定程度的制约，由此产生了一定的贫困人口，比如西部河流源头地区。第三类是由水资源使用不当造成的贫困，特别是水污染、地下水超采等造成地下水位下降，进而造成土地荒漠化，比如西北黄土高原地区以及中部平原地区。

为了科学合理地开发利用和保护水利资源，促进水利改革与地区发展，水利风景区建设与管理成为实现水资源可持续利用总目标的重要措施之一。自 2001 年至今，水利部已批准设立 17 批共 832 家国家水利风景区。将国家水利风景区与国家扶贫地区进行空间叠加可发现，国家水利风景区大多位于国家重点扶贫区域。考虑到旅游精准扶贫是长期、动态以及复杂的系统工程，是需要多元主体共同参与和协作的综合项目，而国家水利风景区在扶贫地区的旅游带动作用已凸显出来，不仅具备水利工程和设施在涵养水源、维护工程安全、改善人居环境和维护生态等方面的水利生态功能，更重要的是其开发激活了整个地区的产业链，拉动了整个区域的经济发展。因此，如何处理好水资源保护与贫困人口之间的问题，特别是通过水利建设促进水资源的合理开发利用，进而带动地区居民脱贫致富已成为实现精准扶贫的重要课题。

一 水利风景区建设推动精准扶贫实践

（一）水利风景区运营落实扶贫项目建设

1. 水利风景区建设促进了贫困地区基础设施完善

我国扶贫重点地区主要集中在西部，特别是西南山地地区，基础设施落后是制约当地经济发展的主要障碍。水利风景区建设加快了以水利、交通、通信为中心的基础设施建设，是打破地区封闭、提高抗灾能力、稳定增加农民收入、加快社会经济发展的基础条件和重要措施。

水利风景区建设在交通上实施了村道、乡道、县道、省道和国道在村组之间的连通，在水利上通过“山、水、田、林、路”综合治理，进行病险水库、山塘改造，增加了库容和蓄水，进行多级防渗渠系配套，在岩溶地貌突出的地区，建成了以小型水利为主，耕作制调整的节水农业模式。与此同时，供水、供电等条件得到大力改善，岩溶地区、深山区和边远地区农民的温饱问题，饮水、行路和用电等问题都得到了有效解决。基础设施的改善在提升水利风景区水利功能的同时，又为水利风景区旅游功能的实现提供了可能。

2. 水利风景区建设强化了贫困地区民生水利的发展

水利风景区依托已有水利工程，在完善其旅游功能的过程中，为民生水利的核心水利功能强化提供了条件和基础，已经成为发展民生水利的重要手段。

水利风景区基本位于地区流域的重要节点或地段，对流域生态环境具有重要的控制性影响。水利风景区建设需要对水利风景资源进行普查、科学评价及有序的开发和保护，不仅能够从资源上保障水利工程的安全运行，同时能够促进和保障水利工程的核心功能，如供水、发电、防洪、灌溉和水资源调配等功能的充分发挥。水利工程设施在自身建设的基础上，与风景资源综合利用开发建设等活动相结合，进一步提高了贫困地区的饮水安全、防洪安全、农田灌溉、水源供给、生态环境保护和用电保障等多项水生态安全保障能力。水利工程核心功能的保障也进一步推动了水利风景区建设的有效实现，二者互为促进，在保障核心功能基础上，实现水利风景资源的合理利用和开发。

同时，水利风景区建设作为生态文明建设的重要组成部分，旨在实现经济、自然、生态和社会效益等最终目标。民生水利工程在水利风景区建设背景下，已成为利民的生态工程、环境美化工程和水资源保护工程，通过对景观资源的保护性开发，已实现其生态保护、水源涵养、水系统维护和水环境健康等重要功能，成为贫困地区民生水利发展的重要抓手。

3. 水利风景区建设强化了贫困地区的人居环境保障

水利风景区的打造在促进贫困地区人居环境方面具有较大的优势，主要源自水利风景区自身的功能价值，包括生态功能、游憩功能和科教功能（骆彬，2013），以及由功能价值带来的一系列经济价值。

（1）水利风景区的生态功能价值

水利风景区依托水利设施建设，具有保护自然资源、改善生态环境、防害减灾、美化环境的生态防护功能。水利风景区一般位于山清水秀的良好生态环境中，调节城市及乡村地区的局地小气候，维持二氧化碳和氧气的动态平衡，对保持生态平衡和防风防洪具有重要作用。同时，由于水对空气的热量交换，水利风景区对周围气温有调节作用，水体周边冬暖夏凉，通过植树造林进行搭配，形成了优美的生存环境。

（2）水利风景区的游憩功能价值

伴随着人类“逐水”需要的增强，滨水旅游通过旅游活动的开发和策划产生了较好的经济效益，也通过旅游业开发塑造了整个地区的形象。水利风景区由于其资源基础和生态功能，已经成为开展滨水旅游活动的自然承载场地，其景观游憩功能亟须进一步挖掘和开发。

（3）水利风景区的科教功能价值

基于水利基础设施建造的水利风景区，本身孕育着水利技术和水利文化。水利风景区拥有历史科技文化、先人先事先物等宝贵的水利遗产，具有加强德治、寓教于游的功能。同时，水利风景区拥有一些具典型性和代表性的地形、地貌、地质构造、稀有生物、民族乡土建筑，因而具有重要的科学研究价值。它使游人在享受现代水利、优美景观，陶冶情操的同时，能够进一步了解水文化内涵，提高水资源保护和节约利用的意识，并通过与当地居民的交流和沟通，了解地方文化。

（4）水利风景区的经济功能价值

水利风景区在自身功能的基础上延伸的经济价值也逐渐凸显。在水利风景区建设与打造之前，已建成的各类水库、水电站等工程仅具有防汛灌溉等水利功能，在维护和管理方面，需要雇佣专门的人员进行管理，地区居民参与的机会有限，对水利设施建造的重大价值和意义难以真正体会。水利风景区建成后对社会开放，形成了一系列经济效益。

同时，水利风景区建设可以使水利设施依托的周边丰富的河流湖泊区域得到合理开发和使用，在一定程度上降低了资源的浪费，水利设施便被赋予了景观、观赏等人文气息，直接带动了当地居民人居环境的改变。如四川省广元市苍溪县的白鹭湖，前身是白桥水库，始建于1973年，几十年来，人烟稀少。2013年白鹭湖水利风景区成功申报了国家水利风景区，开始了治理和保护的新篇章。白鹭湖水利风景区规划目前按照水资源与生态保护、景观与森林资源保护、交通与游线规划、配套基础设施规划、水利科技与水文化宣传规划等专项组织，已科学地划分为水上休闲、水上拓展体验、森林旅游、水文化展示、综合服务等五个区域，形成了一个自然生态环境优美、人文资源丰富的具休闲、度假、康体功能的生态水利风景区（车小磊等，2014）。水利风景区的开发建设直接改善和优化了水利工程及其周边地区的生态和人文环境。

4. 水利风景区建设提供就业岗位，推动了地方经济社会发展

水利风景区通过自然、人文环境所塑造的“商养学闲情奇”来吸引游客，并通过为游人提供“食住行游购娱”等基本的服务而产生经济价值。

水利风景区作为水利行业的重要资源，具有强大的经济效益和引资能力。特别是水利工程单位引进资金和管理经验，已成为水利部门的“绿色

银行”，成为水管单位开展水利多种经营、壮大自身经济实力、带动当地经济发展、促进水管单位体制改革、提高水利职工生活水平的强有力措施。同时，水利风景区建设带来了巨大的就业空间，并为水管单位分流职工和安置职工家属提供了多种可能（骆彬，2013），极大地稳定了水管职工队伍，促进了水利工程管理体制的创新改革。

伴随着地方经济的发展和环境质量的改善，越来越多外来企业和投资者入驻，以农旅企业为主，促使土地流转资金提高，景区周边的房地产产业也急速发展，房产价格比未建景区时提高了 1～2 倍。贫困居民可在家门口从事农业和旅游服务接待业，增加了居民收入，也有效地解决了人口外流和留守人员的生活问题。

5. 水利风景区建设推动了水文化传承，促进了贫困地区地方文化弘扬

水利风景区承载的水文化扎根于贫困地区的地方文化，源于贫困地区人民与水资源之间相互作用、相互影响和相互依存的密切关系。水利风景区建设将水利工程及依托的特定水域作为展示和弘扬水文化的场所，通过深入挖掘水文化内涵，了解地方人民治水、用水历史以及水利科学知识和地方生态智慧，为水利风景区赋予了更多文化内涵，为外界了解贫困地区的地方文化打造了完美的平台，也进一步促进了贫困地区人民的文化自信。

（二）水利风景区建设推动旅游扶贫开发

从“人地关系”理论出发，可以从人（human）和地（land）两方面来说明水利风景区作为旅游精准扶贫主体的可行性和必要性。从“人（human）”的角度来看，贫困人口是旅游精准扶贫的立足点，而由水利风景区带动的旅游业发展为当地人口提供了新的生计方式；从“地（land）”的角度来看，在地理位置上，一部分水利风景区位于城郊附近，大多数水利风景区位于偏远的较为贫困的山区或是其他地形比较复杂的地带，这些地区均为目前热点旅游的目的地，城郊旅游和山地旅游的巨大市场需求直接带动了这些区域水利风景区的发展。从景区本身来看，水利风景区是在水域（水体）或水利工程的基础上，依托水利风景资源，如水域/水体及其滨水地

带、岛屿、绿地、建筑以及周边居住点等对人们产生吸引力的自然景观和人文景观，具有丰富的科学价值、观赏价值以及文化价值，可以开展观光、娱乐、休闲、度假或科学、文化和教育等活动。旅游扶贫通过对具有一定旅游资源条件、区位优势或市场基础的贫困地区进行旅游活动开发，将带动整个地区的经济发展，带动贫困群众脱贫致富，成为一种新型的产业扶贫开发方式。可见国家水利风景区已经具备旅游的基础条件，而且还是相对完善和成熟的条件。

2018 年初，国家旅游局、国家发展改革委、国土资源部等 12 个部门制定并印发了《乡村旅游扶贫工程行动方案》，2 万多个具备发展乡村旅游条件的贫困村被梳理出，并将获得人才、金融和创业等多方面的专项扶持，推进旅游扶贫。在国家政策背景下，部分省份全面启动了旅游扶贫示范区建设。这些旅游重点扶贫村庄和地区有不少位于水利风景区周边。水利工程的建设和打造造成了失地居民、生态移民、移民搬迁等现象，影响到了周边居民的生活和后续发展，作为系统工程，旅游扶贫需要旅游、农业、水利、扶贫等多部门形成合力。而水利风景区的打造和建设，不仅为失地居民提供了更多就业机会，也为其脱贫致富奠定了基础。

通过水利风景区建设，水生态得到了修复、水环境得到了改善、水安全得到了保障、水景观得到了提升、水文化得到了弘扬，不仅助力了水生态文明和大生态文明建设，而且辐射带动效应明显。具体来讲，水利风景区建设不仅能推动农村种植结构调整，还能推动地方产业结构调整，不仅改善了环境，还适当地解决了居民贫困问题；同时，水利风景区建设依托丰富的水利工程和水域、水体等资源，只要是有水的地方，又能够充分提取其内涵，如景观和文化元素等，都可以打造出独特的水利风景区。

由此可见，发展水利风景区是保护资源和生态，追求社会效益和生态效益；通过发展朝阳产业，如休闲游、观光游、乡村游和特色观光农业以及养生养老产业等，实现经济效益；通过参与精准扶贫，带动脱贫致富，显现社会公益性。基于此，以水利风景区为抓手，促进区域发展带动旅游扶贫，将更好地助推国家扶贫政策的实施，实现水利风景区扶贫之路。

二 水利风景区扶贫的典型案例分析

（一）山东临沂竹泉村水利风景区

竹泉水利风景区位于山东省临沂市沂南县北部的沂蒙泉乡铜井镇，依托寨子水库（总库容1084万立方米）而建。竹泉村2007年以前是一个落后、贫困、封闭的村庄，全村可耕种土地450亩，村庄占地面积93.7亩，人口近500人，村民人均年收入仅4312元，依山坡分散居住，道路、排水杂乱，环境脏乱差，生活极为不便，村集体更是没有收入来源。2008年，沂南县提出了“兴文旅、惠百姓、促脱贫”的战略，本着“保护性开发”的原则积极打造水利风景区。2011年，竹泉水利风景区已被评为国家级水利风景区。

竹泉水利风景区是以丰富的水体资源和优美的水岸环境为资源优势，在竹泉古村的基础上开发而成的，是沂南县水利与旅游融合发展的样板水利风景区。村集体、贫困户依托风景区，通过土地流转、景区务工、入区经营、旅游服务等多种方式，带动了周边贫困村集体经济发展、村容村貌提升和贫困群众增收，走出了一条“扶贫有路径，致富有途径，未来可持续”的发展之路。

竹泉水利风景区的建设，通过营造良好的基础环境、发展环境和公共服务环境，科学合理地利用水利风景资源，提供游客吃、住、行、游、购、娱等服务产品，拉动了一大批相关产业发展，为当地居民提供了大量直接或间接就业机会，进而实现了精准扶贫的目的。

（二）安徽金寨县燕子河大峡谷水利风景区

金寨县是安徽面积最大的山区县、库区县，也是全国首批国家级贫困县，地处大别山腹地，鄂豫皖三省结合部，总面积3814平方千米。区域内丰富的自然资源及水利资源是其特色，金寨县水利部门在水利部指导下编制完成了《金寨县“十三五”水利精准扶贫实施方案（2016～2020）》，将水利风景区建设纳入水利精准扶贫实施方案重要建设项目。通过依托现有水库、峡谷、中小河流等水利工程，将新建一批水利风景区，该举措将通过水利风景区建设和旅游开发积极促进金寨县旅游业的发展，有效带动周边贫困地区乃至周边城市的经济发展，真正将水利扶贫做到长效化。

燕子河大峡谷水利风景区是金寨县发展最为突出的水利风景区，依托大峡谷4A级旅游风景区、丰坪水库，秀水、险崖、奇石、幽谷处处可见，自然生态环境极佳，通过打造“四奇”“五趣”的旅游点吸引游客。燕子河大峡谷水利风景区周边的农户，从以前的“靠山吃山，靠水吃水”，到“封山育林”，再到今天的“水利、生态、经济”相和谐，已享受到了水利发展给他们带来的效益和实惠。金寨县通过水利风景区的大力开发建设，已走出了符合生态利益、符合贫困群众利益、符合地方经济发展利益的道路，让老区居民真正实现了脱贫致富。

三　水利风景区扶贫的愿景展望及对策建议

水利扶贫开发是新时期国家脱贫攻坚十大行动之一，对实现到2020年现行标准下农村贫困人口脱贫、贫困县全部摘帽、解决区域性整体贫困战略目标、打赢脱贫攻坚战具有重要意义。当前一些地区巧妙利用自然生态和文化资源优势，将建设水利风景区、发展旅游作为精准扶贫的措施手段和重要抓手，带动了地方山水生态旅游业、特色种养殖业发展，在地方扶贫进程中发挥了积极作用。开展水利风景区扶贫，更好地发挥“山清水秀、生态良好、文化厚重”的特色优势，是让当地居民亲自参与并直接受益的造血式扶贫，带动性强，覆盖面宽，综合效益明显，成为水利扶贫攻坚的重要方式。

然而，水利风景区在开发建设过程中的多重功能，造成了其帮扶主体作用发挥受限，帮扶力度有限（白芸蔓，2015）。建设开发过程中贫困人口参与程度低，市场竞争力相对滞后，以致旅游休闲产业整体对扶贫地区的带动力有限，基础与服务配套设施薄弱也影响对地区居民的扶贫效果。水利风景区在扶贫工作中还有很大的拓展空间和美好前景。

（一）建立多元化帮扶体系，维护良好的帮扶关系

在水利风景区扶贫的过程中，需要广泛动员社会各界和相关利益群体积极参与水利扶贫开发。首先，需要政府、企业、非政府组织、社区、贫困人群、游客多层面广泛参与，充分调动起社会群体的积极性；其次，需要各行政部门多层面参与，通过上下联动与配合，增强扶贫的可操作性。同时，更要加强与贫困人群的沟通，建立良好的帮扶关系。加强对贫困人群的扶贫宣传，使其深入了解水利扶贫的目的，进而提高其参与率。还要加强培训，赋予他们参与权利，通过扶贫培训，切实增强他们的服务技能，实现技能扶贫。

（二）加大贫困人群参与扶贫的广度和深度，强化科学扶贫

在水利风景区扶贫开发过程中，贫困人群的参与程度和方式将直接决定扶贫的效果。因此应该遵循科学的扶贫程序，加大贫困人口参与扶贫的广度和深度。首先，进行动态目标人群的识别，从自愿申报到逐级审核再到评估审查，分阶段动态地识别贫困个体（曾代良，2002）；其次，为贫困人口建档，保持信息更新，为精准扶贫提供可靠依据；最后，要加强与扶贫人口的沟通，让贫困人口自觉自愿加入扶贫的管理当中，努力营造良好和健康的扶贫氛围。在科学地对贫困人口进行管理的过程中，应强化对贫困人口的技能培训活动，为他们提供更多的资本，引导他们参与到景区建设与管理中来。

（三）深化水利风景区的全域化发展理念，强化社区参与

水利风景区不等于水利旅游区，保护是目的，旅游是手段。针对水利风景区这一独特性质，景区规划要冲破传统的、局限的资源观，以全域化思维重新定义和评价水利风景区的资源优势。在全国大力推进全域旅游理念的浪潮下，水利风景区建设，应该全面带动所有相关的资源，包括自然资源、产

品、产业、市场以及社区居民五个方面。各相关利益群体应积极融入其中，共同参与，将水利风景区作为重要的旅游吸引物，为游客提供全方位的旅游体验，从而吸引更多地游客。在全域旅游理念下，鼓励水利风景区本地居民或生态移民，自觉自愿地参加到水利风景区的建设与管理中，参与责任的分担和成果的共享。

（四）强化环境保护意识，增加保护资金投入

水利风景区的发展非常迅速，日益增长的游客数量和越来越高的旅游需求为水利风景区的开发和建设带来了新的挑战，主要表现在环境保护和基础设施建设方面，为了不对当地居民的生产生活产生过多的消极影响，亟须强化环境保护监控，增加资金投入。环境保护监控的投入主要用于陆地及水样观测点，需要定期定点对景区的水、大气、环境等进行监测评估，确保景区良好的生态环境以及运转良好的水利工程设施。同时应定期邀请环保专家，对景区内的水生生物、湿地、湖泊等生态系统采取有效保护措施。修建瞭望塔、观鸟台，设立观察点，制定保护区管理规章制度，并配备治安民警对鸟类保护区进行 24 小时巡视，保证鸟类繁衍生息。积极争取对景区旅游基础设施、旅游接待设施和旅游配套设施的立项、审批、建设做到同步进行。

（五）提炼地方文化，增强地方文化自信，打造乡土水利文化产品

当前的水利风景区产品开发多停留在观光、游艇、垂钓等传统项目上，导致产品雷同，开发档次低，主题不突出。对本土文化还需深入提炼，避免主题的重复开发。在未来的水利风景区产品打造过程中，应对水工程、水生态环境、水利遗产、水与本地民俗、水与园林建筑、水与绘画，以及水与文学、音乐、书画、影视和雕塑等多个方面进行研究，通过传承水文化、研究水文化、传播水文化，达到保护水资源、丰富水利产品、实现人水和谐发展的目标。

（六）凸显水利风景区多功能性特征，创新开发方式

水利风景区的多功能性促进了水利生态产品的多样化发展，水利风景

区的开发建设应在保障水利工程的防洪、灌溉、发电、航运、水产养殖和供水等功能的同时，对不同类型的水利风景功能区进行主题定位，增强区域景观效果，扩大和延伸其传统的功能特点，进而改善生态环境，促进人水和谐，统筹区域经济发展，突显经济效益、社会效益和生态环境效益的有机统一。

（七）充分发挥政府主导作用，强化 PPP 模式在旅游扶贫中的应用

要在扶贫政策及相关法律法规建设方面使扶贫工作有据可依。提高工作的针对性和准确性，确保扶贫工作的精准实施；旅游、扶贫、财政、教育等部门要各司其职，在水利风景区旅游扶贫实践中要有专门部门进行管理和监督；要制定科学的旅游精准扶贫规划，细致落实相关的帮扶措施。鉴于政府扶持力度的有限性，目前的新融资模式——PPP（Public—Private—Partnership）模式，作为一种优化的旅游项目融资与实施模式，可通过公共政府部门与民营企业的合作，借助旅游扶贫引导资金，吸引大集团、大公司。采取 PPP 模式进行联合开发，可不断拓宽旅游扶贫开发投资渠道，提升基础设施水平，把旅游扶贫项目做大做强，让贫困户参与受益。

参考文献

［1］陆益龙：《水资源相关贫困与水利扶贫的战略选择》，《中国水利》2015 年第 23 期。

［2］国家旅游局，http：//www. cnta. gov. cn/zwgk/tzggnew/gztz/201506/t20150625_429610. shtml，2014 年 11 月 6 日。

［3］刘智超、孙辉：《浅议精准化水利扶贫的实现途径》，《中国水利》2015 年第 23 期。

［4］国家水利部，http：//www. mwr. gov. cn/ztpd/2016ztbd/hgsewzwssw/sewcj/201602/t20160217_ 734075. html，2016 年 2 月 17 日。

［5］骆彬：《水利风景区经济开发存在的问题及对策》，《湖南水利水电》2013 年第

2 期。

[6] 车小磊：《水美巴蜀好风景》，《中国水利》2014 年第 8 期。

[7] 白芸蔓：《旅游精准扶贫的实践研究：以国家水利风景区为例》，《中国水利》2015 年第 23 期。

[8] 曾代良：《民族地区扶贫要重点突出四大开发》，《民族论坛》2002 年第 6 期。

B.9

水利风景区的体制机制创新发展报告

陈 菁 李慧玲 张馨元*

摘 要： 近年来，水利风景区发展态势良好，景区数量持续增多，生态环境效应、市场效应逐年提升。然而，伴随着水利风景区的快速发展，水利风景区管理体制问题也日益凸显。本报告从组织机构的设置、管理依据、经费筹措与队伍建设等方面对水利风景区管理的体制机制进行梳理分析，并对相关问题提出了对策建议。

关键词： 水利风景区 组织机构 规章制度 人员经费

水利风景区的兴建顺应了经济社会发展，满足了人们了解水文化、亲近自然的需要，拓展了水利工程的功能和效益。正因如此，水利风景区近几年得到较大程度的发展，各地也探索、实践、总结了水利风景区建设与管理的许多经验做法。然而在发展的过程中管理主体不明确，不同主管部门划定的区域单位在空间上相互交叉甚至重叠，所属关系复杂交错等问题在一定程度上阻碍了景区可持续发展的进程。如何创新管理体制、有效提高水利风景区建设管理水平，已经成为各地亟须解决的重要问题。

水利风景区管理体制机制涉及的范围广泛、内容多样，本报告主要从组织机构设置、管理规章制度、经费筹措与队伍建设等三方面对水利风景区管理体制机制进行分析。

* 陈菁，河海大学农业工程学院副院长、教授；李慧玲，河海大学农业工程学院研究生；张馨元，河海大学农业工程学院研究生。

一　水利风景区组织机构

水利风景区既是展示水利事业新形象的窗口和水生态文明建设的示范区，也是弘扬水文化的场所和发展水利旅游经济的重要载体，其管理体制对水利风景区的社会、生态、经济效益等均有重要的影响。十多年来，随着水利风景区的快速发展，逐步形成了水利部、省市地方、景区管委会三级管理体系。

（一）部级层面

水利风景区的建设管理是美丽中国建设的重要抓手，是民生水利建设的新亮点，对国家生态文明建设具有重要意义。为科学保护和合理利用水利风景资源，加强水利风景区管理，2001 年 7 月水利部组建管理机构，成立了水利风景区评审委员会，办公室（以下简称景区办）设在水利部综合事业局。2009 年，为了强化对水利风景区建设与管理工作的领导，进一步规范和推动水利风景区建设与管理工作的开展，水利部成立了水利风景区建设与管理领导小组（以下简称领导小组），成员为各业务司局主要负责人。其主要职责包括审定水利风景区建设与管理的有关政策、法规、制度和技术标准；审批国家水利风景区和重大水利旅游项目的规划、设立；研究制定全国水利风景资源的开发利用与保护规划；协调落实促进水利风景区建设与发展的保障措施；指导和监督检查水利风景区建设与管理有关工作。2010 年，为进一步加强景区工作，综合局成立两个处，作为景区办支撑。

十几年来，景区办与领导小组充分发挥其职能，紧紧围绕水生态文明建设战略部署，建立健全了一系列制度标准体系，形成了国家、省级水利风景区竞相发展的良好格局，为水利风景区可持续发展和水生态文明建设打下了良好的管理基础。但是，其与行政部门相比强制力较弱，权威性不足，管理机构性质与职能的不匹配一定程度上阻碍了水利风景区的建设与发展。

（二）地方层面（省、市、县）

加强水利风景区建设管理，对于促进现代水利可持续发展、生态文明建设具有重要的现实意义。水利部景区办坚持健全组织机构，引导和带动地方成立相应组织机构，推动全国29个省（直辖市、自治区）成立水利风景区领导小组和景区办，基本形成了管理体系，有力地促进了水利风景区的发展。

全国各省区市景区办设置形式多样，一般设在各省区市水利厅（局）的某个处室或机构（事业单位），可以颁布相关管理办法和条例。如江苏省景区办设在省水利厅下属的河道管理局下，福建省景区办设在省水利厅水利经济管理中心下，“两块牌子，一班人马”。

2004年国务院批准水利部增加“水利旅游行政审批项目”，并规定实施机关为“县级以上人民政府水行政主管部门”，从而确立了水利风景区工作的行政合法地位。但在2015年已取消此行政审批。因此，大部分市县级景区办多为事业单位，无行政权力，甚至有些地方由于党政领导对水利风景资源的潜在价值与公益性，以及水利风景旅游的社会需求认识不足，不设立专门机构进行管理。为提高水利风景区资源开发利用水平，各级地方政府应尽快设立相应的专门机构，进一步规范水利风景区规划管理，加强建设管理执行力度，完善组织结构体系。

（三）景区层面

限于篇幅，本节谨以江苏省为例进行说明。

为全面保护开发和利用水利风景资源，加强对风景区的管理，江苏省水利风景区都成立了管理机构。根据管理主体性质的不同，管理模式主要有以下三种：①以行政机关为主导；②以事业单位为主导；③以企业（公司）为主导（如表1所示）。

1. 以行政单位为主导类

这种管理体制是在水利风景区所在地划定的风景区范围及其外围保护带

设立水利风景区管理委员会，在所在地人民政府或水利局等行政机关领导下，负责水利风景区的保护、利用、规划和建设。

（1）与政府部门合署办公

由于政府的统筹能力较强，为了充分发挥水利风景区的功能作用，促进经济社会发展，部分水利风景区管理机构由所在地人民政府主导和管理。

（2）以水行政主管部门为主导

水利风景区是依托水域或水利工程建设的，因此许多地方由所在地水行政主管部门主导建设，水利风景区管理机构在水行政部门的领导下，负责水利风景区的保护、利用、规划和建设，如无锡市长广溪水利风景区、宿迁市泗水河水利风景区、连云港市海陵湖水利风景区等。

2. 以事业单位为主导类

以事业单位为主导的管委会分为两种情况，与河道管理所合署或设立专门管理机构进行管理。此种管理模式下的管委会虽不具有行政职能，但可行使所在地人民政府在景区范围内授予的部分管理职能，但是由于行政效力不强，出台的规定往往无法得到有效执行。

3. 以企业（公司）为主导类

以企业（公司）为主导的管理就是将水利风景区交给特定的企业进行市场化经营管理。此种模式是在政府科学引导和宏观管理的前提下，社会资本参与水利风景区的建设管理，不仅解决了资金不足的问题，还给水利建设带来了新的生机，可实现资源的充分利用，同时使企业投资者有了更多发展机会，实现双赢和多赢。

表 1 对江苏省具有代表性的部分国家水利风景区的管理主体进行了梳理。可以看出，水利风景区设立专门管委会的情况比较少，仅有 8 家水利风景区设立了专门的景区管委会，其中还有 3 家是与原来景区所属的文化、农业管委会合署。由此可见，规范并设立专管机构需要引起重视。

表1　江苏省水利风景区管理体制分类（根据管理主体性质）

分类		风景区名称	类型	管理机构
行政机关	政府	扬州市凤凰岛水利风景区	湿地	扬州市凤凰岛水利风景区管理委员会
		江阴市芙蓉湖水利风景区	自然河湖	江阴市芙蓉湖水利风景区管理委员会
	水行政主管部门	苏州市吴中区旺山水利风景区	水土保持	苏州市吴中区旺山水利风景区管理处
		连云港市海陵湖水利风景区	水库	连云港市海陵湖水利风景区管理处
		无锡市滨湖区长广溪水利风景区	湿地	无锡市滨湖区长广溪水利风景区管理处
		泗阳县泗水河水利风景区	自然河湖	泗阳县泗水河水利风景区管理委员会
		宿迁市宿豫区六塘河水利风景区	自然河湖	宿迁市宿豫区六塘河水利风景区管理领导小组
		金坛区愚池湾水利风景区	城市河湖	金坛区愚池湾水利风景区管理处
事业单位	河道管理所	徐州鼓楼区丁万河水利风景区	城市河湖	徐州鼓楼区丁万河水利风景区管理处
		宝应湖水利风景区	湿地	宝应湖水利风景区管理委员会
		金龙湖水利风景区	城市河湖	徐州经济开发区金龙湖水管所（金龙湖水利风景区管理处）
		金湖县三河湾水利风景区	自然河湖	金湖县三河湾水利风景区管理委员会
		宿迁宿城区古黄河水利风景区	城市河湖	宿迁市宿城区古黄河水利风景区管理委员会
	景区管委会	金沙湖水利风景区	城市河湖	阜宁县金沙湖开发管理委员会
		徐州市潘安湖水利风景区	自然河湖	徐州市潘安湖风景区管理处
		淮安市古淮河水利风景区	城市河湖	淮安市古淮河水利风景区管理委员会
		溧阳南山竹海水利风景区	水库	溧阳市南山景区管委会
		无锡新区梁鸿水利风景区	湿地	无锡新区梁鸿水利风景区管理中心
		常州雁荡河水利风景区	城市河湖	常州市新北区雁荡河水利风景区管理处
		句容赤山湖水利风景区	自然河湖	句容市赤山湖水利风景区管理处
公司企业		张家港市环城河水利风景区	城市河湖	张家港市环城河水利风景区管理工作领导小组
		盐城市大纵湖水利风景区	自然河湖	盐城市大纵湖水利风景区管理委员会
		镇江市金山湖水利风景区	城市河湖	镇江市金山湖水利风景区管理处
		宜兴竹海水利风景区	水土保持	宜兴竹海水利风景区管理委员会

二　规章制度

为科学合理利用水利风景资源，保护水资源和生态环境，加强对水利风景区的建设、管理和保护，自2001年以来，水利部先后颁发并推动实施“一个纲要”“一个意见”“两个办法”“三个标准”，即《水利风景区发展纲要》（水综合〔2005〕125 号），《水利部关于进一步做好水利风景区工作的若干意见》（水综合〔2013〕455 号），《水利风景区管理办法》（水综合〔2004〕143 号）《水利旅游项目管理办法》（水综合〔2006〕102 号），《水利风景区评价标准》（SL300 - 2004）、《水利旅游项目综合影响评价标准》（S14L421 - 2008）和《水利风景区规划编制导则》（SL471 - 2010）等一系列规章或技术标准，建立起水利风景区从申报审批、建设运营到监督管理全过程的制度标准体系。在此基础上，各地出台了具体的实施细则，从理念、思路、措施，到技术规范、标准和政策保障，确保水利风景区的健康运营与发展。此外，景区自身也在不断加强内部管理工作制度的建设。

（一）部级层面

2004 年 5 月中华人民共和国水利部印发了《水利风景区管理办法》，针对水利风景区的设立、规划、建设、管理和保护做出了相应规定。首先，明晰了景区的设立流程。国家水利风景区由市、县人民政府申报；省、自治区、直辖市水行政主管部门或流域管理机构审核；水利部水利风景区评审委员会评定；水利部公示。省级水利风景区由地市、县人民政府申报；省、自治区、直辖市水行政主管部门评定公布；水利部备案。其次，景区规划与建设方面，明确要求水利风景区在设立两年内编制完成水利风景区总体规划和详细规划。最后，景区管理与保护方面，强调其管理机构应当建立健全管理与保护制度，加强安全管理，保证水利风景区健康、有序、可持续发展。

2005 年 3 月中华人民共和国水利部制定印发了《水利风景区发展纲要》，在对水利风景区建设与发展现状简要分析的基础上，明晰了指导思想、基本原则与发展目标，明确了主要任务和基本要求，谋划了发展布局和建设重点以及评价内容，提出了保障水利风景区可持续发展的对策和措施。

2006 年 5 月，为统筹兼顾、科学合理地开发利用和保护水利风景资源，保护水资源和水生态环境，保障水工程的安全运行，规范对水利旅游项目的管理，水利部出台《水利旅游项目管理办法》，但该《办法》已于 2016 年废止。

2013年11月中华人民共和国水利部印发《水利部关于进一步做好水利风景区工作的若干意见》，并以贯彻落实党的十八大精神、推动水生态文明建设为指导，明确了做好水利风景区工作的重大意义、总体要求、重点任务和保障措施，就开展水利风景资源调查，建立规划保障实施制度，统筹考虑景观元素贯穿水利工程建设全过程，加强运行和监督管理，建立部、省、景区三级监管体系，严格水利旅游项目审批管理，加强组织领导，创新投融资模式，加强人才队伍和学科建设以及公益宣传等方面的工作做了明确要求。

在《水利风景区管理办法》等规章颁布的同时，水利部也出台了相关的评价标准与规划导则，为水利风景区的科学评价与合理规划提供了依据。

2004年4月中华人民共和国水利部发布了《水利风景区评价标准》（SL300－2004），涵盖了评价内容、评价方法和评价计分细则等技术内容。该评价标准总赋分200分，包括了风景资源评价、开发利用条件评价、环境保护评价和管理评价等四项一级指标以及24项二级指标、81项三级指标，为水利风景资源价值、开发利用现状和潜力以及景区管理水平的科学评价提供了重要依据。

2008年3月水利部发布《水利旅游项目综合影响评价标准》。

2010年4月中华人民共和国水利部发布了《水利风景区规划编制导则》，从总体规划层面完善了水利风景区规划编制体系，明确了规划编制程序，完善了规划编制内容，对水利风景区规划涵盖的水资源保护规划、水生态环境保护与修复规划、景观规划等12项专项规划进行了技术规范和引导。该规划导则的颁布保障了水利风景区规划的编制质量，促进了水利风景区的持续健康发展。

（二）地方层面（省、市、县）

部分地方省市在部级相关规章或规范性文件的基础上，结合地方特点和需求，制定相关的实施细则和办法，出台水利风景区管理办法或加快水利风景区建设的意见，推动了景区健康有序发展。

陕西省2011年出台了《水利风景区管理细则》和《水利旅游项目管理细则》，建立了“两会一提案”推进机制，建立了考核、调查研究、安全生产、学习培训、经营统计等机制。2016年出台了《关于加快推进水利风景区建设的意见》，从总体目标、重点任务、保障措施三个方面，对陕西“十二五”及更长一段时期水利风景区建设管理各项工作进行了部署，要求全省各级政府建立水利风景区发展专项资金，实现景区建设与工程建设结合，出台景区建设管理激励机制、考核机制、复查退出机制等。

黑龙江省水利厅2012年11月发布《黑龙江省水利风景区管理办法》，提出由省水行政主管部门负责全省水利风景区的监督、协调、指导工作，并明确了省水行政主管部门的具体职能。此外，建立了水利风景区监管和退出机制，使其建设与管理水平不断提高。

福建省人民政府2015年9月出台了《福建省水利风景区管理办法》，提出将水利风景区规划建设和保护利用纳入国民经济和社会发展规划，并纳入政府绩效考核目标体系；多渠道筹集景区建设和保护管理资金，鼓励单位、个人或者其他组织投资、捐资建设水利风景区，进一步规范了福建省水利风景区的规划、建设、保护和管理工作。此外，福建省组织编制了《福建省水利风景资源质量等级标准》和《福建省水利风景区评价标准》，为水利风景资源的调查、质量等级评价、水利风景区认定等提供技术依据。

湖南省水利厅2015年11月制定了《湖南省水利风景区建设与管理办法》，将水利风景区建设与管理纳入全省水利建设竞赛考核范围；引入市场机制，广泛开辟资金渠道，鼓励、引导社会资本参与水利风景区建设；此外推动景区动态监管，对被评为省级水利风景区三年以上的景区，由省水利厅水利风景区评审委员会根据水利风景区管理的相关规定组织复查。

四川省水利厅先后出台了《关于加强水利风景区建设与管理工作的意见》《关于进一步做好水利风景区工作的实施方案》《四川省水利风景区管理办法》《省级水利风景区评价办法》等规范性文件，强化了制度保障，规范了申报和建设程序。

江苏省水利厅在发布了《关于进一步加强全省水利风景区建设与管理工作的意见》等指导性、规范性文件的基础上，2016 年 2 月印发了《江苏省省级水利风景区复核工作方案》，对获批省级水利风景区满五年的进行复核，逐步建立水利风景区动态长效监管机制和退出机制，规范景区建设；2016 年 9 月南京市政府对全市生态补偿进行整合完善，出台了《市政府关于印发〈南京市生态保护补偿办法〉的通知》，将水利风景区生态补偿纳入其中，建立市级生态补偿联席会议制度，对水利风景区生态补偿项目的申报、批准、实施等进一步优化，南京六合区、浦口区、江宁区政府也同步配套出台了区级水利风景区生态补偿实施办法，极大地激发了各区县创建水利风景区的热情。

（三）景区层面

以国家级、省（市、县区）级层面的规章制度为指导，各景区积极研究制定相关配套办法，加强自身内部管理工作制度的建设，包括岗位责任制、服务承诺制、监督考评制、责任追究制、工作人员行为规范和上下班制度、人员培训教育制度、财务制度、卫生管理制度、安全保卫制度、游客接待管理制度等，不断完善制度体系，建立长效机制，努力创造有章可循、有规可依的工作环境。

此外，基于水利风景区的发展现状和现实国情，兼顾社会、经济和生态环境效益的综合考虑，部分景区实行景区所有权、管理权、经营权的“三权分立”制度。其中，十分明确地，水利旅游资源所有权归国家所有；景区管理委员会对景区拥有管理权，在景区日常管理中发挥重要作用；经营权则归属企业或旅游发展公司，公司根据情况实行股份制、股份合作制、承包制等经营形式，提高经营水平，加强市场运作，可有效解决景区发展资金缺乏的瓶颈。例如，河南省信阳市南湾湖水利风景区所有权、管理权和经营权分别归属于信阳市政府、南湾湖水利风景区管理委员会和南湾湖风景旅游发展有限公司，“三权分立”制度的实践，促进了景区健康发展，取得了良好的经济、社会和生态效益。

三　经费筹措与队伍建设

（一）经费筹措

目前，我国水利风景区建设事业蓬勃发展，全国国家、省级水利风景区数目显著增长，呈燎原之势。然而，由于水利风景区缺乏常态化的资金投入机制作为保障，地方水行政主管部门或地方政府财政投入微薄，尚未建立多元化的投融资模式，导致部分景区基础设施过于简单和不完备，住宿、餐饮、娱乐等服务设施跟不上，景观建设缺乏后续力，很大程度上影响了水利风景区的正常建设与运营。

水利风景区主要依托公共财政投入建设的水利设施而形成，多为开放式的较为广阔的景观空间，风景要素的构成决定了水利风景区不以追求经济效益为首要目标。此外，水利风景区建设与发展的核心思想是培育生态、保护资源、实现人与自然和谐相处，其“维护水工程、保护水资源、改善水环境、修复水生态、弘扬水文化、发展水经济”六大主题功能中，保护工程安全与修复生态环境是放在首位的，更是凸显了水利风景区以公益为主的定位。水利风景区的公益性特点，决定了其建设和运营应以政府公共财政投入为主。《水利部关于进一步做好水利风景区工作的若干意见》曾明确指出各级水行政主管部门要积极争取发改、财政、国土、环保、建设、旅游等部门支持，形成齐抓共管的工作格局，同时要安排一定数量的引导奖励资金，专门用于水利风景区公益性配套基础设施建设和促进水利风景资源保护项目开展。

建议景区从以下几方面着手，保障水利风景区的稳定资金投入。一是水管单位结合新建、改建工程等项目，将水利风景区建设纳入水利项目建设中，争取专项资金，或是将水利风景区建设列入国家项目的大盘子；二是争取地方财政的支持；三是建议水利部以“水利工程生态修复与环境整治”的名目争取国家发改委立项，并由财政部单独安排经费，用于具备条件的水利工程配套建设水利风景区，对于已建成的景区，申请国家安排资金进行扶持；四是加快推进各地建立水利风景区的生态补偿机制，从制度上保障水利风景区的建设与运营经费。

水利风景区综合性强，体量大，不仅景区建设总体上需要高投入，景区管理、维护与运行也需要较大的投入。而地方政府的财政及资金约束，在很大程度上影响着水利风景区的建设。对于具有一定经营性功能的景区，政府财政部门不仅自身要投入，还要发挥财政资金的杠杆作用，引导社会资金投入，积极利用市场机制，采取形式多样的融资方式，引进社会资本参与水利风景区的建设与运营，拓展水利风景资源的开发利用、设施管理、业务经营，积极探索 BT、BOT、PPP 等多种融资形式在水利风景资源开发、建设与运营中的应用。例如，在不影响工程安全和工程管理的情况下，可充分运用市场经济原理，采用所有权与经营权分离的方式，委托有经验有实力的旅游开发公司进行开发，或与相关经营者进行联合开发，实行股份制经营，既能解决开发资金问题，又可解决管理问题，达到“双赢”的目的。

（二）队伍建设

高素质的人才队伍是水利风景区可持续发展的重要保证，绝大多数省份都设有省级的专门工作机构和人员，成立了省级“水利风景区评审委员会”，有些省份（如山东、福建、山西等省水利厅）还率先成立了由主要领导担任组长的“水利风景区建设与管理领导小组”。尽管如此，从整体上看，水利风景区建设与管理人才仍然十分匮乏，一是因为水利风景区的建设管理有别于传统水利工程的建设与管理，涉及生态、环境、旅游、管理等诸多领域，需要大批多专业、跨领域的高素质复合型人才；二是因为有些水利风景区管理机构是“两块牌子、一班人马”，而这一班人马主要是水利部门人员，许多景区的主要领导身兼多职，在景区管理与其他工作的时间安排发生冲突时，常常是景区管理让位于其他工作，对景区发展不利。

四 对策建议

（一）完善组织机构

水利部、省市地方、景区管委会三级管理体系的日渐成熟，极大地提升了水利风景区建设管理水平。而针对其现存问题，部级层面需要争取相关部门及水利行业的内部支持，赋予部景区办以行政管理机构的职能；地方层面，各省、市地方应设置水利风景区专门管理机构，协调处理好与其他相关职能部门之间的关系；景区层面，各水利风景区均应设立专门的景区管委会，那些规模和影响较大、有巨大发展潜力的综合性景区，还可适当提高景区专管机构的级别，为集中整合各项资源创造条件。

（二）健全规章制度

《水利风景区管理办法》等部级层面的规章制度，对景区的建设管理起到了重要的指导作用。但是近年来水利风景区发展迅速，所面临的形势与问题也有所改变，部级层面的相关规章制度在景区的立项、规划、建设、管理和保护等方面均存在需要细化与完善的地方，需要适时进行修订。

要进一步强化上层制度体系建设，对已经颁布实行的与景区建设管理相关的部门规章或规范性文件开展执行效果评估，并结合各地在执行落实过程中所遇到的关键性问题，及时开展调查研究并修订完善相关条款，用制度规范水利风景区的建设管理与运行，真正形成用制度管人、按制度办事、靠制度运营的工作机制。

部分省份已针对实际情况出台了相关制度条例，对省级层面促进水利风景区的建设和管理提供了有力支撑，不过已出台相关制度条例的省份占比仍较小。应贯彻《水利部关于进一步做好水利风景区工作的若干意见》，积极推进省级层面相关制度条例的出台。同时，省部级层面均应着力推进水利风景区复核与生态补偿政策的出台，逐步建立动态长效监管机制和退出机制，进一步落实对水利风景区的各项扶持政策，以制度建设保障水利风景区的稳定发展。

尽管自2001年起，水利风景区申报材料已囊括景区管理制度汇编，但是部分水利风景区仍存在相关管理制度缺乏或执行不力、落实不到位等问题。同时，许多景区仍存在“责权利不分”、所属关系复杂交错等问题，在一定程度上阻碍了景区持续健康发展。建议以景区管理机构为依托，搭建监督管理平台，积极发挥法律监督、行政监督、舆论监督和公众监督的作用，认真查处和纠正各种违反规章制度的行为，加大对违规行为的整治力度。同时，厘清“三权”机制，通过规章制度明确景区所有权、管理权和经营权，使其相互分离，相互监督，相互制衡。

（三）完善运行机制

从机制方面，要通过政府主导的力量形成多种市场化的价值平台，包括投入平台、人才培养平台等，促进景区管理水平提升。例如坚持“两手发力”，进一步完善水利风景区的投入机制。既要充分发挥政府的主导作用，将其纳入公共财政投入重点领域，努力争取水利项目支持，又要不断探索创新投入模式，拓展景区主体融资渠道，完善激励机制，落实奖励措施，以奖代补，每年安排一定数量的专项引导资金，对成功创建的国家、省级水利风景区给予一定的项目补助。同时，建立人才储备与培养机制。即加快引进、培养相关的复合型人才，尤其是水利、生态与旅游方面的人才；加大相关管理经营人员的培训力度，重视其专业技能和素养的提升，将水利风景区建设与管理培训纳入水利行业年度培训计划；支持相关科研院校开设水利风景区和水利旅游相关课程，鼓励、扶持高校和科研院所开展相关科学研究及学术交流，提升景区建设管理的理论水平与科技含量。

B.10
国家水利风景区信息化建设发展报告

刘 敏　刘秋华　邓宝祥*

摘 要： 信息化建设已成为水利风景区建设与管理的重要内容并将在未来发挥更重要的组织管理作用。《水利风景区评价标准（SL300－2013）》将信息化建设作为水利风景区评价标准的重要指标。信息化建设在国家水利风景区发展进程中的功能作用日益体现，信息化内容不断拓展。随着信息技术的发展，智慧旅游成为旅游业的必然选择。本报告首先阐明国家水利风景区信息化建设的意义，论述了国家水利风景区信息化发展的现状，并指出国家水利风景区在信息化建设方面的不完善之处，介绍国家水利风景区信息化建设框架体系，在分析水利风景区信息化建设现状和特点的基础上，提出了国家水利风景区信息化持续发展的对策建议。

关键词： 水利风景区　信息化　智慧旅游　智慧景区

前　言

2018 年，水利部印发《加快推进新时代水利现代化的指导意见》，提出"全方位推进智慧水利建设，建设全要素动态感知的水利监测体系、高速泛

* 刘敏，北京联合大学旅游学院教授；刘秋华，北京联合大学旅游学院研究生；邓宝祥，宝鸡职业技术学院网络信息中心主任副教授。

在的水利信息网络、高度集成的水利大数据中心，大幅提升水利信息化、智能化水平”。以网络、信息技术及数据资源为基础的“智慧景区”是现代水利风景区建设与管理的发展趋势，其核心是实现景区智能化管理与服务。水利风景区智能化管理与服务就是以互联网、物联网、信息技术为支撑，充分挖掘旅游资源，创建优质服务，提升管理水平，从而促进水利资源的综合效益提升。

一　水利风景区信息化建设的意义

水利风景区信息化建设的目的是推进新一代信息技术在景区中的应用、扩大新供给、打造新引擎，提高景区公共信息的服务水平、增强景区在线营销能力，提高整个行业的现代化管理水平。因此，加快推进水利风景区信息化，是时代发展的要求，也是促进景区产业升级、实现现代化水平的必然需求。其中，“智慧景区”是发展的重要方向之一。“智慧景区”的建设既充分体现水利风景区的信息化建设，又能促进景区的保护与管理。中国已全面进入信息时代，景区利用互联网进行精细管理、宣传推广成为必然，消费者进行网上预约、网上支付也成为常态。水利风景区通过信息化建设，以景区管理和服务应用为核心，深化信息技术与景区建设、管理、服务的融合，将促进景区保护与管理水平的提升。

信息化建设是加强水利风景区建设与管理的重要内容。当前社会已进入互联网时代，互联网+、大数据、区块链等逐渐渗透在社会经济的各个方面。显然，进一步加强水利风景区信息化建设势在必行。它不仅能打通景区与上级行业管理部门之间的信息沟通渠道，解决信息孤岛问题，实现重点景区动态监控和应急管理等功能，而且可通过建设信息化平台实现部、省、市、县、景区之间的信息有效互通，从安全、规划、功能执行、日常运营、预警提醒、态势分析等方面为水利风景区管理提供基础支撑。

二 水利风景区信息化发展现状

（一）水利风景区信息化建设进展

水利风景区的信息化建设已有一定进展。水利部水利风景区管理部门设立了水利风景区网站网页，设置了行业管理、景区风采、景区百科、景区名录、探索实践、资料下载等内容，并适时更新与丰富。其中，从区域空间的比较看，沿海地区水利风景区信息化程度比内陆地区水利风景区高；从景区等级来看，国家水利风景区信息化程度较高，省级水利风景区信息化程度偏低。

国家水利风景区一般建立了景区的局域网或内部网，能够实现内部信息查询、文字处理、财务管理、计调等工作的处理。部分景区还组建了自己的电子商务公司，探索尝试旅游电子商务，进行总体形象推广、旅游线路推介、旅游商品销售、相关服务预订等。以甘肃嘉峪关禹苑水利风景区为例，其建立了景区旅游官方网站、智慧旅游平台、手机 App 及微信、微博平台，建设完成了集旅游资讯发布、旅游资源产品介绍、便民服务等功能于一体的微官网平台，及时发布更新相关旅游资讯。有的景区还设置了为游客服务的触摸屏信息查询系统，如安徽池州九华天池水利风景区设置了电子门禁系统，并建成了门票管理所防逃票监控子系统、GPS 车辆调度系统和 LED 信息发布系统，实现了 Wi－Fi 全覆盖等。

在我国水利风景区的相关单位中，约有一半建立了旅游网站，尤其是旅游资源丰富和旅游业发达地区如北京、上海、广东、陕西等地，大部分旅游网站均有公众服务、信息发布和业务平台。

国家水利风景区在近几年的建设中，普遍重视了信息化的基础建设，信息化应用范围也逐步拓展，主要内容为网站建设、安防监控、电子票务、内部管理等应用系统，提高了管理效率和质量，在景区信息发布、推广宣传、安全监控、游客服务等方面发挥了积极作用。

（二）水利风景区信息化存在问题

然而，我国水利风景区的整体信息化水平还比较低，存在的主要问题有以下几个方面。

第一，信息化基础设施建设比较薄弱。表现在网络覆盖面不全、电脑等终端设备配备少、景区资源数据采集不足、信息数据不能共享等。景区管理部门对信息化发展的认识程度不够，有的还停留在传统的管理模式和营销模式中，景区传统的数据统计手段落后，数据采集落后，对 OA 业务系统的应用不够广泛，部分景区初步设置了一些电脑、网络、存储、打印等设备，但是网络功能不完善，数据管理中心和客户服务中心还未建立，一些网站只有景区概况和门票预订系统，对景区路况、天气、酒店预订等服务没有涉及。大部分景区网站都是委托网络公司维护的，信息往往不能及时更新。

第二，信息化建设标准缺乏统一性，大数据应用价值重视不够。表现在对各应用系统数据的汇聚及大数据挖掘开发等方面意识不到位，数据标准不统一，影响后期的数据整合。一些水利风景区的信息化标准规范体系处于初级阶段，没有形成统一的标准，景区部门与部门之间的信息系统不能互通，数据资源不能共享，形成了“信息孤岛”。数字化景区建设的规章制度不健全，缺乏统一的运作和管理，景区的 GPS 定位导航问题也是影响景区信息化发展的重要因素。

第三，信息化应用水平不高。表现在应用系统模块少、功能单一，信息不畅。一些景区的内部系统无论是监测还是运营或者是景区内部管理，都是孤立的系统。景区数据中心没有建立，景区网站独立运行，没有形成网站集群，各类信息资源以各种形式分散存在，导致很多珍贵资料没有进行数字化。景区网站上的各类业务不能互联互通，不能在一个界面搜索、查询信息和办理业务，尚未建成统一的综合服务管理平台，未能对游客、企业、居民提供“一站式”便捷服务。

第四，网络运行及信息安全存在隐患。表现在缺少备份机制和应急措施。物联网、云计算都是支撑水利风景区信息化建设的关键技术，就部分景区而言，这些技术在网络安全方面还不完善。

（1）信息部门基本情况

国家水利风景区，在规范要求下一般有专门的信息部门，人数在几人到几十人不等，其主要任务是负责景区旅游信息化的规划、建设、维护和保障运行。在运营过程中，与大学、科研院所、IT 供应商、通信运营商、门户网站、电子商务软件及服务供应商、搜索引擎等高技术企业合作紧密。近年来，景区信息部门工作人员的学历水平有所提高，高学历人数增加，有些景区还拥有博士后科研工作站，为景区的信息化建设奠定了坚实的基础。

但是，很多水利风景区今后要扩大和升级，还面临着专业技术人员数量不足的问题，技术水平需要提高，知识和技能均需要随着信息技术的快速发展而不断更新。另外，由于受各种条件的限制，景区对专业技术人员的招聘存在困难，同时也有高水平技术人员流失的现象。同时，景区对信息技术部门以及景区内其他工作人员的信息化培训还没有形成一定的机制，培训力度、范围、频度等都还有很大的提升空间。

（2）IT 基础设施现状

对大部分旅游景区来说，互联网、移动通信网基础设施建设已有一定基础，部分景区的光缆铺设和扩容增容、无线基站建设等工作正在进行过程中。仅有少部分景区在景区关键区域实现了无线 Wi－Fi 覆盖，应用了基于 RFID 的无线射频技术，但物联网应用不广泛。2013 年，乐山大渡河金口大峡谷水利风景区通过信息化手段解决高峰期游客分流难题，使景区的管理更加有序。2015 年，德州黄河水利风景区、洛阳孟津黄河水利风景区将高德的定位系统与景区数据进行对接，提供相关的基于位置的服务，实现了景区的智能化管理。

在“互联网＋”时代智慧旅游的背景下，三峡水利风景区的信息化建设与国家旅游应急指挥平台对接，建设旅游产业运行监测平台，实现景区 Wi－Fi 覆盖，建设网站、微信、微博等新媒体平台，建设旅游数据中心。为推广长江三峡“智慧旅游”服务，2017 年 8 月 2 日景区在三峡大坝旅游区的游客中心推出智能导讲器。三峡智能导讲器正面根据景区参观线路图，设有 21 个图标，包含了景区所有核心景点，并且每个景点图标与实际景点设置的发射器相对应。

在旅游信息资源库建设方面，景区的重视程度不够，尚未很好地实现信息共享、交换及使用。同时，景区对旅游信息平台的应用较少，云计算平台仅在个别景区处于建设或规划过程中。其他 IT 技术，例如 GIS、3D 技术、虚拟现实技术、人脸识别技术等虽然已在某些景区得到较好的应用，但在大部分景区应用还不够普及。

在运维机制方面，由于各景区的信息化建设程度不同，信息部门专业技术人员的数量、水平以及景区对信息化建设的要求不同，因此景区的运维机制呈现出多样化特点，基本上可以分为三种形式：自身运维、外包运维、景区与运营商合作运维。例如在安徽池州九华天池水利风景区，景区整合通信资源，利用用户归属地的大数据进行分析，从而有效确定了景区的核心市场，在此基础上赴主要客源地进行精准营销，并借助大数据进行了效果评估。但也有景区表示尚未完全确定采用何种运维机制。

（3）IT 应用系统现状

在针对游客服务方面，一些水利风景区基本上建立了官方网站，可以为游客提供旅游前的信息查询，但大部分景区尚未提供数字虚拟景区进行园区三维实景展示；对于景区的 WAP 门户网站，部分景区已经实现并向游客提供服务，有些景区正在建设或升级改造的过程中，另外还有很多景区并未将此列入建设规划中。对大部分的水利风景区而言，为游客定制个性化服务的能力还比较弱，仅可以实现网上预订和网上支付。除此之外，大多数景区为游客提供了论坛或官方微博等供游客交流和分享信息的平台，但通过在线方式解决问题以及针对游客定期开展满意度调查等并不普遍和及时。如北京昌平区十三陵水库水利风景区，在 2002 年投入 30 余万元建立办公局域网，开发了景区办公自动化软件，初步实现了景区各部门之间的信息收集与共享，实现了景区办公网络和十三陵政务网及新浪、腾讯等各网站的链接。十三陵水库水利风景区通过自己的网站，实现了景区食宿行游购娱一站式的便捷预订服务；建立了 GPS 车辆定位系统，实现了观光车辆及其他车辆调度的合理安排。总的来说，景区的电子商务有依托景区官网开展的，有和其他网站（如携程、新浪、驴妈妈等）合作开展的，也有的景区和其他公司合作建设了专门的电子商务网站，运维机制不完全相同，但都仍然有很大的提升空间。

旅游景区为游客提供的公众信息服务，如利用 LED 大屏进行景区服务信息发布，利用触摸式显示屏进行游览信息查询，利用可以租借的导游器进行导游、导览服务等做得比较好，但短信推介，智能导游、导购等服务，智能数字监控以及对突发安全事件的应急处理等还处于较低的水平。要实现旅游的智慧化，这些都将成为景区要解决的重点问题。在江苏南京市外秦淮河水利风景区的信息化建设中，景区建立了独立的旅游网站，其智慧景区系统主要由运营、营销、财务、辅助、办公、管理六个子系统构成。景区建设智慧服务云，主要提供公共服务和管理服务，构建智慧旅游体验中心，把物联网、3D 影像、3G 移动信息技术集成起来向游客展示；构建旅游数据监测分析系统，对景区内部停车位进行实时数据发布，并整合周围其他景区停车场信息，游客可以通过手机和网站应用，结合景区的电子地图查看交通流量、路况、安全等交通信息；构建景区虚拟体验，游客可以通过移动终端进入景区官网查看景区的全方位展示视频。

在游客管理和环境管理方面，大多数水利风景区目前采用景区综合门禁系统，用于实现游客快速进入景区，同时进行游客人流量统计，限制客流量过大。例如都江堰水利风景区通过部门联动，有效地控制了游客数量，同时，景区还能够及时调配车辆、人员、物资等，减少管理的盲目性，降低成本。部分景区建有车船管理系统或 GPS 车辆调度系统，可以对景区内的车船等进行定位、调度和管理，实现客流量引导和控制。如河南洛阳孟津黄河水利风景区的电子票务系统可以快速正确地统计出不同时段进入景区的游客量，能自动统计出景区的季度、月、周、日的总客流情况，同时，景区还安装了地面红外线车辆感应系统，可以正确地统计出自驾散客和团客的数量；另外，景区还安装了紧急呼叫系统、视频监控系统、景区电子地图和定位系统。西湖风景名胜区在信息化建设中，对湖面游船信息进行采集定位，结合视频监控系统进行有效监控，通过 GPS 对游船进行定位跟踪，并能够在 GIS 平台对游船所在位置进行展示，实现对游船的监控与调度，保证游客安全；完善升级现有“掌上西湖”系统，集成游客位置定位、智能讲解等功能，提供多种语言讲解、线路指引、景区资讯、景区周边搜索、景区切换等服务；在虚拟旅游方面：通过虚拟现实、3D 等先进技术，虚拟西湖景区的真实环境，使游客通过触摸屏、电脑、手机终端从多角度多维度参观西湖景点；在电子商务方面：西湖景区的旅游网站包括用户管理、门票预定、酒店预订、自助导游、交通预订、餐饮预订，景区旅游商品、公告信息管理、后台管理、报表查询分析、异地景点服务等模块，实现了以游客为中心的全方位的个性化旅游服务。另外，仅有少部分景区拥有客流分析系统、客户管理系统、智能监控系统、人脸识别系统（准确率 70% ~80%）等，用于对游客进行管理、导引和数据分析，且对游客数据缺乏在不同企业或行业间的共享，由于分属不同领域，缺乏统一的上级领导和管理部门，旅游景区与其他行业间分享数据比较困难，难以实现。

在营销管理方面，有部分景区采用了多种网络营销模式，如 B2B 模式、B2C 模式、O2O 模式（Online To Offline，线上和线下相结合）以及 LBS 模式（Location Based Service，基于位置的服务），个别景区在开展电子商务时运用了营销 ERP 系统。以江西井冈山市井冈湖水利风景区为例，景区利用移动 GIS 技术实现了手机定时定位导航的智能景区导览。景区采用 LBS 技术为游客提供信息查询服务、定位导航服务、社交服务等。游客可以搜索景区周边的酒店、餐饮、交通等服务类信息，或者景区的实时客流量、景区路径规划、观光车当前位置等。在三门峡市的旅游信息化建设方面，目前的三门峡旅游网分为国画、政务、电商、360 度全景漫游、英文五大板块，并且有三门峡旅游一卡通网站和白天鹅旅游网等特色网站。三门峡市 2015 ~2017 年智慧旅游建设的目标有：一是实现智慧旅游领域之间的信息资源共享共建、互联互通；二是在旅游景区各区域为游客提供免费无线环境；三是建设全市旅游行业统一门户的旅游资讯网站群和政务内容管理平台；四是在全市公共场所安装 50 台左右智慧旅游电子触摸查询机；五是完善智能移动终端应用；六是建设应急指挥调度中心和客流统计分析系统；七是开发三门峡市旅游市场统一营销 B2B、B2C 平台，实现全市旅游景区门票销售、统计、分析结算、调度的智能化和精准化；八是加强旅游景区与第三方的合作，建设全市统一的电子商务平台，大力发展第三方支付和移动支付，发展智慧旅游一卡通。

景区的资源管理包括对人、财、物、信息等的管理。目前，国家水利风景区基本上建立了内部局域网和办公自动化系统，用于企业内部办公和管理的需要；人力资源管理软件、财务管理软件的应用在国家水利风景区比较普遍，但在其他景区尚有一定的差距；另外，有部分景区规划在未来建设远程办公系统，以方便景区管理人员的移动办公。

在景区安全管理方面，部分景区建设了静态检测系统和动态监测系统，用于对园区内的游客、环境、气候、生态、文物等进行监测和保护，一旦出现问题，可以及时进行处理。甘肃嘉峪关禹苑水利风景区将空间分为游客集聚区域、环境敏感区域及旅游危险设施和地带，针对不同区域进行人流、水位、设施、环境监测的合理布置。另外，部分景区建立了 110、119、122“三台合一”系统，可以既满足日常报警信息处理的需要，又能在紧急情况下进行实时指挥调度，保护游客的生命财产安全。

（三）景区信息化发展规划

《中国旅游信息化“十三五”发展规划》提出了“十三五”时期旅游信息化需要推进的 9 大重点工程，并且明确了“十三五”时期旅游信息化工作的十个主攻方向：一是推进移动互联网应用；二是推进互联网技术应用；三是推进旅游电子支付应用；四是推进可穿戴技术应用；五是推进北斗系统应用；六是推进人工智能应用；七是推动计算机仿真技术应用；八是推动社交网络应用；九是推进旅游大数据运用；十是推进旅游云计算运用。

《江苏省“十三五”旅游信息化发展规划》提到：（要）升级智慧旅游，整合全省水利风景区旅游信息平台，应用移动互联网、无线通信、实时交互、定位监控等技术，搭建旅游产业综合管理和服务平台，实现旅游数据的共建共享。（要）推进旅游信息化基础设施建设，在江苏省内主要水利风景区场所提供旅游景点信息互动终端，使旅游者能够更方便地接入和使用互联网信息服务和信息互动。（要）推进 Wi－Fi 信号在省内 3A 级以上景区和 3 星级乡村旅游景区的核心区域和客流集中区域的全面覆盖，提升 Wi－Fi 用户连接网络的便捷性和高效性。建设统一受理、分级处理的旅游投诉处置平台，健全游客的旅游信息查询服务。完善各水利风景区的电子政务网络，优化景区内电子政务管理系统的功能，实现景区政务管理智能化。

景区信息化发展规划关系到今后一个阶段内景区信息化的建设方向和走势，也关系到景区核心竞争力的提高和可持续发展问题，对于景区的建设和发展无疑是非常重要的。但在调研过程中发现各景区在这一方面差别较大。

九寨沟智慧景区三大体系与建设系统规划：一是智慧旅游营销体系，包含 DMS、英日韩等多种语言版本的国际旅游门户网站、智慧旅游营销 ERP；二是智慧旅游管理体系，包含 CRM 客户管理、智慧旅游 ERP 管理平台；三是智慧旅游服务体系，涵盖景区旅游一卡通、LED 信息联播、自助语音导游、智能交通引导、游客自助服务终端、手机随身游、电子 E 都市。资料显示，都江堰水利风景区共建设 290 余个视频监控点，监控点位覆盖景区的重要路口和游客聚集区域，并且铺设了光缆线路用于景区通信和视频信号的传输。景区加强旅游营销网络平台建设，与携程、去哪儿、同程、途牛、驴妈妈等网络分销平台深度合作，2016 年，景区与驴妈妈签订票务合作协议，与途牛网签订了战略合作协议。另外，景区还积极研究利用新媒体，建设都江堰旅游官方贴吧，开通景区认证微博、微信等自媒体账号，实现门票、住宿等服务的便捷预订。

另外，一些水利风景区制定景区资讯网站、景区移动门户、旅游信息化数字采集、旅游信息人才培训教育、数字景区等旅游信息化项目建设计划。以江苏省溧阳市天目湖旅游度假水利风景区为例，景区建立了专门的旅游网站，网站首页针对不同国家的语言进行设计，有中文简体、中文繁体、英文、韩语和日语五大导航系统。景区积极与各类主流媒体合作，加大广告宣传力度，提升品牌影响力。继续在央视投放旅游形象广告，与上海东方卫视合作，在新浪网、《扬子晚报》网站、腾讯网等各个网站投放广告进行宣传。作为智慧旅游的示范性建设基地，天目湖旅游度假水利风景区积极抓住机遇，通过微信平台以及同程网、携程网、驴妈妈旅游网、途牛网等旅游网站，提供旅游订票、酒店预订和餐饮预订等服务，实行扫描二维码进入景点的方式，实施景区免费 Wi－Fi 全面覆盖工程，为游客提供实时网络服务，而且游客可以通过移动终端与景区内工作人员进行在线交流。景区的最大特点是与飞猪合作建立了旅游出行网络交易服务平台，建立了专门的天目湖旅游官方旗舰店；景区与溧阳旅游局、江苏省旅游局，常州旅游局实现了数据信息共享。游客在景区内可以通过移动终端进行虚拟旅游、景区视频欣赏。景区内的天目湖山水园、天目湖水世界、南山竹海、御水温泉四大主要景点实施电子全景导览，为游客提供更为全面的旅游线路；景区建设交通导航，游客可以在景区内搜索自驾、高铁、巴士、航班等线路信息；在人才培养方面，景区与南京旅游学院、南京大学以及各高职院校、本科院校合作培养复合型人才。又如新疆天山天池水利风景区与去哪儿网、携程网等公司合作，建立统一电子商务系统，实现电子票务、网上预订，整合互联网官网、微博、微信等实现 360 度营销。也有景区表示虽有规划，但其内容已经落后于目前信息化的总体需求水平。

总的来说，目前各水利风景区尤其是数字化景区试点单位对信息化建设工作非常重视，研究和建设工作都在积极进行，有部分景区建立了指挥调度中心，用于对管理资源的整合、对各职能部门的统一组织协调；并建立了数据中心，用于对各业务系统数据的集中管理和共享。以黄山市石门水利风景区为例，数字黄山指挥中心统一管理，集中进行运营调度，涵盖众多功能。但毋庸讳言的是，有些水利风景区的信息化建设工作在实际中的应用还不是很理想，一定程度上存在重硬轻软的思想。有的景区缺乏统一管理的运营和指挥调度体系，有的系统与不同的公司合作，子系统间的连接以及数据的共享难以实现。

另外，部分景区对未来的信息化建设、智慧景区工作等没有非常缜密和经过专家论证的清晰的、系统的规划，对于信息部门工作人员的引进和培训工作也缺乏全局的、长远的考虑。大多数景区的信息化系统与上级主管部门的旅游平台尚未实现联网或兼容，旅游电子政务工作的开展还不够普及，景区间信息的共享与交流很难实现。

三　国家水利风景区信息化建设框架体系

首先，建设景区信息基础设施体系。实现数据的交换和信息的传递，通过景区网络保障景区各业务应用正常运行，为游客提供实时上网服务。其次，建设统一的数据中心，实现数据集成化管理，支撑大数据应用。数据基础设施体系是构成景区信息化的基础支撑，主要包括统一数据访问平台和数据仓库。数据仓库主要实现底层数据资源的互联互通，访问平台为景区各业务应用提供统一的数据访问接口服务，实现数据资源的无缝集成。再次，推进管理信息系统升级，实现业务管理信息化。通过管理信息系统的升级，可以实现电子商务、公众服务、游客管理、资源管理、财务管理综合协同，从而提高管理工作效率。又次，建设水资源与水环境监测系统，实现资源保护智能化。基于网络基础平台和数据平台，对景区的资源环境数据进行动态采集分析，为资源与环境保护以及景区综合决策提供服务。最后，建设景区动态评价与展示系统。将景区的各项数据综合分析后，通过展示系统进行呈现。

四　国家水利风景区信息化持续发展对策建议

国家水利风景区是按照水利部统一的标准和评价体系进行建设的，各景区数据汇聚成的大数据对国家层面的决策指导意义重大，从长远看，未来国家水利风景区的信息化建设需要从以下几个方面进行谋划与拓展。

第一，做好顶层规划，规范数据标准，建立健全管理机制和体制，保障信息系统的可靠运行，为建立国家级水利风景区大数据管理系统做好准备。

第二，景区加大信息化建设投入，开发资源管理、运营管理、游客服务、资源保护与环境监测等应用系统。

第三，建立网络营销体系。通过多源数据的集成与综合分析，进一步判断游客在景区内的停留时间、主要线路、来源地、消费结构，从而实现针对游客的精准营销和精确管理。

第四，推进电子商务建设。顺应无现金社会的发展趋势，进一步推进景区的门票、导游、区间车票、游乐设施、住宿等相关服务的网络预订，并通过链接门户网站，实现大交通、旅行社、天气预报等其他服务共享与预订，从而实现更精准的服务与管理。

第五，推进虚拟展示的挖掘。通过以全景虚拟现实为主要技术手段的虚拟现实技术，挖掘水利风景区的水利知识与地方文化，实现更生动有效的展示与更身临其境的体验。

第六，建设无线数字景区。无线网络可以进行一网多用，包括无线人员通信、游客的流量监控和疏导、无线呼救等，基于车辆、人员、设备等的实时定位，实现多种功能。

参考文献

[1] 国家旅游信息中心：《中国旅游信息化“十二五”发展规划》，中国旅游出版社，2011。

[2] 边江雪：《旅游景区信息化发展》，《旅游纵览月刊》2015年第11期。

[3] 邢海峰：《中国风景名胜区信息化建设模式探索与实践》，中国风景园林学会，2010。

[4] 谭煦：《浅析旅游景区的信息化管理：以十三陵风景名胜区的信息化建设为例》，《旅游纵览》2011年第4期。

[5] 胡晓聪：《“互联网+”背景下旅游人才培养模式探讨》，《商业经济》2015年第10期。

[6] 新疆旅游局官网：《新疆旅游信息化“十二五”规划》，新疆旅游出版社，2011。

[7] 陈丽：《智慧景区背景下我国旅游管理专业人才培养分析》，《管理谋略》2017年第13期。

[8] 贵州旅游局官网：《贵州省“十二五”推进旅游信息化发展专项规划》，贵州

旅游出版社，2011。
[9] 孙敏俊：《现代信息技术在旅游景区管理中的应用研究》，东南大学硕士学位论文，2011。
[10] 刘锋、束航、马军等：《中国景区信息化的回顾、现状与展望》，2009 年 9 月，第 7 页。
[11] 国家旅游局、全国电子信息系统推广办公室：《关于在优秀旅游城市建立并推广使用“旅游目的地营销系统”的通知（旅发〔2003〕5 号文件）》，2003 年 1 月。
[12] 北京市旅游发展委员会：《北京“智慧旅游”行动计划纲要》，2012 年 5 月 11 日。
[13] 国家旅游局：《“十三五”全国旅游信息化规划》，2017 年 3 月 13 日。
[14] 四川省旅游信息中心：《四川省“十二五”旅游信息化发展纲要》，四川：旅游信息中心，2013 年 4 月 25 日。
[15] 江苏旅游政务网：《江苏省“十三五”旅游业发展规划》，中国经济网综合，2017 年 8 月 10 日。
[16] 三门峡旅游网：《三门峡市“十三五”旅游信息化发展规划》，河南省：三门峡旅游网，2015 年 12 月 12 日。
[17] 三峡景区官方网站：《三峡景区信息化规划》，河南省三峡旅游网，2012。
[18] 九寨沟景区官方网站：《“智慧九寨”总体规划》，四川：九寨沟管理局，2010。
[19] 水利部信息中心：《西湖风景名胜区信息化“十二五”总体规划》，杭州：水利部信息心，2015 年 7 月 6 日。
[20] 水利部信息化工作领导小组办公室：《全国水利信息化发展“十二五”规划（水规计〔2012〕190 号）》，北京：水利部信息化工作领导小组办公室，2012。

B.11

湖南省水利风景区发展报告

曾宜富　周乐新　谭佩君　刘　添　喻婷婷*

摘　要： 湖南因位于洞庭湖之南而得名，一湖四水，河网密布，水系发达，水资源十分丰富。近年来，湖南省在保障水利工程运行安全和防洪、灌溉、供水、发电、水资源调配等基础功能充分发挥的同时，以水利风景区建设为抓手，将生态文明理念融入水资源开发、利用、治理、配置、节约、保护的各方面和水利规划、建设、管理的各环节，以"水清、河畅、岸绿、景美"为目标对各类水利风景资源进行了科学合理有序的保护和开发，打造了一批水利风景区，惠及了城乡百姓。

* 曾宜富，中国未来研究会旅游未来研究分会会长；周乐新，湖南省河道湖泊中心主任；谭佩君，湖南省河道湖泊中心副主任；刘添，湖南省河道湖泊中心科长；喻婷婷，湖南省河道湖泊中心主任科员。

关键词： 水利风景区　湖南　水生态

湖南省水利风景区建设起步于2002年，立足于“三湘四水”丰富的水利资源优势，坚持以改善水环境、保护水资源、修复水生态、维护水工程、弘扬水文化、发展水经济为目标，在推进生态文明和美丽中国建设中发挥了重要作用。经过十多年的共同努力，湖南的水利风景区建设呈现出规模数量逐步增加、类型结构不断优化、景区品质稳步提升、社会影响日益扩大的良好发展趋势。水利风景区成为镶嵌于三湘大地的璀璨明珠和展示湖南水生态文明建设成果的精美名片。

一　基础和现状

（一）基础

湖南省位于长江中游，省境绝大部分在洞庭湖以南，故称湖南；湘江贯穿省境南北，故简称湘。地处东经108°47′～114°15′，北纬24°38′～30°08′，东以幕阜、武功诸山系与江西交界；西以云贵高原东缘连贵州；西北以武陵山脉毗邻重庆；南枕南岭与广东、广西相邻，北以滨湖平原与湖北接壤。

“三湘四水”是湖南的又一称谓，“三湘”因湘江流经永州时与“潇水”、流经衡阳时与“蒸水”和入洞庭湖时与“沅水”相汇而得名，分别称“潇湘”、“蒸湘”和“沅湘”。“四水”则指湘江、资江、沅江和澧水。

湖南省是中国文明的重要起源地之一，其优越的自然环境孕育了色彩斑斓、浪漫激越、悠远神秘的湖湘文化，以“心忧天下、敢为人先”为主要特征，涌现了以毛泽东为代表的一大批世界瞩目的政治家、军事家、思想家。湖南的山水文化、美食文化、休闲文化等在中国古代和现代都是颇具吸引力的名片。

湖南承东启西、贯通南北、通江达海，处于长江经济开放开发带、泛珠三角合作区域和中西部相交的枢纽位置。湖南人口规模较大，城镇化水平提升较快。2017 年，全省实现地区生产总值 3.46 万亿元，同比增长 8.0%，区域综合创新能力居全国前列，经济社会继续保持平稳健康发展态势。

根据湖南省第一次水利普查公报，湖南境内河流纵横，水系发达，共有流域面积 50 平方千米及以上河流 1301 条，以长江流域的洞庭湖水系为主，流域面积占全省面积的 96.6%，剩余 3.4% 的面积属于珠江流域和长江流域的鄱阳湖、黄盖湖水系。

全省水面总面积 100 平方千米以上湖泊 1 处（洞庭湖），10 平方千米以上湖泊 17 处，1 平方千米以上湖泊 156 处；已建成水库 14121 座，已建成水电站 4467 座（含规模以下），已建成水闸 34825 座（含规模以下）；堤防总长度为 18684.87 千米；共有设计灌溉面积 30 万亩及以上的灌区 23 处；水土保持措施面积为 29337.46 平方千米。以上水利工程在发挥防洪、供水、发电等基本功能的同时，形成了大量的水利风景资源，为水利风景区的打造和发展提供了较大的发展空间和坚实的基础。

（二）现状

湖南省自 2002 年启动了水利风景区建设工作后，水利厅党组高度重视此项工作，成立了湖南省水利厅水利风景区评审委员会，并将办公室设在厅综合事业局。2017 年水利厅机关部分处室进行了机构改革和职能调整，水利风景区的职能放在了省河道湖泊中心，水利风景区工作将与河长制及河湖管理等工作同步推进。

截至 2017 年底，全省已建设水利风景区 91 家，对全省 14 个市（州）和主要江、河、湖、库实现了全覆盖。其中国家水利风景区 40 处（见表 1），省级水利风景区 51 处（见表 2），国家水利风景区数量在全国 31 个省（区、市）中位列第 6 位。水利风景区成为展示生态水利、民生水利和现代水利的窗口以及百姓享受水利发展红利的重要场所。

表 1　湖南省国家水利风景区名录（截至 2017 年底）

序号	批次	国家水利风景区名称	类型	水利部批复时间
1	第二批	湘潭市水府水利风景区	水库型	2002 年
2		张家界市溇江水利风景区	水库型	
3	第三批	怀化市通道县九龙潭大峡谷水利风景区	自然河湖型	2003 年
4	第四批	长沙市湘江风光带水利风景区	城市河湖型	2004 年
5		株洲市攸县酒埠江水利风景区	水库型	
6		衡阳市衡东县洣水水利风景区	自然河湖型	
7	第五批	长沙市望城区千龙湖水利风景区	水库型	2005 年
8		益阳市鱼形山水利风景区	水库型	
9		郴州市永兴县便江水利风景区	自然河湖型	
10	第六批	湘西州吉首市大龙洞水利风景区	水库型	2006 年
11	第七批	怀化市中方县五龙溪水利风景区	水库型	2007 年
12	第八批	常德市石门县皂市水库水利风景区	水库型	2008 年
13		衡阳市衡山县九观湖水利风景区	水库型	
14		衡阳市衡阳县织女湖水利风景区	水库型	
15		湘西州凤凰县长潭岗水库水利风景区	水库型	
16	第九批	长沙市宁乡黄材水库水利风景区	水库型	2009 年
17		湘潭市韶山市青年水库水利风景区	水库型	
18		衡阳市衡阳县万源湖水利风景区	水库型	
19		永州市双牌县阳明山水利风景区	水库型	
20		娄底市新化县紫鹊界水利风景区	水土保持型	
21	第十批	湘西州花垣县边城水利风景区	自然河湖型	2010 年
22	第十一批	衡阳市耒阳蔡伦竹海水利风景区	自然河湖型	2011 年
23	第十二批	常德市澧县王家厂水库水利风景区	水库型	2012 年
24		怀化市辰溪县燕子洞水利风景区	水库型	
25	第十三批	常德市柳叶湖水利风景区	城市河湖型	2013 年
26		益阳市皇家湖水利风景区	自然河湖型	
27		永州市江华瑶族自治县潇湘源水利风景区	水库型	
28	第十四批	湘潭市韶山灌区水利风景区	灌区型	2014 年
29		常德市汉寿县清水湖水利风景区	水库型	
30	第十五批	永州市江永县千家峒水利风景区	自然河湖型	2015 年
31		永州市蓝山县湘江源水利风景区	自然河湖型	
32		郴州市资兴东江湖水利风景区	水库型	
33		郴州市青山垅 – 龙潭水利风景区	水库型	

续表

序号	批次	国家水利风景区名称	类型	水利部批复时间
34	第十六批	长沙市望城区半岛水利风景区	自然河湖型	2016 年
35		郴州市汝城县热水河水利风景区	自然河湖型	
36		郴州市四清湖水利风景区	水库型	
37		娄底市涟源杨家滩水利风景区	自然河湖型	
38	第十七批	长沙市洋湖湿地水利风景区	湿地型	2017 年
39		永州市祁阳县浯溪水利风景区	自然河湖型	
40		怀化市芷江侗族自治县和平湖水利风景区	城市河湖型	

表 2　湖南省省级水利风景区名录（截至 2017 年底）

序号	批次	省级水利风景区名称	类型	省水利厅批复时间
1	第一批	长沙市长沙县白鹭湖水利风景区	水库型	2003 年
2		湘西州吉首八月湖水利风景区	水库型	
3	第二批	常德市石门县蒙泉湖水利风景区	水库型	2004 年
4		邵阳市武冈威溪水利风景区	水库型	
5		邵阳市隆回县魏源湖水利风景区	水库型	
6		湘西州永顺县杉木河水利风景区	水库型	
7	第三批	湘潭市湘潭县白石紫荆湖水利风景区	水库型	2005 年
8		湘潭市湘潭县四美湖水利风景区	水库型	
9		常德市花岩溪水利风景区	水库型	
10		益阳市梓山湖水利风景区	水库型	
11		怀化市溆浦县深子湖水利风景区	水库型	
12		娄底市双峰县雷锋山－四方湖水利风景区	水库型	
13	第四批	株洲市攸县地杰山庄水利风景区	水土保持型	2006 年
14		益阳市明石谷生态园水利风景区	水库型	
15		郴州市安仁县大石水库风景区	水库型	
16	第五批	益阳市桃江县桃花湖水利风景区	水库型	2007 年
17		邵阳市老屋桥水库水利风景区	水库型	
18	第六批	岳阳市湘阴县燎原水库水利风景区	水库型	2008 年
19		郴州市汝城县龙虎洞水库水利风景区	水库型	
20	第八批	衡阳市耒阳关王湖水利风景区	水库型	2010 年
21		邵阳市绥宁县洛口山水库水利风景区	水库型	
22		邵阳市隆回县赧水河县城风光带水利风景区	城市河湖型	
23		怀化市辰溪县罗子山水库水利风景区	水库型	
24		怀化市溆浦县金家洞水利风景区	水库型	

续表

序号	批次	省级水利风景区名称	类型	省水利厅批复时间
25	第九批	长沙市浏阳梅田湖水利风景区	水库型	2012 年
26		娄底市孙水河 - 仙女寨水利风景区	水库型	
27		张家界市黄龙洞生态广场水利风景区	湿地型	
28	第十批	长沙市宁乡芙蓉山水利风景区	水库型	2013 年
29		株洲市茶陵县东阳湖水利风景区	水库型	
30		益阳市桃江县克上冲水库水利风景区	水库型	
31		益阳市沅江胭脂湖水利风景区	水库型	
32	第十一批	益阳市桃江县马迹塘水利风景区	水库型	2014 年
33	第十二批	邵阳市洞口县龙木坪水库水利风景区	水库型	2015 年
34		邵阳市洞口县半江 - 超美水库水利风景区	水库型	
35		郴州市秧溪河 - 东河水利风景区	城市河湖型	
36	第十三批	株洲市湘江风光带水利风景区	城市河湖型	2016 年
37		常德市桃源县王家湾水利风景区	水库型	
38		益阳市桃江县碧螺水库水利风景区	水库型	
39		永州市东安县高岩湖水利风景区	水库型	
40		永州市道县濂溪水利风景区	自然河湖型	
41		郴州市西河水利风景区	自然河湖型	
42		郴州市永兴县九山河板梁水利风景区	自然河湖型	
43		郴州市嘉禾县嘉滨湖水利风景区	城市河湖型	
44		怀化市中方县南方葡萄沟水利风景区	水库型	
45		怀化市麻阳苗族自治县黄土溪水利风景区	水库型	
46	第十四批	株洲市万丰湖水利风景区	城市河湖型	2017 年
47		岳阳市华容县华一水库水利风景区	水库型	
48		益阳市安化县资江风光带水利风景区	城市河湖型	
49		邵阳市水土保持科技示范园水利风景区	水土保持型	
50		永州市金洞管理区晒北滩水利风景区	水库型	
51		怀化市溆浦县刘家坪水利风景区	水库型	

按类型分，湖南省水库型水利风景区 61 个，自然河湖型水利风景区 15 个，城市河湖型水利风景区 9 个，灌区型水利风景区 1 个，湿地型水利风景区 2 个，水土保持型 3 个，各类水利风景区所占比重如图 1 所示。

从发展历程来看，湖南省水利风景区发展经历了以下三个阶段（参见图2）。

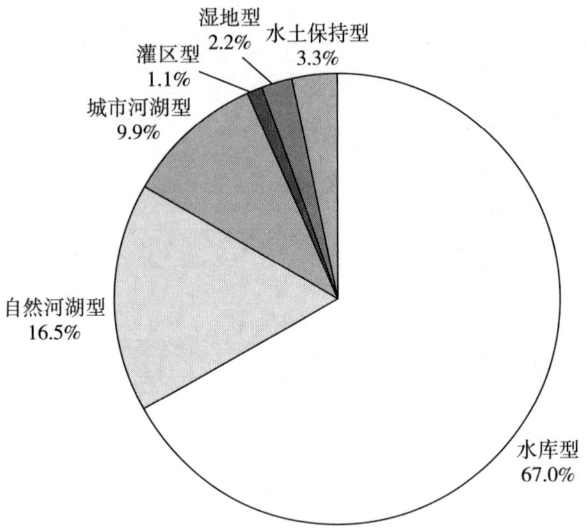

图1　湖南省各类水利风景区所占比重图

2002～2004 年为起步阶段：湖南省水利风景区以自然资源开发为主，水利风景区类型较为单一，绝大部分为水库型。

2005～2012 年为规范化发展阶段：湖南省水利风景区的建设与管理工作取得了良好发展，景区规模数量逐步增长，景区设施不断完善，类型结构增多，社会影响日益扩大。

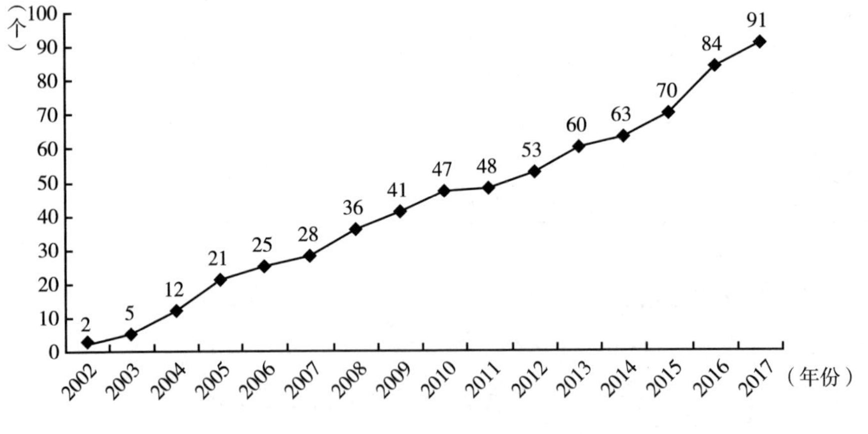

图2　湖南省水利风景区发展历程

2013～2017年为生态化发展阶段：党的十八大做出“大力推进生态文明建设”的战略决策，而水利风景区建设是生态文明理念在水利工作中的重要实践，也是切实保护水工程、水生态、水环境安全的重要举措。水利风景区建设更加注重生态环境保护，景区内服务质量提升，功能不断完善，文化科普加强，水利风景区迎来了快速发展阶段。

二　成效与问题

（一）成效

近年来，湖南省水利厅以水利工程为依托，以建设水利风景区为切入点，创新开展水利风景区建设与管理工作，基本形成了点状分布主要水利工程，线状连接湘、资、沅、澧四水，面状覆盖全省所有市（州）的水利风景区格局，并形成了长沙市洋湖湿地、常德市柳叶湖、郴州市东江湖等一批生态优良、文化底蕴深厚、亲水性强的热点精品景区，有力地彰显了水利风景区的生态效益、社会效益和经济效益，总体呈现出创建提速、品质提高、投入增大、管理科学、运行平稳的良好态势。

1. 以规划为引领，开展资源调查，做好顶层设计

2015年湖南省水利厅委托省水科院开展了水利风景资源开发与保护调查，在各市（州）上报资料的基础上，派出调研组到部分市（县、区）实地调研、核实，整理形成了《湖南省水利风景资源调查与评价报告》。通过此次调查，全面了解掌握了全省水利风景资源现状，摸清了资源类型、规模和空间分布，建立了涵盖水利工程、景观、生态、人文等方面内容的数据库。

2016年湖南省在广泛征求各方意见的基础上，组织编制完成了《全省水利风景区建设与管理发展规划（2016～2025）》。在省水利厅的督促和带动下，各市（州）也相继出台了水利风景区发展规划。全省以此规划作为今后一个时期水利风景区建设与管理工作的基础，引领水利风景区发展，促进水利工程建设经济效益、生态效益和社会效益的有机统一。

2. 以生态为基础，强化示范作用，展示水利形象

湖南省充分利用良好的水资源禀赋和水生态条件，依托水生态文明建设，统筹协调水利建设与生态建设、人工景观与自然景观、经济效益与生态效益。将水利风景区作为水生态文明建设的示范区来建设，将水利风景区的建设纳入省水生态文明建设的重要内容，并要求在全国水生态文明城市试点建设中建设一定数量的水利风景区。在2017年水利部对长沙市、郴州市的水生态文明城市建设试点验收中，长沙的洋湖湿地水利风景区、望城半岛水利风景区，郴州的西河水利风景区、东江湖水利风景区等作为水生态文明城市建设的示范项目得到了充分的展示。

3. 以评审为抓手，强化业务指导，提升景区质量

湖南省水利厅每年从年初开始就提前谋划，部署安排年度申报工作，并全程指导，助推国家水利风景区申报，从审核申报材料的完整性与合规合理性，规划景区现场总体保护和利用到各种标识、标牌的布置都全程参与，发现了许多关键性问题，提出了合理的解决意见。

在省级水利风景区评审过程中，湖南省水利厅依据有关文件要求，从景区管理单位递交申报材料、初审材料、组织专家现场评价，到评审委员会集体讨论决定，全过程坚持“公平、公开、公正”的评审原则，严格规范标准，努力确保水利风景区申报质量。

4. 以制度为突破，强化动态监管，规范景区管理

湖南省在水利风景区的管理上注重规划先行。2015年湖南省出台了《湖南省水利风景区建设与管理办法》，对水利风景区的规划、设立、保护、利用和管理等问题进行了明确。

从2015年开始，省政府将水利风景区建设内容纳入对各市州的水利建设竞赛考核评比（即“芙蓉杯”考核）。同时，省水利厅积极争取省级水利工程维修养护资金、水资源费等对水利风景区进行支持。长沙、株洲、郴州等市相继出台政策，对当年获得国家、省级水利风景区的单位给予一定的项目资金补助或奖励。全省各地建设水利风景区的主动性、积极性得到调动，水利风景区建设发展的推动力度得到增强。

自2014年开始在全国率先开展了水利风景区复查之后，湖南省每年都会采取“景区自查、市局复查、省厅抽查”的三级联动方式对部分水利风景区进行复查，实现对景区的动态监管。

2017年，湖南省水利厅下发了《关于加强全省水利风景区标志、标牌系统建设的通知》，要求获得批准的国家水利风景区必须设立水利风景区标识、标牌系统，并对设立的内容和标准进行了规范。水利风景区的形象得到树立，影响得到扩大。

5. 以文化为内核，加强宣传推介，提升景区形象

水文化、水科普是水利风景区的内核和品牌。湖南省始终坚持从树立水利品牌、提升水利形象的高度开展水利风景区宣传工作，将水利风景区宣传定位为公益性宣传，提升水利风景区的社会影响力和关注度，努力为水利风景区可持续发展营造良好的工作环境。近年来，省水利厅开展了多次专题宣传活动（具体见表3）。

部分景区也充分挖掘文化内核，形成了景区独有的特色。如湘西州边城水利风景区结合沈从文《边城》一书，打造了独特的边城文化；衡阳市蔡伦竹海水利风景区建设古法造纸作坊，融合了造纸文化；娄底市紫鹊界水利风景区是南方稻作文化与苗瑶山地渔猎文化糅合的历史遗存，成为第一批世界灌溉工程遗产；东江湖水利风景区的移民博物馆，生动展示了为建设东江水库，东江移民大搬迁、大建设、大发展的光辉历程，他们在条件极其艰苦的环境下，在中国率先走出了一条开发性移民之路。

6. 以培训为手段，加强队伍建设，提高管理水平

湖南省积极选派人员参加水利部景区办各类培训和会议，召开全省水利风景年度工作会议，对水利风景区年度各项工作进行总结，并选取部分市、县、景区做典型发言，推广先进经验。近年来，湖南省还承办了一些水利部景区办的会议和培训（具体见表3）。

湖南省除借助各类会议和培训班外，还注重在日常工作中对水利风景区从业人员进行培训，如坚持在省级水利风景区评审和复查中开展申报市（州）交叉现场考察，把考察评价的过程当成学习交流的过程，促使水利风

景区从业人员掌握水利风景区相关政策、标准，学习总结发展经验，提高水利风景区建设与管理水平。

表3　2013年以来湖南省水利风景区主要会议及宣传活动一览

年度	召开的主要会议、举办的主要宣传活动
2013年	1. 召开全省水利经济暨水利风景区建设与管理工作会议 2. 湿地水环境保护专题宣传:《TOP旅行》杂志五期专栏、摄影比赛、知识竞赛 3. 设计并启用“湖南水利风景区”logo
2014年	1. 召开全省水利风景区暨水生态文明建设工作会议 2. 印制发放水利风景区工作手册 3. 在红网开辟“三湘秀水—湖南省水利风景区水生态文明巡礼”专栏
2015年	1. 召开全省水利风景区暨水生态文明建设工作会议 2. 承办水利部中南片区水利风景区建设与管理经验交流会 3. 与湖南电视台合作,对全省优秀的水利风景区和水生态文明建设成果进行拍摄,在湖南经视、公共频道等电视台播出 4. 制作宣传板、海报等,悬挂在省水利厅办公区域 5. 参加全国水博会
2016年	1. 召开全省水利风景资源调查和规划编制动员会 2. 召开全省水利风景区建设与管理工作会议 3. 印发《三湘秀水——走进湖南省水利风景区》画册 4. 与红网合作推出了“带你游览湖南水利风景区”专题 5. 参加全国水利风景区博览会
2017年	1. 召开全省水利风景区建设与管理工作会议 2. 承办全国水生态文明与水利风景区建设与管理培训班 3. 与《财富地理》杂志及湖南省摄影家协会联合拍摄制作《湖湘天下水——湖南水生态文化图鉴》大型人文画册 4. 与央视合作拍摄制作《三湘水丽》人文纪录片,在发现之旅频道《纪录东方》栏目播出

7. 以民生为导向，打造精品景区，普惠城乡百姓

湖南省在水利风景区建设的引导和管理工作中始终坚持服务民生，把群众满意作为重要标准，积极打造“生态河湖、文化河湖、美丽河湖”。全省各地或创新体制机制，或挖掘特色文化，或开展各类活动，形成了一大批精品景区。水利风景区普惠百姓，成为城乡居民享受水利发展红利的重要场所。常德市柳叶湖水利风景区通过水系综合治理、绿化美化和文化展示，举办柳叶湖国际马拉松赛、龙舟赛、美景摄影大赛等大型活动，成为市民亲

水、近水、戏水的良好场所。长沙市洋湖湿地水利风景区建有6000平方米的科普馆，全面展示景区与城市化的共生发展和水利风景区的物种多样性，全力打造科普教育平台，年服务公众近40万人次。2016年洋湖湿地科普馆荣获“中国十大最美科普场馆”称号。湘潭市韶山灌区水利风景区坚持与红色文化结合、与全域旅游结合、与生态文明结合的工作思路，积极发掘灌区文化内涵，组织编写《银河屹立》系列丛书，出版长篇报告文学《在水一方——韶山灌区纪事》，提升景区的水文化内涵。郴州市热水河水利风景区实行温泉旅游景区管委会、热水镇政府和水利风景区管委会合署办公，促进温泉旅游产业与城镇建设的融合发展，景区为镇区居民提供就业，镇区为景区旅游提供服务，形成旅游休闲与社区生活互利共生的“景镇合一”模式。益阳市明石谷生态园（石牛潭水库）利用水库优雅环境，建设光辉颐养院，主营异地养老、居家养老、生态养老、医养结合，开拓了水利风景区发展新模式，有效带动了当地居民就业。永州市高岩湖水利风景区、郴州市四清湖水利风景区通过水利风景区的创建，水管单位的站容站貌焕然一新，既保护了生态，激活了一方水土，也带动了周边百姓增收，取得了突出的经济效益。

（二）问题

近年来，湖南省水利风景区发展虽然有了长足的进步，但与形势的要求相比还存在一些问题和不足，主要是在空间布局、景区类型、管理模式、基础设施上不够完善，文化特色不够突出，宣传推广不够充分，在一定程度上影响了水利风景区的发展。

1. 水利风景区发展不均衡

一是区域发展速度不均衡。湖南省的水利风景区主要集中在长沙、郴州、怀化等地，这几个市是全国第一批、第二批水生态文明建设试点市（县），本身旅游市场就比较完善，对水利风景区的建设比较重视。而岳阳、娄底、张家界等地由于在资源、市场、重视程度以及开发能力等方面的不足，水利风景区的建设力度相对较弱，发展较缓（具体见图3）。

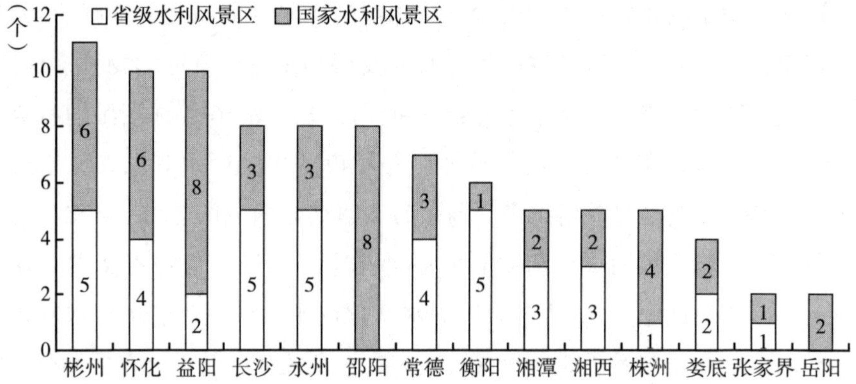

图 3　湖南省各市（州）水利风景区数量排序（截至 2017 年底）

二是景区类型发展不均衡。湖南省大体量的水库形成了大量的工程景观与山水风光，为水库型水利风景区的发展提供了良好基础，因此水库型水利风景区数量最多；流经城镇或近郊的河道被开发利用的可能性较大，因而自然河湖型水利风景区数量居其次；湿地、灌区、水土保持型具有比较强的地域性和专属要求，数量较少。

三是景区质量管理水平不均衡，各水利风景区之间质量等级差别较大。相同级别与类型的景区，不同的时间进行设立，有着不同的规模，也产生了不同的综合效益。水利工程年代不同，工程的作用、文化内涵也不同。不断发展的景区与停滞不前的景区效果明显不同。在如此种种因素作用下，水利风景区之间质量差别加大，并且还有进一步拉大距离的趋势。

2. 水利风景区管理模式不完善

湖南省水利风景区风景资源综合开发与保护管理的三种模式均存在不足：一是水管单位管理模式，投资渠道单一，后续资金不足，运营成本难以支撑；招商引资速度慢；水利风景区管理体制与机制尚未建立；景区规划不规范。二是属地政府直接管理模式，所有权与经营权集于一身，不利于提高景区资产的运营效率；难以降低管理成本，提高资本质量；各部门关系难以协调。三是承包租赁经营模式，无景区总体规划或开发过程中与规划相冲突；资金投入不足；政府支持力度不够，没有发动当地群众积极参与景区建设。

3. 水利风景区特色不突出

湖南省水利风景资源丰富，但各类水利风景区特色不明显，水文化挖掘不充分，缺少一批精品和特色水利风景区，水利旅游产品单一，千水一景、万山一面，没有依托水资源、水环境、水科技、水文化等优势形成较多知识型、探索体验型、情趣型、养生度假型旅游产品。

4. 水利风景区基础设施不适应

基础设施建设不足是影响水利风景区发展的重要因素，尤其是交通条件是水利风景区开发的前提。湖南省部分水库、电站、灌区处于偏远地区，一些水利风景区配套设施不完善，交通条件差，进出景区的道路狭窄又多弯道，开发难度大且成本高。

5. 水利风景区宣传不充分

湖南省水利厅很重视水利风景区形象的整体宣传推广，但囿于水利风景区品牌和整体形象还做得不强，宣传推广不够，在社会上与风景名胜区、自然保护区、森林公园、湿地公园等类型景区仍有不小的差距。近几年建设的水利风景区较注重景区的宣传和水文化、水科普内容的展示。但以往创建的水利风景区普遍宣传力度不足，主要表现为自我推介意识不强，宣传资金投入不足，缺乏主动出击参与市场竞争的意识和勇于改革创新的胆识，没有围绕水文化、水科普的特点和优势做好文章。

三　形势与方向

（一）省域宏观形势

当前是实现“两个百年”奋斗目标承前启后、继往开来的重要时期，世情、国情、省情都在发生深刻变化，湖南省发展既面临难得的历史机遇，也面临诸多风险挑战。

从省内看，湖南省面临诸多有利条件：①发展基础更加坚实。经过长期发展，物质技术基础日益雄厚，基础设施日益完备，生态环境日益改善，产业核心竞争力特别是科教水平不断提升，人力资本累积效应逐步显现。②发展区位优势凸显。随着交通设施不断完善和国家“一带一路”倡议、长江经济带战略深入推进，湖南将由沿海开放的内陆变为内陆开放的前沿，具有巨大的商圈辐射优势和产业投资市场价值。③发展潜能依然巨大。湖南省处在工业化、城镇化中期阶段，在推动消费主导型需求结构、服务业主导型产业结构、城镇主导型城乡结构形成过程中，新型工业化、信息化、新型城镇化、农业现代化和绿色化同步发展孕育了巨大潜能，全面深化改革、全面推进依法治省将极大地释放制度新红利、激活发展新动力。

综合判断，湖南省正处于重要战略机遇期、区域发展黄金期、创新活力迸发期和转型升级关键期，只要适应新变化、把握新机遇、引领新常态，坚持变中求新、变中求进、变中突破，必能开拓发展新境界。

（二）相关行业形势

1. 旅游业发展形势

湖南省的旅游总量和产业实力迈上新台阶。2016 年全省旅游业继续保持高位增长，全年接待游客 5.65 亿人次，同比增长 19.47%；实现旅游总收入 4707.43 亿元，同比增长 26.79%；其中接待入境游客 240.81 万人次，同比增长 6.53%；实现旅游创汇 10.05 亿美元，同比增长 17.12%。从省内旅游业发展环境看，湖南具有“一带一路”的区位优势，国家“一带一路”倡议、长江经济带战略的实施，为湖南提供了难得的历史机遇。《关于促进旅游业改革发展的实施意见》《关于发展特色县域经济强县的意见》《武陵山片区区域发展与扶贫攻坚规划（2011～2020 年）》《罗霄山片区区域发展与扶贫攻坚规划（2011～2020 年）》《洞庭湖生态经济区旅游发展规划》等文件的出台，为湖南旅游业的发展提供了政策支持。到 2020 年全省“五纵五横”铁路网、“七纵七横”公路网、“一纵五横”水运网、“一枢纽一干多支”航空网的立体交通大格局的形成，将为湖南旅游业发展创造良好的条件。

2. 水利行业形势

《湖南省“十三五”水利发展规划》指出：要通过加强水利建设、严格水利管理、深化水利改革，统筹解决水利基础设施薄弱、水利社会管理滞后和水利发展体制机制障碍问题，着力构建江河安澜的防洪网、城乡统筹的供水网、旱涝保收的灌溉网、河湖健康的水生态网、高效安全的水利信息网，建立保障有力的管理体制，从根本上扭转水利发展明显滞后于经济社会发展的局面，水安全综合保障能力显著增强，基本建立支撑全面小康社会的人水协调的水利保障体系。

（三）有利因素与机遇

当前湖南省正处于重要的历史机遇期，处于工业化、城镇化中期阶段，经过长期发展，发展基础进一步夯实，基础设施逐步完善，生态环境逐步趋好，区位的发展优势进一步显现，消费主导型需求、服务业主导型产业、城镇主导型建设孕育着巨大潜能。

全省旅游业已进入新的发展轨道，随着居民收入的不断提升，消费理念的不断升级，铁路、公路、机场等交通设施的不断完善，每年接待旅游人数、旅游总收入、旅游投资总额以及旅游业占全省 GDP 的比重逐年增长。旅游业相关政策文件陆续出台和实施，湖南省旅游业正面临良好发展机遇。

全省“河长制”、“湖长制”、水生态文明建设正在加快推进，水资源、水环境、水生态得到良好保护，河湖生态环境逐步好转；水利信息和“智慧水网”的建设有效地推动了全省水资源管理和信息化水平。水清、岸绿、河畅、景美的美丽图景正在描绘。

（四）发展中面临的不利因素与挑战

从湖南省情来看：发展仍然不充分、不协调、不平衡；城镇化水平不高，服务业比重较低，发展仍显粗放，经济总量偏小，人均水平偏低，综合实力不强。

从全省旅游业形势来看：产品供给明显不足；发展方式比较粗放；旅游基础设施和公共服务体系不完善；旅游整体品牌形象尚不鲜明；跨界融合有待深化；旅游市场秩序需进一步规范。

从全省水利行业形势来看：水利行业重建轻管、重工轻美及工程水利的思想仍然存在，水利工程“傻、大、笨、粗”的现状仍未从根本上扭转。水利工程的综合效益未得到全面有效发挥，建一处水利工程形成一个包袱的情况还有发生。

（五）发展态势与重要方向

1. 与河长制结合

湖南省正在全面推进河长制。建立水生态安全的保障机制，加强美丽河湖建设，把人民群众最关心、最直接、最现实的生态诉求落实好，这是河长制的目的，也是重要惠民之举，利民之策。水利风景区的建设和发展与推行河长制的主旨目标完全一致，目前全省已经有了“一河一长”，正在制定“一河一策”，应紧跟河长制工作部署，摸索“一河一文”“一河一景”的策略，围绕河长制工作目标，通过水利风景区的创建，深入开展水土保持、河道保洁、水系整治等，营造“水清、岸绿、景美、人水和谐”良好水生态环境，用水利风景区的局部建设助力河长制的全面推进；同时积极开展水资源保护、河湖水域岸线管理、水污染防治、水环境治理、水生态修复等河长制重点任务，用河长制的整体推进提升水利风景区的个体建设。

2. 与水生态文明结合

水利风景区始终以保护水资源、修复水生态、改善水环境、保障水工程、弘扬水文化为基本宗旨，与水生态建设的思路充分契合，是水生态文明建设的切入点和突破口。事实证明，水资源全面节约、合理开发、高效利用、综合治理、优化配置、有效保护和科学管理的具体推进，在水利风景区得到了充分的落实和体现。2016 年出台的《湖南省水利厅关于加快推进水生态文明建设的意见》明确提出：（要）加强水利风景区建设，强化水利风景区的水生态文明建设的示范和载体作用。要重点以河湖型水利风景区为依托，以水资源可持续利用、水生态体系完整、水环境优美为目标，建设集工程、景观、生态等多功能于一体的水利风景区，引领全省水生态文明建设。

四　对策与展望

（一）对策

1. 强化合力

凝聚三方面力量，水利部门首先自身要发力，目前水利风景区建设与管理在省级层面上的考核和激励措施陆续完善，局面来之不易。同时水利风景区建设也要注意借力：除了借力当前河长制及水生态文明建设之外，还要借政府其他各部门的力。要思想解放、思路清晰，善于做加法、做总结，加强与发改、财政、建设、环保、林业、旅游、国土、农业等部门的沟通和协调，凝聚各方力量，协同推进水利风景区建设。此外还要依靠外力，研究建立水利风景资源资产化管理机制，在保证国有资产保值增值的条件下，创建多元化的投融资模式，鼓励、引导社会资本参与到水利风景区建设中来。

2. 强化监管

湖南省目前已经建成国家、省级水利风景区 90 余家，形成一定规模，而且还在迅速增加，但水平参差不齐，尤其是在水利风景区这项工作刚起步那几年，（有关部门）为鼓励各地开展工作，批复了一些质量不高的水利风景区，真正高水平、高质量的水利风景区不太多。省厅目前既要鼓励各地积极创建申报水利风景区，也要牢牢把好准入关，既重数量，更重质量。对于已经获评的单位要进行动态监管，其目的第一是维护水资源、水生态、水工程安全，第二是维护水利风景区这个品牌的形象。

3. 强化宣传

首先要注意宣传的对象：一要在水利系统内部开展宣传，宣讲工作意义，提高发展自觉；二要积极对外进行宣传，展示工作成绩，提高发展自信。其次要提高宣传水平，加强与新闻媒体的沟通、联系与合作，通过电视、报刊、网络等多种形式，进一步提高水利风景区的社会认知度，扩大水利风景区的社会影响力。

（二）展望

1. 完善法律规范

习总书记指出：生态文明建设是关系中华民族永续发展的根本大计。现行的《水利风景区管理办法》为水利部2004年印发的，在当前生态环境约束越来越紧的情况下，希望高规格、高起点对《水利风景区管理办法》进行修改完善，对水利风景区的属性，水利风景区的设立、规划、保护、利用和管理加以明确；对人员、编制、经费等加以落实。

2. 完善激励机制

对被评为国家水利风景区的单位，给予一定的资金奖励；安排一定专项资金用于水利风景区专项规划、大门标识设立、科普宣传等，调动各地建设水利风景区的积极性；将水利风景区发展规划纳入水利发展总体规划，在水利工程项目论证、规划、设计、建设等环节统筹考虑水利风景区项目建设。

3. 完善信息建设

湖南省将加快水利风景区动态监管平台建设，探索提高水利风景区动态管理水平，建立健全数字化基础设施，建立统一的数据中心，建设统一高效的综合指挥调度中心，加强应用系统建设；实现景区信息整合汇总、水资源监管、智能化服务和景区现代化管理与服务能力的提升。

B.12 无锡市水利风景区发展报告

赵 敏 温海燕 宋 鑫*

摘 要： 无锡市结合本地实际，扎实做好水利风景区的创建与管理工作，不断践行新时期“创新、协调、绿色、开放、共享”五大发展理念，持续推进制度化创新、科学化管理、市场化运作，陆续打造出具有地方特色的水利风景区名片，使之成为青山绿水、人水和谐的景区，突出生态、开放、便捷和可持续，让广大人民群众更好地共享水利风景区建设的发展成果，并为其他地区的水利风景区创建与管理工作提供了经验与借鉴。

关键词： 水利风景区 无锡市 水生态 水文化

一 现状与特点

新中国成立后，治水大业蓬勃兴起，充分体现出其作为国民经济基础和命脉的地位与作用。就地理位置而言，无锡市由于地处低洼区域，历来是洪涝灾害频发地区，南部主要受太湖洪水的侵袭，北部则主要受长江高潮位的威胁。为了抵御和减少洪涝灾害的影响，同时也为了提高水资源开发利用的效率，全市目前已建成五大水利工程体系：防洪工程体系；机电排灌工程体

* 赵敏，河海大学教授，博士生导师；温海燕，无锡市水务局；宋鑫，华北水利水电大学建筑学院讲师。

系；田间工程体系；引水、排水、调水、调蓄工程体系；丘陵山区防洪调蓄灌溉工程体系。这些水利工程体系为全市的经济社会发展打下了良好的基础。

（一）水利风景区发展现状

自国家水利风景区创建以来，无锡市认真学习领会和贯彻落实新时期“创新、协调、绿色、开放、共享”的五大发展理念，致力打造具有无锡特色的水利风景区名片。截至2017年12月，按设立时间顺序全市已有宜兴市横山水库水利风景区、无锡梅梁湖水利风景区、无锡市长广溪湿地水利风景区、无锡新区梁鸿水利风景区、江阴芙蓉湖水利风景区、宜兴竹海水利风景区和无锡华东百畅水利风景区7个国家水利风景区（见表1），以及宜兴市金沙泉水利风景区、宜兴市阳山荡水利风景区和宜兴市阳羡湖水利风景区等3个省级水利风景区。

表1　无锡市国家水利风景区统计简表

序号	市域	市/区	景区名称	景区类型	设立年份
1	无锡	宜兴市	宜兴市横山水库水利风景区	水库型	2006
2	无锡	滨湖区	无锡梅梁湖水利风景区	自然河湖型	2007
3	无锡	滨湖区	无锡市长广溪湿地水利风景区	湿地型	2012
4	无锡	新吴区	无锡新区梁鸿水利风景区	湿地型	2014
5	无锡	江阴市	江阴芙蓉湖水利风景区	自然河湖型	2015
6	无锡	宜兴市	宜兴竹海水利风景区	水土保持型	2016
7	无锡	宜兴市	无锡华东百畅水利风景区	水土保持型	2017

1. 宜兴市横山水库水利风景区

宜兴市横山水库水利风景区（图1）位于宜兴市西南宜溧太华山区，水库集水面积154.8平方千米，总库容1.12亿立方米，坝长4090米，是太湖流域厔溪河水系的拦蓄工程，也是无锡地区唯一的一座大（Ⅱ）型水库和江苏省六大水库之一。水库功能以防洪、供水、灌溉为主，兼有水力发电、水产养殖和第三产业综合利用等功能。景区是环太湖旅游圈西部的“自然生态、陶瓷文化旅游区”，也是长三角、环太湖地区自然生态环境保护得最好的区域。

图1　宜兴市横山水库水利风景区

2. 无锡梅梁湖水利风景区

无锡梅梁湖水利风景区（图2）位于无锡市区西南的太湖旁，景区南北长16千米，东西宽7～10千米，承担着无锡市区和武澄锡低地的防洪、排涝、航运、水资源保护和水环境改善等功能。目前，该风景区已完全融入无锡太湖风景名胜区的大规划之中。

3. 无锡市长广溪湿地水利风景区

无锡市长广溪湿地水利风景区（又称长广溪湿地公园，图3）地处无锡太湖新城，景区占地约2.6平方千米，其中水面约0.8平方千米，构成山丘—湿地—河流—湖泊融合一体的景观格局。该景区属淡水河流湿地，也是无锡市目前单个占地面积最大的湿地公园，主要功能是保护水源和修复生态。

4. 无锡新区梁鸿水利风景区

无锡新区梁鸿水利风景区（图4）地处无锡国家高新技术开发区内，规划

图2　无锡梅梁湖水利风景区

图3　无锡市长广溪湿地水利风景区

面积为2.3平方千米，其中水域面积约0.67平方千米。景区依附伯渎河——我国最古老的人工运河，以吴地文化为内涵，以江南农耕湿地为依托，具有湿地生态资源保护的功能，拟建成长三角都市圈中最知名的文化生态湿地。

图4　无锡新区梁鸿水利风景区

5. 江阴芙蓉湖水利风景区

江阴芙蓉湖水利风景区（图5）位于江阴月城镇西部，依托马甲圩水利工程而建，规划面积10平方千米，其中水域面积约占3.5平方千米。景区以河道水网为中心，连接周边水网设施，呈现“丰”字形布局，发挥着排涝和区域生态调节的功能。

图5　江阴芙蓉湖水利风景区

6. 宜兴竹海水利风景区

宜兴竹海水利风景区（图 6）位于宜兴市区西南的湖㳇镇境内，依托东省庄水库（又称镜湖）而建，规划面积 10 平方千米，其中水域面积约占 0.5%（0.05 平方千米）。景区以“竹的海洋”为特色，其水体虽然体量较小，但在调节水位、保护水质、改善生态环境上起到了重要作用。景区通过建设一系列水土保持工程，使区内水土流失综合治理率达到了 96% 以上。

图 6　宜兴竹海水利风景区

7. 无锡华东百畅水利风景区

无锡华东百畅水利风景区（图 7）坐落于江苏宜兴市张渚镇大山区的马坞岕，是一个典型的采矿宕口遗存，其水域面积达 0.1 平方千米，存水量 96 万平方米。景区见证了宜兴绿色发展和转型升级的过程，成为江苏乃至全国矿山修复与水土保持的一个缩影。

（二）水利风景区发展特点

在无锡自古以来由水成陆的发展过程中，人们开挖整理了大量河道，逐步形成了以大运河、伯渎河和梁溪河为骨干的水系。这一独特的水系，促使

图7　华东百畅水利风景区

无锡很快发展成太湖地区的水运枢纽，开辟了大量商埠、码头。随着经济的发展、人口的增长，房屋、街道建设逐步在大运河两侧发展，形成了东南、西北向的无锡老城厢。无锡的水系促使无锡成为历史上一个名副其实的水城，形成了吴文化发展的中心，为充满江南水乡特色的无锡历史文化发展创造了优越的条件。

1. 景区发展速度加快，结构有待优化

由表1可知，无锡市国家水利风景区经历了创建－停滞－快速发展的过程，尤其是2012年之后，几乎每年都有国家水利风景区被批准设立，发展势头强劲。与此同时，在类型结构和地域结构上还有待完善。目前，在无锡市7家国家水利风景区中，水库型有1家，自然河湖型有2家，湿地型有2家，水土保持型有2家，而作为名副其实的江南水城尚未见城市河湖型水利风景区，这应该是今后亟待改善的方面。无锡市南部为水网平原，北部为高沙平原，中部为低地辟成的水网圩田，西南部为低山和丘陵地区，下辖5个城区（梁溪区、滨湖区、惠山区、锡山区、新吴区）和2个县级市（江阴市、宜兴市），其中城区只有滨湖区和新吴区有国家水利风景区，而宜兴市有3家，江阴市只有1家，总体而言地域结构尚不平衡，有待改善。

2. 景区建设突出绿色发展，强调生态保护

截至2017年底，无锡市7家国家水利风景区，3家省级水利风景区，

不仅自然资源丰富，文化底蕴深厚，是休闲、旅游、科普教育的重要区域，发挥了巨大的社会效益，也是无锡水生态环境建设的前沿阵地。各景区秉承保护水工程、修复水生态、保育水环境、弘扬水文化的原则，进行合理布局、科学规划，建设中突出绿色发展，强调生态保护。无锡市长广溪湿地水利风景区、无锡新区梁鸿水利风景区的主要功能是保护水源和修复生态；宜兴竹海水利风景区，为区域水土保持、水源地保护发挥了重要的作用；无锡华东百畅水利风景区见证了宜兴绿色发展和转型升级的过程，成为江苏乃至全国矿山修复与水土保持的一个缩影。

3. 景区发展体现文化融合，彰显水文化底蕴

无锡是一座有着3200余年历史文化的古城，而无锡的文化主要体现在以下三个方面：水文化、吴文化和工商业文化，这三大文化是无锡城市的主脉，蕴含在无锡城市发展的每一个部分，成为无锡发展的动力和坚实基础。无锡市水利风景区的发展，充分体现了三大文化的融合。在无锡这块文化荟萃之地上，还传承着珍贵的水文化瑰宝，历史名人留下的无锡水文化典故灿若星辰，如周泰伯与泰伯渎，吴王夫差与江南运河，春申君黄歇与申港，东汉张勃与太湖治理，唐末五代钱镠与“都水营田使”；北宋单锷与《吴中水利书》，南宋文天祥与《过无锡》，明海瑞与黄埠墩，明周忱与芙蓉湖治理，清嵇曾筠与《防河奏议》，清末民初胡雨人与《太湖水利手稿》等。

二　成效与经验

（一）水利风景区建设成效

1. 具体做法

（1）领导重视，水利风景区创建呈良好发展态势。一是领导重视，精心部署。无锡市水利局成立了水利风景区创建工作领导小组，并明确了职能部门；各县（市、区）水行政部门领导也做了大量工作，希望能得到地方

领导的支持和认可，以推动水利风景区建设工作。在全市年度水利工作会议上，无锡市水利局明确要求在项目前期规划时，要结合水利风景区建设统筹考虑，以提高工作效率。二是有所选择，重点推进。无锡地处江南水乡，各种风景资源相对比较丰富，人们对一般的水利风景也习以为常，兴趣不高。为此，无锡市水利局在摸清全市水利风景资源基本情况的基础上，有选择地开展水利风景区建设推进工作，如宜兴市竹海水利风景区是通过重点项目申报来推动的。三是注重人才，规划引领。规划是项目科学化、规范化、有序化实施的基础，也是项目顺利推进的方向指南。水利风景区规划对水利设计部门来说也是一个全新的课题。为此，无锡市动员水利设计院派员参加水利部组织的水利风景区相关业务培训，以便于做好水利风景区规划纲要编制工作。四是互相学习，定时交流。无锡市近几年多次组织相关申报单位，先后到其他地区的已建水利风景区进行实地考察与学习，借鉴他们的先进做法和成功经验，并结合本市的实际情况对拟申报的单位或景区进行包装和建设。

（2）抓组织保障，高质量促进水利风景区创建。一是督促各个申报单位，组织业务强的人员专门成立工作小组，对申报工作进行技术攻关，全方位抓好各类申报材料的整理和编制工作，保障创建工作有力、有序、有效地推进。二是适时适当提供相应的财力支撑，保障创建工作落到实处。三是定期进行分析讨论，在申报过程中集思广益，力求做到在理解分析上更深入，在政策措施上更到位，在具体实施中更完善。四是聘请有经验的专家进行把脉，通过联系江苏省水利厅河道管理局邀请业内专家，对创建中的疑难问题进行诊断，及时修改和完善各项申报材料，确保创建工作按时按质推进到位。

（3）抓管理成效，打造人水和谐水利风景区。无锡市在狠抓水利风景区建设的同时注重长效管理。根据《水利风景区管理办法》，认真履行行政管理部门职责，监督指导水利风景区管理机构建立健全景区管理与保护制度，同时根据各景区实际情况，加强景区的重点监督和分类管理，保证水利风景区健康、有序、可持续发展。对属于水源保护地的水利风景区，以保护水源为主，确保供水安全；对具有公益性功能的水利风景区，着重利用其突出宣传水利的作用；对具有经营性功能的水利风景区，在做好经营管理工作的同时，更加强调对水、土、生物及人文资源的保护。

2. 建设成效

随着城市化进程日益加快，特别是2007年“水危机”发生后，无锡市经济社会进入转型发展的快速通道，“保护水源、改善环境、重塑生态”成为无锡建设发展的最强音。经过不懈的努力，取得了良好的成效。

（1）生态环境进一步改善。通过景区内一系列工程项目如水系连通、河道整治、植被恢复、基础设施等的建设，达到了保护水资源、修复水生态、改善水环境的目的，进一步提升了景区的生态环境质量。

（2）社会认同进一步提高。通过景区的对外展示平台，宣传了景区建设与管理的作用与成效，让社会各界进一步了解了景区的水文化底蕴和治水历史，使其护水、惜水、爱水的意识得到加强，对水景观的满意度不断提高，对水利的认可度进一步提升。

（3）综合效益进一步显现。通过科学合理地开展水利风景区建设，秉持“在保护中开发，在开发中保护”的理念，基于保护水生态环境的前提，发展绿色低碳经济，带动经济的发展和产业结构的调整，为水生态环境质量的改善提供支持，水利风景区的综合效益进一步得到显现，“人水和谐，人与自然和谐相处”和可持续发展水利的理念得到充分落实。景区环境与周边环境完美融合、巧妙衔接，造就了优美的生活空间。近五年来，无锡市投入风景区的建设资金逾百亿元，同时也吸引了社会投资带动地区一、二、三产业的联动发展，每年接待游客可达千万人次，在取得景区自身经济效益的同时，也助推了地区经济效益显著提升。

（二）水利风景区建设经验

1. 加强顶层规划设计，改变后置式开发方式

无锡市通过加强顶层规划设计，改变了以往水利风景区后置式开发的方式，而是将其纳入水利工程的建设体系中，规划、设计、建设、管理全过程同步进行，资金利用效率得到提高，事半功倍，避免了重复建设。如宜兴市

油车水库（江苏省水利风景区）将水利风景建设与水库工程建设统筹考虑，并且在水库工程建设过程中充分考虑了水利工程的景观效果，为水库工程运行后的水利风景区申报和建设工作奠定了坚实的基础。

2. 发挥政府主导作用，创新投入机制

无锡市注重发挥政策制度优势，在水利风景资源的开发利用方面进行适当的政策倾斜，同时调动市场的积极性，创新建设投入机制，增加景区建设资金投入。目前，景区的水生态环境保护和水资源开发已被纳入公共财政投入的重点领域。此外，无锡市积极运用市场机制，通过放开景区所有权与经营权，吸收社会资金投入景区水利旅游项目的开发，借助社会力量推动水利风景区建设与管理。如宜兴的金沙泉水利风景区（江苏省水利风景区）和华东百畅水利风景区共投入建设资金约 2.94 亿元，每年接待游客超过 20 万人，年收入达到 2100 万元左右，取得了很好的社会效益和经济效益，已成为民营资本投资水利的典范；再如宜兴市竹海水利风景区通过对竹海旅游资源的开发利用，获得收益后反哺景区内的水库管理，相辅相成，共赢互生。

3. 融合地方历史文化，突出展示景区特色

无锡市通过创建水利风景区，努力提升其存在价值和对外形象，以满足人们更高层次的精神需求为目标。为此，无锡市在创建水利风景区的同时，不遗余力地对当地的文化、历史、人文资源进行充分挖掘和积极融合，以此增加了景区的软实力。与地方历史文化的融合，丰富了景区水文化的底蕴，从而使景区成为展示与弘扬水文化的平台和窗口，进一步提升了城市形象。如滨湖区长广溪水利风景区利用湿地科普馆和体验区让更多的市民了解了湿地文化，将石塘廊桥打造成为反映蠡湖历史文化的、具有江南特色的廊桥，通过徐偃纪念馆使“仁义治国”的理念在滨湖得到再现。又如华东百畅水利风景区利用地处张渚古镇的区位优势，充分抢救和挖掘张渚发展遗留下来的历史印记，体现了当地传统农耕文化。再如新吴区梁鸿水利风景区依托中国第一条人工运河——伯渎河，充分挖掘水利资源、生态资源和人文资源，把景区建设成为一个以自然环境为基础、以水生态文化为灵魂、以地域文化为特色的水利风景区。

4. 注重景区综合效益，促进经济社会发展

无锡市十分注重水利风景区经济、社会和生态效益的有机结合，并以此促进区域经济社会的健康发展。如梅梁湖水利风景区实行免费开放式运行管理，无直接经济效益，但其环境效益和社会效益巨大，景区对水环境的治理达到了国际先进水平；同时，景区优良的生态环境也拓展了旅游休闲的空间，促进了旅游业的发展，提升了无锡旅游在国内外的影响力。又如横山水库水利风景区的横山水库确保了30万人的防洪安全并解决了百万市民的饮用水问题。为了确保水库水质及水环境，实施了一系列工程和非工程措施，成为全省首家达标水源地。再如宜兴市华东百畅水利风景区利用矿山开采遗址，建造出矿山城堡、矿山主题露营地、水上乐园和农家乐院落等多种旅游设施，成为兼顾社会效益、生态效益和经济效益且颇具特色的景区。

三　形势与趋势

2016年12月26日，江苏省水利厅水利风景区建设与管理领导小组会议在南京召开，会议总结了2016年全省水利风景区建设与管理工作，听取了厅景区办对省级水利风景区的考察评价意见和国家水利风景区的复核意见，对下一阶段全省水利风景区建管工作进行了部署：一是立足长远，做好全省景区相关专项规划，不断提升景区品质；二是着力做好宣传推介，利用新媒体策划特色活动，推出优质旅游线路和产品；三是创新机制，完善评价、复核标准，促进景区规范化、制度化建设，成立行业协会，推进市场化运作；四是努力让景区内部、水利行业和社会大众共享景区创建成果；五是各处室要齐心协力，在规划、建设、管理、宣传等各个方面支持景区工作。

2017年4月10日，无锡市水利局印发了《2017年全市水利工程管理工作要点》，强调要自觉践行新时期治水方针，牢固树立建设与管理均衡发展的理念，以依法管理为基调，以全面推进河长制为重点，以深化水利改革和精细化管理为动力，以严格河湖空间用途管制为抓手，以水利工程安全运行、效益充分发挥为根本，撸起袖子加油干，打造管理样板，提升管理亮

点，推动河湖和水利工程管理工作再上新台阶。同时指出，要推进水利风景区建设：继续依托现有水利工程，充分挖掘水利风景资源。把水利风景区创建作为提升工程管理水平的重要抓手，加大加快推进水利风景区建设步伐，积极创造条件，努力争创国家、省级水利风景区，不断拓展水利工程功能，打造好展示水利形象的平台。

生态文明建设总体方案的颁布、国家公园体制的提出、经济新常态的出现，以及水利部力推水生态文明建设和大运河文化带建设项目的实施，都将对无锡市水利风景区的发展产生重要影响。可以预知，水利风景区建设在生态文明，特别是水生态文明建设中的功能和地位将进一步强化，对社会经济的拉动效应将进一步显现，这既对水利风景区建设提出了新的更高要求，也为水利风景区发展创造了良好契机。今后无锡市水利风景区的发展有望得到新的拓展，规模数量逐步增大，类型结构不断优化，景区品质稳步提升，景区功能有新的提升，总体将呈现蓬勃发展的良好态势。

四　对策与建议

1. 加强水利风景区的建设，巩固国家生态文明城市建设的成果

无锡是首批国家水生态文明建设试点城市，并于 2017 年 7 月通过了水利部、江苏省政府的联合验收。无锡市水生态文明建设成效显著，立足实际和总体目标，系统开展了水安全、水环境、水生态、水文化、水管理体系建设，全面完成了各项行动任务和重点示范工程。而在此过程中，水利风景区发挥了重要作用。

（1）继续推进水利风景区建设和管理，并将其纳入水生态文明建设体系，作为水生态文明城市建设的重要抓手和亮点工程，充分发挥水利风景区在实现水资源可持续利用、支撑经济社会和谐发展和保障生态系统良性循环等方面的积极作用。

（2）坚持从水工程、水资源、水生态、水环境、水文化和水经济等方面，系统地推进水利风景区的创建工作，遵循人水和谐理念，将水利风景区

创建作为推进水生态文明城市建设的基地。

（3）结合水资源禀赋和水系条件，通过打造有特色的水利风景区，充分发挥水文化在城市品牌形象提升中的作用。

2. 拓展水利风景区的建设，融入大运河文化带建设

习近平总书记对大运河历史文化遗产提出“要统筹保护好、传承好、利用好”，这是对运河沿线地区的总要求，也是当代人共同肩负的重要历史使命。目前，大运河文化带建设已进入高潮，而无锡是京杭运河唯一穿越老城区的城市，因此无锡市的水利风景区建设应抓住机遇，融入大运河文化带建设中去。

首先是保护好，就是对祖先留给后人的运河故道、水工设施、文物遗迹，特别是对已列入世界遗产名录的历史文化遗存要倍加珍惜，认真贯彻“保护为主、抢救第一、合理利用、传承发展”的文物保护方针，切实践行向联合国申遗时做出的庄严承诺，不能有功利思想，不能过度开发，不能人为地损坏。保护的要求是坚持历史的真实性、风貌的完整性、生存的延续性，以敬畏之心、科学的态度和尊重历史、尊重自然的精神加以呵护。保护也不是原封不动、一成不变、简单地加以修复和整理，而是要通过理性的、有序的、创新性的开发，为历史文化遗产充实现代元素，使运河文化资源得到升华，使之更加充满生机与活力。

其次是传承好，就是要在普查、抢救的基础上，对运河众多文物古迹，进行有计划的修复改造，让它重展风采；并组织社会力量，对运河文化、运河艺术、运河精神、运河风情、运河故事、运河名人逸事等非物质遗产进行系统挖掘、研究、整理，运用现代科技、现代创意手段、现代传媒手段，把运河文明、运河优秀传统文化弘扬开来，激励人们以古鉴今、观光启智、传承创新和增强民族自尊心、历史自豪感，使运河文化成为沿河地区经济社会发展的硬资源、软实力。

再次是利用好，就是要着眼于加快运河沿线隆起，着眼于经济文化大发展、大繁荣，着眼于经济文化强省、强国建设，坚持在保护中开发、在开发中利用，积极推进运河人文生态、水文生态、城乡生态、环境生态等的修复

及文化旅游资源的整合，千方百计打造运河品牌，使古老的运河更好地为当代和后人造福。

最后是融入大运河文化带建设，建设大运河文化带是国家战略，必须以科学先进的理念作指导，在广泛深入调研论证的基础上，实行科学分类，搞好顶层设计，制定整体规划，区别轻重缓急，积极有序地加以推进。应着重在以下几个方面下功夫：一是搞好运河水工设施的修复和利用；二是搞好运河古城镇的保护与打造；三是努力培植壮大运河特色产业；四是强化运河文化遗存和非物质遗产的保护与弘扬；五是逐步做大做强运河旅游产业。

3. 改善结构，完善管理，推动水利风景区建设迈上新的台阶

无锡，这颗镶嵌在长江三角洲腹地的江南明珠，中国历史文化名城，自古以来经济富庶，人文荟萃。作为吴文化的发祥地，民族工商业的发源地，“苏南模式”的原创地，“她”与水更是有着恒久的渊源。这个被称作“充满温情和水”的地方，有着秀美的太湖，古老的运河，源远流长的长江，星罗棋布的水网。水，静静地诉说着这方江南土地的千古文明。水是这座城市的命脉，也是这座城市的灵魂，更是这座城市的风韵所在。

（1）无锡地处江南，从六七千年前有人类开始，就与水结下了不解之缘。今后的水利风景区发展，可以依托太湖、大运河、长江和星罗棋布的水网，结合城市化的发展，在景区的类型结构和区域结构方面进行必要的改善，着重发展城市河湖型水利风景区。

（2）通过政府平台、公共媒体、水利公众微信号等，加强对水利风景区所取得成果的宣传，争取社会各界参与水利风景区建设，并让公众享受水利风景区红利，使之成为向社会宣传“人水和谐，人与自然和谐相处”和可持续发展理念的理想平台。

（3）进一步采取各种措施，提高景区经营管理水平。一是完善景区功能，推行精细化管理、标准化服务，规范标识系统，推进信息化建设，提升现代化管理水平，切实加强景区经营管理，力推一批精品景区；二是加强宣传推介，将水利风景区纳入地方旅游线路，努力形成具有江苏特色的水利风景区品牌；三是完善经营机制，采取独资、合资等多种经营管理形式，努力

实现经济、社会和生态三大效益的有机统一。

（4）重视人才培养与引进，逐步提高管理队伍素质。一是加强各级水利风景区组织协调与管理机构建设，充分保障工作经费，积极稳定管理队伍；二是注重对从业人员素质和专业技能的动态培训，做好并落实景区建设与管理人才的培训计划；三是有计划、有重点地弥补景区管理人才紧缺的短板，尤其是要适时引进经营管理、宣传策划和旅游服务等方面的专业人才。以此不断提高景区管理人员的业务素质和工作能力，推动水利风景区建设与管理再上新的台阶。

（5）建立健全复查制度，形成淘汰机制，确保景区的生机与活力，实现水利风景区的可持续发展。

专家点评

进入21世纪，无锡驰上了高速发展的快车道，成为中国最具经济活力的十大城市之一，全国15个经济中心城市之一。随着生态城、旅游与现代服务城、高科技产业城、宜居城建设的日益推进，无锡正在由全面小康向率先基本实现现代化跨越。无锡的治水事业也进入新的篇章，无锡水利人的眼光放得更高、更远。人水和谐，人与自然和谐，打造山水名城，这是无锡治水的新理念，水利工程要发挥水安全、水环境、水资源的综合效益，这是无锡治水的新思路。与城市景观相结合，与城市发展相协调，与历史文化相呼应，这是无锡治水的新追求。

近年来，无锡市以创建水利风景区为契机，通过开展水系连通、河道整治、植被恢复、基础设施等工程项目建设，以实现保护水生态和改善水环境的目标；通过景区的对外展示平台，让社会各界进一步了解景区的水文化底蕴和治水历史，使其护水、惜水、爱水的意识得到加强，对水利的认可度进一步提升；通过水利风景区的创建，带动了经济的发展和产业结构的调整，为水生态环境质量的改善提供了支持。其做法和经验值得借鉴：第一，政策机制保障是推动水利风景区建设与管理工作的基石；第二，顶层规划设计是推动水利风景区建设与管理工作的捷径；第三，创新投入机制是推动水利风景区建设与管理工作的动力；第四，挖掘地方特色是推动水利风景区建设与管理工作的重点；第五注重长效管理是推动水利风景区建设与管理工作的重心。无锡市将水利风景区建设视为生态文明建设的重要组成部分，不断落实新时期“创新、协调、绿色、开放、共享”五大发展理念，推进制度化创新、科学化管理、市场化运作，打造出了具有无锡特色的水利风景区名片，促进了区域绿色低碳经济的发展，未来前景更是令人期待。

B.13 莆田市水利风景区资源评价与管理报告

谢祥财　卢 婧　苏争荣*

摘　要： 莆田市位于福建沿海中部，境内河流众多，主要有木兰溪、延寿溪和荻芦溪三大溪流水系。而这些流域水系、风景资源，形成了丰富的河湖旅游资源。为了更好地保护莆田市及周边区域的水环境、水生态，科学合理地开发、利用、保护和管理有限的河湖旅游资源，建立完善的河湖旅游资源利用管理体系，推进水利风景区的发展规划、建设与管理工作，我们针对莆田市河湖旅游资源本底、生态环境和开发利用现状展开调查，以摸清河湖旅游资源数量、类型、规模、特点、分布及开发利用、保护、管理现状及存在问题，为确定莆田市河湖旅游资源开发条件、开发前景提供科学依据，同时也为全市河湖旅游资源利用管理的对策创新提供资料。

关键词： 旅游资源　资源利用管理　莆田

莆田市于2014年5月6日被水利部确定为全国水生态文明建设试点城市。为适应河湖管理的新形势和新要求，莆田市委、市政府在强化兴水利、除水害的同时开展莆田市河湖旅游资源利用管理工作，利用堤防建设、水库除险加固、中小河流治理、岸坡绿化、引清活水等工程项目的契机，改善各

* 谢祥财，福建农林大学园林学院副教授；卢婧，国家水利风景区研究中心工程师；苏争荣，国家水利风景区研究中心工程师。

类工程设施，深入开展全市水利风景区发展总体规划研究，努力打造具有莆田特色的水利风景区，取得了显著成效。

一　基础和现状

（一）基础

1. 自然地理概况

莆田市位于福建省东南沿海中部，北与福州市相邻，南部与泉州市接壤，与台湾地区隔海相望。全市介于北纬24°59′～25°46′，东经118°27′～119°40′之间，亚热带季风气候，降雨充沛，孕育了青冈栎、木夹红、豆树、香椿等丰富多彩的植被。陆域面积3800平方千米，海域面积约4064平方千米。地势依山面海，西北部山峦叠嶂，中部丘陵起伏，东南部地势平坦。受所处纬度和复杂地形条件影响，莆田市囊括了日、月、风、云、霞、雨、雾、霜、雪等各种天象景观类型。从东至南有兴化湾、平海湾、湄洲湾3大海湾，海岸线总长534.43千米，拥有157个海岛，湾内有南日岛、乌坵岛、湄洲岛等诸多岛屿，海洋资源丰富。

莆田水文资源丰厚，境内河流多数自西北向东、南方向流动，主要有木兰溪、萩芦溪和延寿溪三大溪流水系，枫慈溪、沧溪及永泰县长樟溪的支流粗溪和九溪，以及其他独流入海的溪河。全市现存湿地面积约81820.62公顷，其中近海与海岸湿地65356.71公顷、河流湿地3676.98公顷、沼泽湿地23.05公顷、人工湿地12763.88公顷。

莆田有大小湖泊一百多个，这些湖泊大多水质清冽，可供调节气候、灌溉农田、繁殖鱼虾、舟楫之便，加之花木繁茂、气候宜人，湖光山色相映成趣，往往成为风景秀丽的景区景点。莆田沿海岸线漫长，港湾多，潮滩丰富，拥有海洋优势资源，汇聚“神、海、沙、石、山、林”等多种景观，在福建省占有重要位置。

2. 人文资源概况

莆田市历史上素有“文献名邦”之誉，自唐代以来的1200多年间，人文荟萃，名人辈出，在各个时期都勇领风骚，垂范后人。莆田妈祖文化、南少林文化、民俗文化、独特的传统建筑，以及水特产、水著作、水风俗等都形成了具有莆田特色的水文化名片。

3. 水利工程资源概况

水利工程景观是由水库、水电站、水闸、灌区、泵站、堤防等各种水利主体工程形成的不同建筑艺术景观。莆田地处东南沿海，与台湾岛隔海相望，有江海堤防134处、灌区34处、水闸33处、泵站23处、各类水库221座。这些水利工程在发挥其基本功能的同时，也形成了大量的水利风景资源，为莆田市水利风景区的发展和建设奠定了基础。

（二）资源利用与管理现状

1. 资源分布及开发现状

莆田市河湖资源具有多样性，全市河湖旅游景观有河流、湖泊、泉水、溪谷、瀑布、湿地、海湾等水文资源，有山地、丘陵、平原、盆谷等地文资源，有水库、滨海、灌区、河道等水利工程资源，又有湄洲妈祖、壶兰山水、梅妃故里、宁海桥等涉水人文资源，蕴含丰富的文化、教育、观赏、科普价值，自然景观和人文景观密切融合，相得益彰，形式多样，各具特色；而独特的水文化遗产，使其具有奇特性；众多河流河道、大小湖泊交汇交织形成庞大的水系网，水源充沛，水系发达，纵横交错于城厢区、荔城区、秀屿区、涵江区及仙游县不同镇乡村之间，体现了其广布性；不同的区域景观和文化凸显了莆田的地域性。

莆田市河湖旅游资源在各区（县）都有分布，整体分布较为分散，其中郊区相对于主城区来讲资源多，分布散。莆田市境内有木兰溪、延寿溪、萩芦溪三大水系。由于河湖旅游资源本身的特殊性，莆田市重点河湖旅游资源在一定范围内呈现出以河流为依托的集中分布格局。莆田市的河湖旅游资源分布概括起来包括“带状”的滨海海堤景观、“线状”的河道景观、“片状”的湖泊（包括自然湖泊和人工湖泊）景观以及“块状”的乡村农田水景观。

由于每个区域的发展水平不同，对于不同资源开发的程度都有所不同。

按类型分，莆田市水库型水利风景区5个，自然河湖型水利风景区4个，城市河湖型水利风景区1个，灌区型水利风景区1个，滨海水利风景区1个，各类水利风景区所占比重，国家级3个，省级9个（见表1）。

表1　莆田市水利风景区一览表

序号	水利风景区名称	景区级别	区划名称	类型	审批时间
1	仙游县九鲤湖水利风景区	国家级	仙游县	水库型	2002
2	莆田市木兰陂水利风景区	国家级	城厢区	灌区型	2013
3	城厢区九龙谷水利风景区	国家级	城厢区	自然河湖型	2016
4	莆田市东圳水库水利风景区	省级	城厢区	水库型	2011
5	城厢区钟潭水利风景区	省级	城厢区	自然河湖型	2012
6	涵江区白塘湖水利风景区	省级	涵江区	城市河湖型	2011
7	涵江区大洋乡三层漈水利风景区	省级	涵江区	水库型	2011
8	仙游县仙水洋水利风景区	省级	仙游县	自然河湖型	2011
9	仙游县菜溪岩水利风景区	省级	仙游县	自然河湖型	2012
10	仙游县金钟湖水利风景区	省级	仙游县	水库型	2014
11	秀屿区天云洞水利风景区	省级	秀屿区	水库型	2012
12	镇海堤水利风景区	省级	荔城区	滨海型	2014

按区域来看，荔城区河湖资源分布呈水库型—城市河湖型—滨海型的有机组合，资源类型丰富度相对不足，缺乏对水利的大力开发。城厢区河湖资源分布为水库型—城市河湖型—自然河湖型—灌区型等资源的有机组合，已有莆田市木兰坡水利风景区、莆田市东圳水库水利风景区、城厢区钟潭水利风景区、城厢区九龙谷水利风景区等获批水利风景区。但是对于绿地公园的设施、资源及文化方面缺乏重视，基础薄弱。涵江区河湖资源分布为水库型—城市河湖型—自然河湖型—灌区型—滨海型等的有机组合，地文景观、河湖水系及水利工程资源丰富，其余旅游资源还待开发。秀屿区的河湖资源分布为水库型—城市河湖型—自然河湖型—湿地型—滨海型等资源的有机组

合。该区知名景点多，未来可在资源保护的基础上，结合湄洲岛国家旅游度假区的发展，对该区河湖旅游资源进行进一步开发、强化与提升。仙游县河湖资源分布为水库型—城市河湖型—自然河湖型—灌区型—滨海型等资源的有机组合，资源以河湖水系及大中小型水库见长，水库数量为全市最多，占全市河湖旅游资源单体总量的一半以上。景区中缺乏人文景观，在未来发展中有充分挖掘和开发的可能。

2. 管理现状

对于莆田市的河湖旅游资源管理主要分为两个部分，第一部分是对水利风景区的管理，主要围绕管理体系、人才队伍建设、监管体系、运营管理、规划编制与进展等内容展开。管理体系方面，莆田市国家、省级水利风景区都设有相应的管理单位，负责对水利风景区中的水利工程、河湖资源等进行统一管理，并存在管委会、水管单位等多种管理模式。景区管理坚持以国家法规为基础，建立各个方面的规章制度。莆田市较多水利风景区的开发经营管理主要依托水工程管理，经营管理人员大多由水工程管理人员转岗而来，经营管理专业技能和水平不高，缺乏专业培训。在监管体系方面，莆田市尚未建立起水利风景区水利风景资源监管法规与考核机制，主要由水利局相关领导班子及其分管人员进行全面统筹与协调，进行莆田市水利风景区建设与管理的业务指导、水利风景资源保护、开发与监管。运营管理投资资金不定，发展缓慢。对景区规划编制过去重视不够，缺乏整体规划，开发与保护脱节，全市水利风景区均是在原有的水利工程基础上开发建设的，没有从源头上、顶层上规划好，也没有地方旅游和城市建设总体规划，景区分布、建设等缺乏整体规划。

第二部分是对水利风景区外河湖旅游资源的管理。管理机构方面，水利风景区外河湖旅游资源利用管理的负责机构是莆田市水利局，主要职责包括：监测江河湖库的水量、水质，审定水域纳污能力；监督实施水利行业有关的技术质量标准、规程、规范；组织、指导全市水利设施、水域及其岸线的管理与保护；组织指导主要河道、河口的治理和开发，负责海岸滩涂的围垦工作和海堤建设与管理工作；河湖旅游资源利用管理常规工作等。

在管理制度方面，莆田市出台了《关于实行最严格水资源管理制度的实施意见》《莆田市实行最严格水资源管理制度考核工作实施方案（试行）》《关于进一步加强重要流域保护管理切实保障水安全的实施意见》《河长制实施方案》等规范性文件，严格全市河湖资源考核管理。

实施河道岸线和河岸生态保护蓝线制度。制定河道岸线规划，明确河道岸线和河道保护范围并向社会公布；实施饮用水水源地保护蓝线制度，对全市集中式饮用水水源地水质实行一旬一测；完善水功能区监管制度。全市深入开展入河排污口等污染源调查，建立河流档案，形成“一河一档、一段一档”。核定各水功能区的纳污能力，明确各水功能区的允许纳污总量，建立入河污染物总量控制制度；建立河流管养制度，制定河流养护标准，推进河流日常养护。到 2015 年，流域管理制度已基本建立；全面实施“河长制”，建立市、县、乡、村四级河长、河段长、专管员负责制，跨行政区域河流由上一级政府领导担任河长。河长、河段长、专管员负责牵头推进所辖流域的保护管理重点工作，强化督促检查，确保完成各项目标任务。

二　成效与问题

（一）莆田市河湖旅游资源利用管理经验

莆田市加强河湖旅游资源合理利用与管理，主要有以下 5 条经验。

1. 抓布局，优化河湖资源配置格局

在经济社会发展进程中，莆田市平衡人口与环境的需求，遵循经济发展与生态效益相统一的原则，优化布局河湖资源，采取均衡引水、及时清淤、河道修复等措施，将水生态文明因素加入其中布局，构建引排得当、秩序蓄排、调节雨洪、生态和谐的河湖生态体系，加快推进“四纵三横”供水工程建设，合理实际地安排解决湄洲湾北岸、兴化湾南岸水资源库存较为缺乏导致的可能影响社会经济和谐发展的问题，完成了河湖布局的优化升级。

莆田市坚持防洪安全、生态管理、景观建设的“三位一体”，重建中小

河流综合治理工程。邀请国际知名景观规划设计单位美国 Es Arc 公司进行了木兰溪景观规划与保护规划，通过国际招标完成了木兰溪两岸城市规划，通过全国招标并以高标准完成了《宜居莆田规划》。

2. 抓防治，构建河湖生态安全屏障

一是全面开展了木兰溪、萩芦溪整体河道溪流水域的整治工作，重点按照“上堵下疏中间控”的中心思想，强化饮用水源地的保护工作。将工作重心放在莆田市水域保护上，加强管理，制定水源地保护策略，加强木兰溪、萩芦溪等重点流域和延寿溪等重点支流以及金钟水库、双溪口水库、东圳水库、外度水库等饮用水源保护区的强制性保护措施和整治方案，加强水库等水源地监控等级，对东镇库区超强畜禽养殖场实行禁迁保护、管理，进行上游整治和下游补偿，做好截污及上下游整治，建设。建立上下游生态补偿机制，确保城市集中饮用水源的水质和城市供水标准达到国家饮用水卫生标准。

二是加强水质监测等级与密度。委托福建省水环境监测中心、莆田市疾控中心、荔城区的疾控中心定期检测东圳水库、外度水库和东方红水库取水口水质，加密水质监测频次，在东圳水库管理局建立水质化验室，及时管控水源地水质，确保安全供水。

三是重视提高莆田市人居水环境宜居性等级。以东圳水库综合治理工程建设为重点，实施大坝加固、水源一级保护区移民搬迁、退果还林、库区治污、水土保持、水库风景区建设等项目，确保水库安全等级，保证周边居民生计，提升生态品位，打造生态、宜居、良好的水环境。

四是加大检查力度。制订计划，确保水源保护地周边破坏水环境的养殖场的拆除进程，发现拆除过程中有未能发现的地方与乱排污现象等，及时记录相关信息并上报市环保局和当地乡镇政府畜禽养殖整治工作组，高效制止畜禽养殖乱象。

五是全面加强污水治理工程，整合污水治理厂，建立“统一规划、统一建设、统一运营、统一监管”的污水处理运营模式，调动城乡互动，按照“优化主框架、提升总能级、污水全收集、农村上水平”的思路，提升城乡污水治理的成效。

3. 抓建设，打造河湖生态样板工程

在国家推进生态文明建设的背景下，水利风景区建设不仅能起到推动作用，还能在民生水利方面起到重要作用，水利风景区的建设发展对于莆田市申报创建国家水生态文明重点建设城市有重要作用。莆田市委、市政府对此高度重视，立足丰富的自然水景观优势，加快推进水利风景区建设，着力保护壶山兰水景观，突出荔林水乡特色，建设宜业宜商宜居莆田。截至2016年底，全市共有12家省级及以上水利风景区，莆田市水利风景区建设与管理工作的有效开展，对弘扬水文化，发展水经济，打造水生态文明，使水文化内涵得到良好的保护、传承和更新，实现水利工程生态效益、社会效益和经济效益的有机统一具有重要的推动作用。

莆田市有着历史悠久、流传广泛的治水文化，这与当前推行的水生态文明建设无比契合。为传承此文化，莆田市围绕“保护民俗文化、传承治水文化”主题，以传统治水文化为基础，规划了特色水景观与水文化。并对传承悠久的木兰陂进行了保护性开发，建设了“大宋·莆阳城”。莆田市加大力度挖掘传统文化与水文化，着重关注其宋代文化，挖掘莆田区域在宋代的文化、建筑、传统等，做对应的规划，加快木兰陂等标志性水生态文化载体建设，以建设福建省水利博物馆为重点，以木兰陂纪念馆、木兰春涨、梅妃故里、宁海初日、白塘秋月等景点和木兰溪景观建设为支撑，留住莆田水利建设的文化印迹，全方位展示莆田悠久的治水文化和巨大的治水成就。

4. 抓监管，夯实河湖资源管理基础

为了加强对水生态的监管力度，对水灾害的防范管控力度，莆田市构建了统一的信息监管系统，将莆田市河湖旅游资源分解成三级，县、区、管委会。

莆田市全面贯彻河长制，加强各级水系监管力度，完善污水处理规程。为加大执法力度，市水利执法部门重点加强责任制的落实，依法征缴到位水资源费和水土保持补偿费等水利规费，完善行政处罚、行政征收电子监察系统，以推动执法工作有效运行。

5. 抓改革，建立河湖管理长效机制

福建省成立了县区水务局和莆田市水务集团，进一步理顺了水务一体化管理体制，重组整合市水务集团，归市水利局管理，有效消除了水资源管理的体制性、区域性障碍，确立起保护水源、引调水、供排水、节水、污水处理、中水回用、排污监控等城乡水务一体化管理体制，形成了一龙管水、合力治水的基本格局，实现了蓄水、引调水、防洪、排水、截污、景观建设协调一致同步实施，促进了河湖资源的合理利用、管理与可持续发展。

成立了以市长为主任的莆田市水资源管理委员会，加强全市水资源的宏观管理，统筹协调水资源管理中的重大问题。政府出台《莆田市饮用水源保护区管理规定》和《莆田市饮用水源生态补偿机制》，健全和完善了流域水生态环境保护协作制度，力促水生态文明建设又好又快可持续发展。

（二）莆田市河湖旅游资源利用管理问题分析

1. 资源来发利用不充分

由于长期历史原因，市区治水方法有其滞后性，将关注点更多地放在了水利工程与水安全防治方面，对于市区及附近河湖旅游资源、水生态环境的认知与调查开发利用等不充足，又由于政策的滞后性，全市河湖资源开发利用缺乏活力。由于水利风景区建设工作先天不足，再加上开发、运营、管理等方面依旧各自为政，缺乏协调统一性，水利风景区质量普遍不高、效益偏差，水利风景区外的河湖旅游资源开发利用程度不够。

2. 管理体制尚未理顺

莆田市现有部分水利风景区建设与原有旅游景区重叠，一些旅游景区分属林业、城建、宗教、文化等部门管理，旅游行业多头管理的问题较为突出。而在河湖资源利用管理方面，由于水利部门所辖范围限制等原因，在河湖旅游资源开发利用与管理过程中，水管单位和地方政府所属部门在相关资源的归属权上划分不清，引发了管理矛盾，资源建管效率低下。

由于多数河湖管理模式属性不清，目前存在事业属性河湖体制依赖严重，企业属性河湖市场营销手段不足，乡镇河湖缺乏政府扶持等问题，应积极构建河湖资源运营管理的体制保障路径、政策引导路径和组织协调路径。在人员职责方面，多数水利风景区管理与河湖资源、水工程的管理一体化，各级水利风景区主管部门目前因人员分工不明、责任不清、机制不活、缺乏人才等原因，还存在职能弱化、协调力度不足、经营管理工作严重滞后等问题，导致小部门难以推动大产业发展。此外，很多执法队伍受编制、性质制约，执法经费和人员经费无法保证，景区有关工作要依靠其他职能部门捎带完成，相关人员工作积极性不高，管理力度不大，涉水管理的体制未完全理顺。莆田市经济转型升级，随之而来的更加严格合理的水资源管理制度，需要得到更加严格切实的执行。

3. 顶层规划尚未落实

莆田市水利风景区均是在原有的水利工程基础上开发建设的，多重视水利工程的基本功能与工程效益，对于河湖旅游资源、自然资源的调研开发较少。早期申报的水利风景区未进行水利风景区规划编制，或编制的是从旅游角度切入、侧重于旅游发展的旅游规划，在景区分布、功能、建设等方面缺乏对可持续发展的资源保护观的深刻认识，也没有将其纳入地方旅游和城市总体规划，顶层规划尚未落实。

4. 投入机制不够健全

莆田市各级政府虽然都加大了对水利风景区的主导作用，增加了资金的投入，出台了一定的优惠政策，基础设施与服务管理均有了较大的改善，但与行业实际发展的需要相比仍显不足，政府的主导作用仍然不够，旅游设施与基础配套设施仍较为薄弱。

5. 宣传培训严重滞后

莆田市自然风光优美，文化积淀深厚，拥有一定的河湖旅游资源优势，但资源的开发程度仍较低，旅游产品较单一，宣传培训相对滞后，其山海兼备、文化独有、著名侨乡的特色没有得到充分发挥。同时，由于经费不足，宣传促销只能是小范围小规模的，力度不够，形式不新，对外未形成较大的宣传促销效果。品牌宣传、业务技能培训等较滞后，导致莆田市水利风景区知名度不高，水品牌尚未打响。

三　莆田市河湖旅游资源利用管理评价

1. 评价内容

具体评价内容见表2。

表2　评价内容

评价内容	组成部分
风景资源	水文景观、地文景观、天象景观、生物景观、工程景观、人文景观、风景资源组合
开发条件	区位条件、经济社会条件、交通条件、基础设施、服务设施、环境容量
环境保护	水生态环境质量、水土保持、生物多样性、空气质量
管理	管理体系、景区规划、服务管理、运营管理、信息化建设、宣传媒介、安全管理、卫生管理

2. 评价标准

莆田市河湖旅游资源利用管理评价参照水利风景区评价标准，各项评价内容分值别为：风景资源评价80分、开发利用条件评价40分、环境保护评价40分、管理评价40分，即评价指标总赋分为200分。

其中风景资源的水文景观占20分，地文景观占10分，天象景观5分，生物景观10分，工程和人文景观各15分，风景资源5分。开发条件的区位条件3分，经济社会条件4分，交通条件10分，基础设施4分，服务设施14分，环境容量5分。环境保护中水生态环境质量15分，生物多样性10分，水土保持10分，空气质量5分。管理中管理体系6分，景区规划6分，服务管理6分，运营管理5分，信息化建设及宣传媒介4分，安全管理8分，卫生管理5分。

河湖旅游资源评价对风景资源、开发利用条件、环境保护条件和管理水平分别评定级别，各项得分总和即为总得分。根据上述评价计分规则，认为总体评价分达到150分及以上，基本具备国家水利风景区条件；总体评价分达到120分及以上，基本具备省级水利风景区条件；总评价分数达到100分及以上为一般级，其他低于100分。单项分级标准见表3。

表3　水利风景资源分级标准

水利风景资源分级	风景资源（80分）	开发利用条件（40分）	环境保护（40分）	管理评价（40分）
优秀级	≥72分	≥36分	≥36分	≥36分
良好级	64～71分	32～35分	32～35分	32～35分
一般级	48～63分	24～31分	24～31分	24～31分
未获等级	≤47分	≤23分	≤23分	≤23分

3.评价方法

鉴于此次调查的河湖旅游资源单体多相对分散，尚未形成一定的体系，资源评价团队将距离相近，可相互融合、组合形成良好风景资源地的重点河湖风景资源进行整合，拟定景区名称并形成列表，由资源评价团队进行资源评价。除了已获准成立的3家国家级水利风景区不参与外，本次评价涉及9家省级水利风景区和18家水利风景资源条件相对优越、风景资源组合度较高的水利风景区。27家水利风景区中可开发成水库型的水利风景区6家，城市河湖型7家，自然河湖型8家，湿地型1家，滨海型5家（见表4）。

资源评价团队由5位专家组成，其中水利工程专业2人、旅游专业2人、水生态和水环境专业1人，按照上述统一标准对评价项目逐项打分，每项评价内容的最终得分以5名成员对该项内容赋分的算术平均分为准。

景区总体评价得分应按照以下公式计算：

$S=R+D+E+M$

式中：

S——总体评价得分；

R——风景资源评价得分；

D——开发利用条件评价得分；

E——环境保护质量评价得分；

M——管理评价得分。

表4　莆田市水利风景资源整合一览表

序号	所在地	景区名称	包含景源景点	发展类型
1	荔城区	荔城荔林水乡水利风景区	荔林流丹、玉湖公园	城市河湖型
2	荔城区	荔城后卓溪水利风景区	后黄村、后卓溪(公园)、石盘水库	城市河湖型
3	荔城区	荔城绶溪水利风景区	绶溪公园、泗华溪、泗华陂引水工程	城市河湖型
4	荔城区	荔城江东水利风景区	江东梅影、宁海初日、宁海闸、林墩平倭、木兰溪、南洋水系	城市河湖型
5	荔城区	莆田北洋水利风景区	北洋水系	城市河湖型
6	荔城区	莆田市镇海堤水利风景区	东甲晨光、草屿山(岛)、东甲塔、汀江祠等	滨海型
7	荔城区	荔城后海水利风景区	后海渔村、后海围垦、冲沁围垦	滨海型
8	涵江区	涵江萩芦溪水利风景区	坪盘村、澳柄村、后溪水库、外度银河(水库)、外度引水工程、东泉溪、萩芦溪	水库型
9	涵江区	涵江大洋乡三层漈水利风景区	瑞云山森林公园、大洋乡三层漈景区、灯炉寨景区	自然河湖型
10	涵江区	涵江江口蒜溪水利风景区	江口蒜溪生态公园、东方红水库、南安陂引水工程、锦江春色	水库型
11	涵江区	涵江白塘湖水利风景区	白塘秋月、涵坝闸、北洋水系	城市河湖型
12	城厢区	城厢石梯水利风景区	石梯寺景区、龙潭、径里水库、桂山水库	水库型
13	城厢区	城厢东圳水库水利风景区	东圳水库水利风景区	水库型
14	城厢区	城厢钟潭水利风景区	钟潭噌响、东圳干渠引水工程、南湖公园、钟潭溪、广化寺、御庄园温泉度假村	自然河湖型
15	秀屿区	秀屿土海水利风景区	秀屿土海湿地、笏石溪	湿地型
16	秀屿区	秀屿平海水利风景区	平海天后宫、明代平海卫古城、卫城宫庙建筑、嵌头海滩等	滨海型
17	秀屿区	秀屿南日岛水利风景区	浮斗观日、九龙险峻、海会古墓、西寨晚照、皇帝帽、皇帝山等	滨海型
18	秀屿区	秀屿湄洲岛水利风景区	莆田市湄洲岛国家旅游度假区	滨海型
19	秀屿区	秀屿天云洞水利风景区	大蚶山、天云石语、滴水岩风景区、近天水库、天云湖等	水库型

续表

序号	所在地	景区名称	包含景源景点	发展类型
20	仙游县	仙游木兰源水利风景区	木兰溪仙游县城区段，中岳溪、溪口溪、大济溪、柴桥头溪等木兰溪源头的几条溪	城市河湖型
21	仙游县	仙游仙水洋水利风景区	仙水溪、无尘塔、九座寺、旧莆田民居等	自然河湖型
22	仙游县	仙游菜溪岩水利风景区	菜溪岩、菜溪寺、红龟湖、顶男湖、清代廊桥等	自然河湖型
23	仙游县	仙游金钟湖水利风景区	金钟水库、大济村、古桥古井等	水库型
24	仙游县	仙游棕溪兜水利风景区	棕溪兜风景区、十八股头风景区、石头人风景区、仙公洞风景区、大济溪等	自然河湖型
25	仙游县	仙游蜚山水利风景区	蜚山霜月、九龙岩水库、大济溪、木兰溪	自然河湖型
26	仙游县	仙游天马水利风景区	天马悬梯、木兰溪	自然河湖型
27	仙游县	仙游文子水利风景区	五龙盘珠、塔斗西霞、文子水库、枫慈溪等	自然河湖型

4. 评价结论

评价的主要目的是对比分析已获批成立待升级的省级水利风景区和潜在的水利风景区的河湖旅游资源现状，已获批的 3 个国家水利风景区不再参与评分。根据上述评价内容与方法，对 27 个水利风景资源进行综合评价并打分，统计结果如下。

总体评分达到 150 分及以上，具备国家水利风景区条件的共 14 个，占评价总数的 51.85%；总体评分 120 ~ 150 分之间，具备省级水利风景区条件的共 8 个，占评价总数的 29.63%；总体评分低于 120 分的 5 个，占评价总数的 18.52%，综合评分结果较好。全市水利风景资源总体评价结果从单项评价来看，水利风景资源条件较良好（良好级及以上占 74%，一般级占 26%），优秀级风景资源较少（仅占 30%）；环境保护工作较好（良好级及以上占 63%，一般级占 37%）；开发利用条件较一般（优秀级仅占 15%，良好级占 26%，一般级占 44%）；管理水平有待提高（一般级及以上约占 37%，其余占 63%）（见表 5）。

表 5　莆田市水利风景区评价

	地区	资源名称	风景资源	环境保护质量	开发利用条件	管理评价	总分
1	荔城区	荔城林水乡水利风景区	71	36	36	31	174
2	荔城区	荔城后卓溪水利风景区	67	34	34	28	163
3	荔城区	荔城绶溪水利风景区	76	35	38	32	181
4	荔城区	荔城江东水利风景区	64	30	29	18	141
5	荔城区	莆田北洋水利风景区	66	30	28	16	140
6	荔城区	莆田市镇海堤水利风景区	75	32	30	27	164
7	荔城区	荔城后海水利风景区	64	31	27	21	143
8	涵江区	涵江萩芦溪水利风景区	69	30	30	20	149
9	涵江区	涵江大洋乡三层漈水利风景区	77	36	35	32	180
10	涵江区	涵江江口蒜溪水利风景区	65	32	31	21	149
11	涵江区	涵江白塘湖水利风景区	64	33	32	25	154
12	城厢区	城厢石梯水利风景区	59	29	18	12	118
13	城厢区	城厢东圳水库水利风景区	72	34	30	22	158
14	城厢区	城厢钟潭水利风景区	71	33	33	28	165
15	秀屿区	秀屿土海水利风景区	63	30	30	20	143
16	秀屿区	秀屿平海水利风景区	62	31	31	18	142
17	秀屿区	秀屿南日岛水利风景区	73	32	27	18	150
18	秀屿区	秀屿湄洲岛水利风景区	76	35	38	34	183
19	秀屿区	秀屿天云洞水利风景区	74	33	35	32	174
20	仙游县	仙游木兰源水利风景区	70	35	34	20	159
21	仙游县	仙游仙水洋水利风景区	69	32	27	20	148
22	仙游县	仙游菜溪岩水利风景区	73	36	36	27	172
23	仙游县	仙游金钟湖水利风景区	71	32	32	21	156
24	仙游县	仙游棕溪兜水利风景区	50	27	19	8	104
25	仙游县	仙游蜚山水利风景区	53	31	24	10	118
26	仙游县	仙游天马水利风景区	52	30	21	12	115
27	仙游县	仙游文子水利风景区	56	32	20	9	117

风景资源评价结果显示，莆田市水利风景资源评级达到优秀级（≥72分）的水利风景资源有 8 个，占总数的 30%；风景资源评级达到良好级（64～71 分）的有 12 个，占总数的 44%，是数量最多的一类；风景资源评级达到一般级（48～63 分）的有 7 个，占总数的 26%；无其他（≤47 分）级风景资源。从评价结果来看，莆田市水利风景资源大部分较优良，一般级的水利风景资源的开发利用有待进一步挖掘与提升。

水利风景资源开发利用条件评价结果显示，开发利用评级达到优秀级的有 4 个，占总数的 15%，主要分布在荔城区、秀屿区和仙游县；开发利用评级达到良好级的有 7 个，占总数的 26%；开发利用评级达到一般级的有 12 个，占总数的 44%，是数量最多的一类；其他开发利用条件的 4 个。

从水利风景资源的开发利用条件来看，莆田市水利风景资源开发利用条件较好（32 分以上占比 39%），大部分水利风景资源区位优势明显，区域经济发展优良，得到政府支持和社会普遍认可，交通便利，服务基础设施配置齐全。未获得开发利用评级的风景资源占 15%，开发利用条件有待进一步升级。

水利风景资源环境保护评价结果显示，环境保护评级达到优秀级（≥36 分）的有 3 个，占总数的 11%，主要分布在荔城区、涵江区、仙游县；环境保护评级达到良好级（32～35 分）的有 14 个，占总数的 52%，是数量最多的一类；环境保护评级达到一般级（24～31 分）的有 10 个，占总数的 37%；无其他类别。

结果说明莆田市水利风景资源环境保护工作较好（32 分以上占比 63%），效果较明显。全市水利风景资源水生态环境优良，空气质量优良，污水得到有效处理，水土保持得到有效治理，林草覆盖率高，生物栖息地保护良好，生物多样性好。

水利风景资源管理评价结果显示，无管理水平评级达到优秀级的水利风景资源；管理水平评级达到良好级的有 4 个，占总数的 15%；管理水平评级达到一般级的有 6 个，占总数的 22%；其他管理水平的 17 个，占总数的 63%，全市各个地区均有分布，是数量最多的一类。

四　对策与建议

（一）对策

1. 组织机构创新

莆田市有丰富的河湖旅游资源，但是由于旅游资源的管理往往涉及交通、水利、建设、林业等多个部门，形成多头管理的局面，无论对开发还是保护，都是不利因素，难以形成完整的河湖旅游功能体系。因此，要统一思想认识，强化组织领导，加快建立完善的组织体系，成立专门的领导机构，健全工作考核机制，协调各部门的矛盾，充分调动各部门的积极性，推动全市水利风景区建设与管理健康发展。

莆田市水利风景区建设与管理组织机构的构建，具体可以参照省级架构成立相应的莆田市水利风景区管理机构（莆田市水利风景区建设与管理领导小组），全面负责全市水利风景区的发展规划、审批、监督、考核、指导等建设与管理工作；落实编制、人员和职能，实行目标管理责任制，协调水利风景区所在地的政府办、国土、财政、工商、水利、旅游、林业、乡镇等部门共同开展相关具体工作；将水利风景区纳入行业管理规划，明确水行政主管部门在水利风景资源开发、利用、保护和涉水旅游项目审批监督管理中的主体地位和职责权利，为赢得相关体制改革中更多的话语权和主动权打好基础，避免出现“多头管理”“无人负责”的情况。通过组织机构的创新构建为水利风景区长远发展提供可靠保证，为推进河湖旅游资源利用管理规范化、经营市场化发挥积极作用。

2. 市场监管转变

一是在河湖旅游资源的开发利用与管理中，积极引入市场机制，大力招商引资，调动企业的积极性，对于有条件的，利用市场开展莆田市水生态文明城市及水利风景区建设，部分由政府直接投资的建设项目直接改为股权投资，即政府只起到监督管理的作用，通过股权流动实现国有资产保值增值和动态管理。

二是凡是适合市场、社会组织承担的工程维护、河道疏浚、水域保洁、岸线绿化等管护任务，可通过合同、委托等方式向社会购买公共服务，力争实现生态效益、社会效益、环境效益等效益的最大化。

3. 监督体系与管理体系完善

在河湖管理建设方面，应鼓励社会公共参与，使之明白河湖并不只是政府的河湖，而是社会的公共区域，实现政府与社会的良性互动。应鼓励社会力量积极参与河湖旅游资源利用管理的公共监督，积极培育与流域保护相关的民间协会和民间基金，支持公益、慈善组织参与流域保护，鼓励制定市民公约和村规民约，积极创建水生态文明城市，开展“美丽河流”创建活动，发动全社会力量共同关心、支持和参与流域保护。

（二）管理建议

一是管理体制方面，要建立规章制度，实行依法管理；完善申报、奖励、协同工作机制，促进对涉河建设项目、水利工程管护、河湖采砂、排污口设置等涉河活动的巡查检查，加大重要河湖、重点河段和重要时段的巡查密度和力度，对涉河湖违法违规行为和工程隐患早发现、早处理；落实管护体制，充分发掘莆田市河湖旅游资源，不断探索新的发展道路，创新经营管理制度；强化队伍建设，注重人才建设与专家咨询，提高管理水平。

二是河湖旅游资源规划与利用管理方面，要对现有水利风景区高规格扶持，激活水利风景区建管工作；高标准建设，串联两岸一溪，修复水乡风貌，治理水源地水环境，保护水文化遗产，做大滨海生态景观，培育精品水生态旅游景区；加大投入，发挥政府主导作用，加大融资力度，吸引社会资金，加快水利风景区升级；扩大宣传，打造品牌水利风景区；注重管理保护已有水利风景区，形成带动作用。对潜在的河湖旅游资源，要进行高瞻性定位，科学规划水利风景区；落实水功能规划，探索合理开发方案；有重点分区，形成水利风景区优化格局；挖掘潜在资源，重点开发河湖型水利风景区。

三是景区的运营与管理方面，建议设置河湖资源评估指标，开展分类改革；构建政府购买公共服务机制，政府改原有的补贴行为为购买公共服务，既能履行对河湖旅游公益性服务的政府职能，又符合市场经济环境下的平等互利关系；建立河湖旅行专项资金，改变政府以往在河湖方面“只管建、不管养”的思路，保证大规模河湖旅游后续配套设施的建设和完善；构建旅游融资渠道拓展政策，实施河湖建设许可制度，加强河湖内部科学管理。

五是要加强安全管理，完善安全防火保障体系、应急保障机制，提高水利风景区的服务与应变能力；加强信息技术建设，实现湖泊等河湖资源监管的智能化。要提炼河湖旅游形象，通过与公众互动，媒体传播，创造国际交流合作机会，传播旅游品牌；构建科研服务平台，与高校、旅游机构合作，开发精品旅游路线和产品，向公众普及水利科学知识。

景区发展报告

Case Studies

B.14 浙江浦阳江水利风景区发展报告

谢祥财　卢　婧　刘林松*

摘　要： 浦阳江国家水利风景区位于金华市浦江县，依托浦阳江水环境综合整治工程而建，属于城市河湖型水利风景区。通过近年的建设在水生态环境、水利主流业务、水生态文明等方面取得了长足的进步。进行“三改一拆”“四边三化”等工作，全面落实河长制，实施最严格的水资源管理考核办法，严格落实水资源管理“三条红线”“八项指标”制度，并推进生态廊道建设，取得了较好的建设成效。景区发展经验启示为：注重科学规划引领，严格执行实施；加强部门合作，建立联动机制；加强基础建设，提升文化软实力；同时景区带动区域产业融合，促进转型升级。

* 谢祥财，福建农林大学园林学院副教授；卢婧，国家水利风景区研究中心工程师；刘林松，浙江水利水电学院水利与环境工程学院高级工程师。

关键词： 浙江浦阳江 水利风景区 水生态

一 景区概况

浦阳江水利风景区山川秀丽，人文荟萃。通济桥水库大坝拦蓄水面约5平方千米，湖中岛屿、半岛、港湾相映成趣，四周群山拥合，波光山影，风光秀丽。水库坝后，有植于20世纪80年代的水杉林，秋天的水杉，褪去了夏天的绿妆，在暖阳下，一派金黄；翠湖湿地位于浦阳江城区段西部最上游，水质达到Ⅲ类，100余亩碧绿的水面犹如一块巨大的碧玉，在夕阳的照射下，闪耀着夺目的光彩。浦阳江水利风景区以“山水田园城诗画浦阳江”为主题定位，以“万顷浦江湿地百里山水画廊”为品牌形象定位，形成“一轴、三带、五区”的总体结构布局，和“维护水安全、保护水生态、提升文化休闲品位”三大核心功能，计划打造成为流域型水利风景资源开发利用与保护的典范。景区依据浦阳江上下游不同区域资源环境和不同的城市服务功能，划分为浦阳江源头保护区、通济桥水库水资源保护区、环境科普教育区、城市精神展示区、生态产业示范区五个特色主题区，并重点建设了翠湖、金狮湖、三江口三个文化主题公园。通过突出功能、挖掘文化、打造品牌，将浦阳江建设成了河湖型水利风景区的典范，美丽河湖建设的样板。

二 发展历程

浦阳江是浦江县的母亲河，曾长期由于水晶加工产业的高排放、高污染，成为“黑臭水”与“牛奶河”的代名词。2013年，为消除污染，保护水质，改善水生态环境，浦江县以壮士断腕的决心，按照“铁腕治水、依法治水、科学治水和全民治水”的要求，率先打响了浙江省“五水共治”的第一枪，开展了“三改一拆”“四边三化”等工作，几年来共关停排污企业2万余家，拆除水晶加工设备10万台；通过浦阳江整治工程，共治理河道17.41千米，新建、加固堤防42.8千米，提升城市段防洪标准至50年一遇，修复翠湖、三江口湿地的生态功能。

通过水环境综合治理，浦阳江水生态环境发生了翻天覆地的改变，上仙屋出境断面水质由连续8年劣Ⅴ类提升至Ⅲ类，51条支流水质全部达到或优于Ⅲ类，通济桥水库等饮用水源地水质全部达到Ⅱ类，浦江县生态环境质量公众满意度也从多年前的全省倒数第一，一跃成为全省第四。

2015年以来，依据水利部水生态文明建设理念和美丽河湖发展要求，秉承“保护水资源、改善水环境、修复水生态、维护水工程、弘扬水文化、发展水经济”的主旨，浦江县借助治水春风，从水上治污向岸上建绿推进，启动了浦阳江生态廊道景观工程。工程东起浦江黄宅高速公路口，西至通济桥水库泄洪口，面积约196万平方米，总投资3.1亿元。

按照“两山理论”和“山水林田湖生命共同体”的创新理念，为深化治水成果，浦江县规划建设沿江和沿山两条生态廊道。其中，沿江生态廊道全长约17千米，沿江两侧规划建设20多千米慢行自行车道、12千米游步道、6.5千米栈道、31个亲水平台、7座景观桥和12个活力公园；沿山生态廊道将金狮湖、塔山、东山、严家山、文景园、仙华水寨等六个区块自南向北串联。金狮湖作为沿江和沿山两条生态廊道连接点，将建设成为集治水、景观、居住、高端科技、文化产业于一体的城市客厅。

三 建设成效

（一）水生态环境方面建设成效

按照“铁腕治水、依法治水、科学治水和全民治水”的要求，浦阳江全面开展五水共治，进行“三改一拆”“四边三化”等工作。整治后的浦阳江水生态环境发生了翻天覆地的变化，“水清、河畅、岸绿、景美、人和”，水利风景区应运而生。全县创新实施了“一厂一湿地、一库一湿地、一村一湿地”，265 个村完成人工湿地建设，浦阳江流域建成大型生态湿地 6 个，加强浦阳江原生态保护，全长 17 千米、投资 9000 万元的浦阳江生态廊道全面完成，新增水域面积近 5000 亩。

（二）水利主流业务方面建设成效

1. 浦江县以清淤治污为突破口，以水质提升为核心，将浦阳江河道、通济桥水库、翠湖湿地和金狮湖作为主战场，开展浦阳江综合整治工程，共治理河道 17.41 千米，新建、加固堤防 42.8 千米，提升城市段防洪标准至 50 年一遇。

2. 全面消除岸上工业污染，共关停排污企业 2 万余家，拆除水晶加工设备 10 万台，共完成清淤 500 多万立方米，池塘 2000 多口，河流 37 条，长度 190 余千米，全县 462 条“牛奶河”、577 条“垃圾河”、25 条“黑臭河”彻底消灭，成为首批“清三河”达标县（市），获得省河道长效保洁一等奖。

3. 农村生活污水治理实现全覆盖。至 2016 年底，全县污水治理工作累计完成验收 360 个行政村，建设完成一体化终端设施 95 个、分散式微型终端 192 个、沼气池 25 个，差异化处置人工湿地 36 个，污水进厂处理的行政村达 163 个，受益农户数达 78094 户，共铺设村内主支管网 893.6 千米。完成闭水试验 831 千米，全县改厕已完成 10123 户。全县截污纳管治理村接户率平均达到 94%，远超省市规定的 80% 以上的标准。

4. 将水利工程标准化管理工作列入“五水共治”专项考核以及对各部门单位的年度工作综合考核。严抓创标工程管理单位定岗定员、管理手册编制、信息化平台建设、工程划界、标识标牌贴挂、形象面貌整治等工作，到 2016 年底保质保量地完成了 25 个创标任务。3 个中型水库通过了省厅验收，并得到了验收小组的高度评价，成为全市第一个完成所有大中型水库标准化管理的县。同时全面开展了名录内 107 个工程的管理手册编制、划界限权、形象面貌整治等工作。

（三）水生态文明方面建设成效

2015年以来，根据水生态文明建设理念和美丽河湖发展要求，依据水利风景区建设标准，秉承“保护水资源、改善水环境、修复水生态、维护水工程、弘扬水文化、发展水经济”的主旨，浦江县借助治水春风，从水上治污向岸上建绿推进。

1. 全面落实河长制。浦江县是浙江省最早实施河长制的县市，在河长制基础上，增加了河道“警长制”、村级“塘长制”、“沟渠长制”、排污口“哨长”制等一系列辅助机制。全县577条、1018千米河道，已全面落实三级“河长制”，构建了由32名县级河长统筹引领、64名镇级河长落实推进、257名村级河长常态监管的治理格局，并落实618名河道保洁员，实现全天候保洁。2014年河道保洁长效管理工作考核全省第一。

2. 实施最严格的水资源管理考核办法，严格落实水资源管理“三条红线”“八项指标”制度。用水总量以每年7.1%的速度递减；万元GDP用水量以每年12.1%的速度递减；农业用水总量下降了25.3%；农田灌溉水有效利用系数连续三年稳固上升。完成市级河道管理范围划界10千米；市级河道管理范围内实现无违法建筑物；新增水域面积2平方千米。

3. 进行生态廊道建设。工程东起浦江黄宅高速公路口，西至通济桥水库泄洪口，面积约196万平方米，总投资3.1亿元。按照“两山理论”和“山水林田湖”生命共同体的创新理念，深化治水成果，规划建设沿江和沿山两条生态廊道。其中，沿江生态廊道全长约17千米，沿河两侧规划建设20多千米慢行自行车道、12千米游步道、6.5千米栈道、31个亲水平台、7座景观桥和12个活力公园；沿山生态廊道将金狮湖、塔山、东山、严家山、文景园、仙华水寨等六个区块自南向北串联。金狮湖作为沿江和沿山两条生态廊道连接点，将建设成为集治水、景观、居住、高端科技、文化产业于一体的城市客厅。在全长33千米的浦阳江两岸，共计绿化草坪30万余平方米，种植枫杨等乔木5000株，种植芦苇等水生植物3万余株，将把浦阳江打造成一条四季有鲜花的花带。

（四）经济社会发展方面建设成效

经整治，浦江县共关停水晶加工户 19680 家，拆除水晶违建加工场所 2.04 万处、180 万平方米，拆除加工设备 10 万台。并对水晶加工户进行整合升级，整合为 526 家，投资 20 亿元的四个现代化水晶产业园，实现了水晶企业园区集聚、统一治污、产业提升。

2016 年，浦江水晶玻璃行业工业产值同比增长 26.15%，税收同比增长 58.21%。在实现水晶产业转型的同时，浦江县因势利导，实现了挂锁产业的转型升级，建立了 2 个挂锁产业集聚区。浦江生态环境质量公众满意度也从多年前的全省倒数第一，一跃成为全省第四。

四　经验启示

（一）科学规划引领，严格执行实施

①找准规划重点。景区规划结合浦江经济社会转型发展要求，以及建立河长制、浦阳江生态廊道建设、城镇环境综合整治、全域旅游及美丽乡村建设等工作，确立了加快推进景区建设发展、强化功能、突出主题、丰富特色、树立品牌的规划建设重点任务。②确立目标定位。即全面实施浦阳江流域自然及人文资源的系统保护与合理利用，将浦阳江水利风景区打造成为流域型水利风景资源开发利用与保护的典范。③科学管理规划。聘请专业资质团队编制总体规划，邀请有丰富经验的水利风景区建设管理专家传经送宝，组织相关部门召开规划审查会，县政府批复确立规划效力，管委会统一管理规划，各项建设任务分解落实到管委会各成员单位。④严格落实执行。规划将通济桥水库及上游部分区域划定为“水资源核心保护区和生态涵养区”，禁止开展旅游开发及建设活动，确保水安全和工程安全；沿线乡镇配合多部门联合执法，对库区周边水生态环境进行监督管理。

（二）加强部门合作，建立联动机制

①成立管理机构。县政府批复成立了由水利、发改、农业、林业、建设、旅游等部门组成的浦阳江水利风景区管理委员会，统筹景区规划建设工作，办公室设在县水务局，负责日常事务。②落实工作职能。管委会建立了工作例会制度，在景区规划审查、项目建设等方面一事一议，在管委会成员单位间建立了责权明确、信息互通、资源整合等长效工作机制，确保景区建设管理的可行性和持续性。③建立联动机制。水利风景区管理与河长制相结合，景区管委会与涉及景区的花桥乡、前吴乡、仙华街道等乡镇街道通力配合，对水利工程安全、生态环境保护、基础设施建设等方面进行监督检查，真正将水利风景区管委会职能落到实处。

（三）加强基础建设，提升文化软实力

①景观化提升。对浦阳江两岸泵房、管理房进行立面马头墙结构改造和山墙诗画彩绘，增加景观效果和文化内涵；绿化草坪 30 万余平方米，种植枫杨等乔木 5000 株，种植芦苇等水生植物 3 万余株，将景区打造成一条四季有鲜花的花带。②生态化改造。改造老旧硬式堤防 42.8 千米，改为抛石、连排桩等多种自然驳岸形式；改造、新建生态堰坝 59 座，提升水循环能力，改善水生态环境。③配套建设。新建沿江 18 千米自行车道、12 千米游步道、6.5 千米栈道，配套有 31 个亲水平台，5 个运动场，7 座景观桥和 13 个生态停车场。④挖掘文化内涵。在景区规划建设过程中，挖掘出江南坎儿井、古自来水、鹤塘、禁堰碑等水文化遗产；把浦江在“五水共治”工作过程中形成的工作机制、经验及成效，加以总结提炼。治水文化、地域文化、民俗风情共同构成了浦江悠久的文化脉络，凝练出与时俱进的“浦江精神”，通过国家水利风景区这一平台进行宣传展示，将激发年轻一代将“浦江精神”不断传承和发扬。⑤标识标牌建设。将景区导览系统与水文化科普建设有机结合，在浦阳江沿线及重点区域设立标识标志牌。一块标牌上，既有导览导视功能，又有水文化科普内容，对水库、堤防、渡槽、倒虹

吸等水利工程功能进行科普解说，以通俗易懂的形式展示水利科技和地方水文化。同时结合水利工程标准化工作，以通俗易懂的形式重绘了警告禁止标志，使水利工程管理和景区管理有机融合。

（四）带动产业融合，促进转型升级

浦江是国家全域旅游示范县，已经涌现出仙华山国家级风景名胜区、茜溪幽谷轻度假区、廿玖间里国家级青创基地等一批优秀试点，为旅游产业快速发展奠定了基础。浦江水利风景区建设管理工作以“全域、全民、全景”为主线，以浦阳江、壶源江流域综合治理为基础，统筹水利、生态、文化、旅游等方面建设，将水利风景区建设发展纳入浦江全域旅游发展计划，促进产业转型升级。浦江水晶产业凤凰涅槃，农村电子商务独树一帜，乡村旅游蓬勃发展，浦江走出了一条以治水为出路、以水利风景区建设促进绿色产业发展的可循环之路。充分发挥景区建设在水利风景资源综合开发与保护方面的功能作用，以水生态环境保护为抓手，以水科普、水文化建设为特色，开展观光休闲、绿色采摘、节水示范高效农业，大力发展绿色、文化产业，实现“生态廊道+”效益的持续发挥，将助力浦江县经济社会转型发展。

〈专家点评〉

浙江浦阳江水利风景区依据水利部水生态文明建设理念和美丽河湖发展要求，秉承“保护水资源、改善水环境、修复水生态、维护水工程、弘扬水文化、发展水经济”主旨，借助治水春风，从水上治污向岸上建绿推进。通过落实河长制，强化景区监管；强力治水，优化水生态环境；河湖综合整治，提升景区品质；产业转型升级，助推美丽河湖建设四个战略方法，将“黑臭水”“牛奶河”成功转变为“春风又绿江南岸，人水和谐换新颜”。

下一步应继续做好以下三点。

第一，做好生态资源的保护和管理。应继续秉承绿色生态发展理念，按照水利风景区“改善水环境、保护水资源、修复水生态、维护水工程、弘扬水文化和发展水经济”的建设发展要求，做好生态资源、水资源的利用、

保护和管理。

第二，不断提升景区文化内涵。挖掘展示浦江地域文化，尤其是水文化，结合美丽水务标准化工作，加强五水共治历程和成果的宣传，将浦阳江综合治理建设成就和水生态文明的发展理念展示共享给公众。

第三，提升景区建设管理水平。水利风景区管委会和参与景区建设管理的单位，要继续加强机构职能和制度体系建设，首先要在建设过程中依法行政、依法管理，保障防洪安全、资源安全和水生态安全；其次要提升景区社会服务功能，以人民群众对公共生态产品的需求为出发点，为百姓建设一个生态环境良好、景色优美、可感受文化气息的宜居生活空间。

B.15

湖北百里荒水利风景区发展报告

刘洋　臧红飞　冉丽娜*

摘　要： 百里荒国家水利风景区位于湖北省宜昌市夷陵区，距三峡大坝60千米，总面积40平方千米。景区依托夷陵区国家水土保持生态文明综合治理工程，“长治”八期黄柏项目柏家坪、普溪河小流域水土保持综合防治工程而建，属水土保持型国家水利风景区，已被批准为“国家4A级旅游景区”“国家体育产业示范单位”。景区始终坚持发展与保护并举，在把绿水青山变成“金山银山”的同时，确保了生态—生活—生产、政府利益—企业利益—公众利益、社会效益—经济效益—环境效益的“三大共赢”，树立了水利风景区生态文明建设的样板。

关键词： 高山草原　华山松林　生态乡村　水利风景区

一　资源概况

一是拥有优越的自然条件。百里荒曾是国家农业部确定为“中国南方草场”，平均海拔1200米，夏季平均气温28℃，有“南方天然大空调”之称，是炎热夏季的避暑佳地。景区集高山草原、奇松怪石、云海天象、森林

* 刘洋，温州大学旅游酒店管理研究所所长、教授；臧红飞，华北水利水电大学水利学院讲师；冉丽娜，水利部综合事业局工程师。

峡谷等景观于一体，拥有“万亩高山草原、千亩华山松林、百里生态乡村”三大亮点，具有“春花、夏草、秋叶、冬雪”四大独特风景，正在建设成为集高山草原休闲、避暑滑雪度假、户外探险疗养、生态农业体验、水土保持示范等功能于一体的“复合型、全天候、四季游”高山草原旅游度假目的地。

二是拥有独特的文化底蕴。该景区所在地夷陵区分乡镇是著名的“垭丝之乡”，毗邻地远安县是“嫘祖故里”。蜀将关羽曾驻扎重兵于百里荒，有陷马岗、跑马坪、烧饼坡等多处历史遗迹。抗日期间分乡场战役、吴家垭阻击战、金竹之战等战役在此打响，电视剧《最后的国门》和《东方战场》在此取景拍摄，具有很好的爱国文化教育基础。电影《山楂树之恋》使百里荒成为全国知名的爱情圣地。

三是拥有丰富的旅游资源。景区周边拥有国家5A级景区2个、4A级景区4个、3A级景区3个及中国乡村旅游模范村1个、中国最美休闲乡村1个、星级农家乐505家，夷陵区被评为中国最美文化生态旅游名区、2015年“美丽中国”十佳旅游县（区）。

二　发展举措

一是高标准规划设计，农旅融合谋发展。百里荒水利风景区聘请业界知名规划设计单位编制《百里荒水利风景区规划》，规划总投资10亿元，着力建设“一心一线六区”核心景区和四个万亩农业基地。即：以山楂树文化休闲区为轴心，连接南北游览主线，建成乡村花卉养生区、林海雪原度假区、高山农牧体验区、户外运动探险区、金三角大草原区、自然生态保育区和万亩畜牧养殖基地、万亩果蔬种植基地、万亩粮油生产基地、万亩有机蔬菜基地。景区坚持在保护和恢复生态中开发建设，按照农旅融合的发展思路，推动现代生态农业与生态旅游业同步发展，全力打造全国水土保持示范工程，辐射带动周边农民脱贫致富，以达到涵养三峡水土、促进区域经济转型升级的双赢局面。

二是高额度资金投入，水土保持创示范。景区围绕“水保示范、生态观光和科普教育”三大功能布局，按照“工程措施与生物措施相结合、生态保护与旅游开发相结合、人工治理与自然修复相结合、水土流失治理与水土保持科普教育相协调”的原则高标准建设实施。近年来，百里荒水利风景区在已实施的“国家水土保持生态文明综合治理工程”，“长治”八期黄柏项目柏家坪、普溪河小流域水土保持综合防治工程的基础上，累计投资近3.5亿元打造百里荒水土保持示范园，完成人工种草1.5万亩、华山松林种植392公顷、封山育林6万亩、林草围栏15千米；建设生态公路23.6千米、旅游步道12千米；修建截水沟9千米、排水沟12千米，浆砌石挡墙1万立方米、蓄水池3座、供水管网4.2千米，搬迁畜禽养殖场6家；正在规划建设7座堰塘、7座泵站、7千米截水沟。目前，景区生态得到有效保护，扰动土地整治率达到97%、水土流失总治理率达到95%、林草覆盖率达到98%。

三是高平台宣传推介，凝聚人气促增收。百里荒水利风景区已成功承办或举办2015荆楚露营大会、2016全国登山赛、“中国旅游日”三峡大学旅游创意策划大赛、中国宜昌“缤纷四季·乡约夷陵”乡村游等多项国家级、省级和市区活动，邀请中央电视台、新华社、中新社、《经济日报》、《农民日报》等100多家知名媒体先后推介百里荒旅游品牌，使“高山草原风光、纯美爱情圣地、避暑养生天堂”的对外影响力显著增强。同时广泛邀请全国各地旅行社来景区踩线、体验和推介，完善电子商务平台，实现网上预订等服务功能。近年来，百里荒水利风景区带动农民增收明显，夷陵区分乡镇、远安县花林寺镇、当阳市玉阳办事处3镇近10万人直接或间接通过百里荒农旅链条致富，百里荒旅游对周边农民收入提升的贡献率达到50%以上。

三　发展成效

一是示范生态建设，保护和修复地方生态环境。百里荒片区属于高山石灰岩地区，海拔较高，水源缺乏，土壤贫瘠，由于村民过度放牧和伐木，加上缺乏有效保护，部分生态资源被破坏，植被退化，石漠化和水土流失严重，这不但对优质旅游资源造成了较大破坏，而且对宜昌百万人口饮用水水源保护地的生态屏障造成了巨大威胁。百里荒国家水利风景区建设期间，实施植树造林、种草绿化、完善水利、围栏保护和控制放牧等措施，使生态保护与旅游开发同步推进。

二是示范引领生态资源整合，促进贫困山区经济发展。百里荒水利风景区部分区域位于宜昌三县（市、区）交界处，这些区域经济相对落后，万亩高山草原、华山松林、矮石林、红叶谷、大峡谷构成了丰富的自然景观，形成了独特的自然气候，呈现出“多、全、美”的旅游资源特点。但旅游资源分属于相邻的三县（市、区），长期以来未进行资源整合，未形成规模效应，自然资源破坏严重，旅游开发呈现出“散、慢、弱”的特点。百里荒水利风景区实施整合资源、统一规划、统一建设、统一营销，以其整体优势，在环一江两山的沿线，打造鄂西高端高山草原旅游品牌，获得规模效益，变绿水青山为“金山银山”，迅速将其建成为贫困山区经济发展的强大引擎。

三是示范引领体制机制创新，推动跨行政区项目联建共赢。百里荒片区是典型的多个行政区域的边界地区。百里荒水利风景区的运行管理打破了行政区划的藩篱，消除了行政协作的壁垒，在不同行政区域之间，建立了一套政府推动、项目带动、市场驱动和企业能动的示范体制机制，让资源、资金、人才等实现无缝对接，推动了“规划同筹、交通同网、市场同体、产业同步、旅游同线、环境同治”，实现了从按行政区域配置资源向按经济区域配置资源的转变。

四是示范带动旅游区群众致富，改善贫困山区基础设施条件。通过百里荒水利风景区的升级发展，当地已形成了“旅游产业带动乡村经济发展、生态农业转变为旅游产品”的发展模式，为推进开创“生态保育、旅游观光、休闲农业和三产服务业”相互促进、相互融合发展提供了极为重要的产业支撑和内生动力，带动了百里荒村、柏家坪村、天坑村等贫困村扶贫攻坚，拉动贫困人口增收致富，改善了贫困山区基础设施条件，促进了周边贫困村整村脱贫，解决了周边村民“钱从哪里来，人到哪里去”的关键难题。

〈专家点评〉

百里荒国家水利风景区属水土保持型国家水利风景区，在水利风景区建设过程中，综合平衡、统一协调，多方融资、齐抓共管。根据景区的实际状况，将资源优势转化为经济优势、在保持水生态平衡方面取得了一定成效，探索出了一条水利风景区建设发展的新路。景区建设为今后发展提供了一些有益的启示：以水生态文明建设为起点，将理论认识转化为景区建设实践；引入市场机制、发挥价值规律作用，相互协调、齐抓共赢；通过有效的生态补偿机制保证景区建设实现可持续发展；把水生态文明建设指标纳入地方社会经济发展的考核系统，实行追究问责制度。

在今后的发展中应加强以下四点工作。

一、继续开展水利风景区生态文明教育

要把水生态文明建设的理念，贯彻落实到经济发展、政治文化、社会生活的方方面面。水生态文明教育要保持常态化，要加强对社会各行业、各阶层以及百姓大众的生态文明教育，让绿水青山就是金山银山的生态文明理念深入人心，融入社会。

二、坚持政府引导、市场运作、社会各界参与的水利风景区建设多元化投资体系

努力发挥财政投资杠杆的作用，吸引民营资金积极参与水利风景区的建设。创新水利风景区的市场投资机制，多渠道架构绿色生态金融体系，搭建新型的生态领域融资平台，为社会资本参与水利风景区建设提供便利的金融渠道。

三、实施切实合理的水生态补偿政策，实现可持续发展

为减少社会矛盾，平衡地区差距，应制定合理有效的水生态补偿措施。对水利风景区的上游，特别是水源保护地区，实施优惠政策、给予项目支持，努力缩小上下游之间的贫富差异。做好水源保护区的移民迁徙工作和移

民接收区的就业安置补偿工作，最大限度接纳水源保护地居民在景区就业，增加移民收入，提高水源保护区居民的生活水平。

四、将水利风景区生态文明建设指标列为考核指标

把水生态文明建设的理念纳入绩效考核系统，对破坏资源、增加消耗、污染环境的不文明现象进行坚决抵制。把水生态文明建设指标纳入地方社会经济发展的考核系统，增加权重系数，对当地领导干部任期内的水利风景区生态文明建设实行问责，并实行终身追究制。对领导干部履行生态文明建设责任的情况进行离任审计。

B.16
四川仙海水利风景区发展报告

赵 敏　邵建明*

摘　要： 自2002年创建国家水利风景区以来，仙海水利风景区始终坚持开发与保护并重，经过不懈的努力，景区生态效益持续领先，经济效益不断增长，社会效益逐步显现，文化效益日渐丰富。在全国范围内，仙海水利风景区体现出了资源类型、体制改革、构建生态文明特区、绿水青山转化金山银山等方面的代表性。仙海水利风景区发展所取得的经验与启示，值得总结并推广、借鉴：注重体制与机制的改革创新是景区发展的保证，坚持开发与保护并重的原则是景区发展的关键，体制机制的创新需要与资源的开发保护并重相结合。

关键词： 水利风景区　四川仙海　体制创新　开发与保护

一　景区概况

四川仙海水利风景区属于水库型水利风景区，其依托的仙海湖又称为沉抗水库。沉抗水库是一个以防洪、灌溉为主，兼有城市供水、旅游观光、林果开发、水产养殖等功能的综合利用水利工程，也是武都引水工程（川西北地区重要的水源工程，曾被邓小平同志誉为“第二个都江

* 赵敏，河海大学教授，博士生导师；邵建明，山东邹平市水利局工程师。

堰”）中的大型囤蓄水库。目前，仙海水利风景区总面积75平方千米，辖15个村、2个社区，总人口2.3万人；仙海湖作为整个景区的核心区，面积为13.8平方千米，其中水面面积为7平方千米，库容为1.04亿立方米。

仙海水利风景区位于以“李白出生地，中国科技城”而闻名的四川省第二大城市绵阳市近郊，离市区仅12千米，距西南重镇成都市110千米；处于九寨沟、黄龙、剑门蜀道、三国等旅游热线的中心地带，周边世界级、国家级的景区众多。仙海水利风景区属于中亚热带湿润季风气候区，冬季长而无严冬，夏季热而无酷暑；气候温暖，四季分明，雨量充沛，雨热同季；年平均气温为16.3℃，最冷的1月平均气温为5.2℃，最热的7月平均气温为26℃。

在景区13.8平方千米的核心区中，水、陆面积各占50%左右，陆地主要为浅丘低山。景区陆地植被丰富，森林覆盖率达90%；湖内46座精致的半岛星罗棋布，穿插其间，水面纵深视野近4千米，湖泊岸线蜿蜒曲折近50千米；整个景区勾勒出一幅“山衬水，水映山”、“山抱水，水漫山”、山水交融的天然画卷。区内空气质量达到Ⅱ级标准，蕴含大量的负氧离子（约5000个/立方厘米）；湖内水质清冽，为Ⅱ级地表水；更有鸬鹚、白鹭、野生鱼群、银杏树等多样性的动植物。整个仙海水利风景区具有较为显著的生态、旅游和经济资源优势（图1、图2）。

图1　仙海水利风景区景色1

图2　仙海水利风景区景色2

二　发展历程

武都引水工程是四川西北地区工农业生产和城市经济发展的重要水源工程，是具有防洪、供水、发电、旅游以及生态环保和国土资源保护等综合利用功能的大型骨干水利工程，曾被邓小平誉为“第二个都江堰”。武都引水工程分三期建设，其中一期灌区工程于1988年开工，2000年全面建成。而位于绵阳市游仙区沉抗镇境内的沉抗水库，则是武都引水工程一期灌区工程的重要节点，建成后已成为绵阳市的著名旅游景点“仙海风景区”。2002年，水利部批准“仙海风景区”为国家水利风景区（图3），成为四川省首个国家水利风景区。在此基础上，绵阳市委、市政府从充分利用“仙海风景区”的资源优势来培植新的经济增长区域的角度出发，同时也为了更好地发挥绵阳科技城的辐射带动功能，于2003年6月批准成立了水利经济开发区，开发区党工委、管委会是绵阳市委、市政府的派出机构；同年10月，将水利经济开发区更名为绵阳市仙海水利风景区。到了2008年2月，又将绵阳市仙海水利风景区对外统称为绵阳市仙海旅游度假区（以下简称仙海区）。

经过十多年的建设与营运，仙海区已逐步形成了“两小时旅游圈”，圈内拥有成都双流、绵阳南郊2座开设国内、国际航班的机场，还与成绵高速、绵广高速、绵遂高速相通。圈内完善的路网四通八达，将绵阳与重庆、

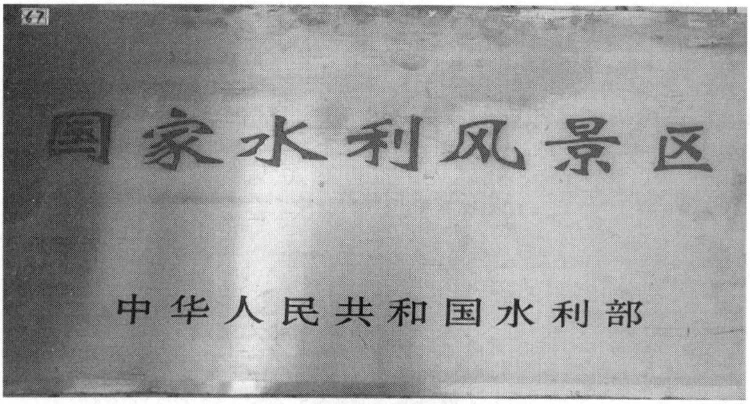

图3　国家水利风景区

成都、西安等区域中心大城市相连，通过成乐绵高铁使绵阳到成都的时间只需30分钟，交通极为便捷，显现出巨大的区位优势。“两小时旅游圈”为仙海区带来了三大客源市场：第一，绵阳城市的百万人口是“稳定客源市场”；第二，圈内覆盖了重庆、成都、遂宁、南充、广元等城市，近2000万人口是“辅助客源市场”；第三，可发挥中国科技城、“两弹之乡”对国内外游客的独特吸引力，“截流”川西北大旅游圈国内外游客，这是景区的“目标客源市场”。以上三大客源市场综合潜力巨大，是仙海区开展旅游产业最突出的区位优势。

目前，仙海区内水电、燃气、道路、通信、光缆、排污等基础设施完备，游客中心、迎宾广场、迎宾大道、婚庆广场、自行车专用骑游道、沿湖亲水栈道、旅游服务点、环湖路（升级改造）已全部竣工并投入使用。锦烁酒店、铂金海岸酒店群、龙源会议中心、雷耀名商育乐中心、好运旅游公司、亲水湾旅游有限公司等企业入驻营业，涉及会议、餐饮、住宿、娱乐、水上运动、陆上自行车健身运动等方面，形成了一定的接待能力。2015年，仙海区一次性成功获得了多项荣誉称号，如由国家旅游局批准的“国家4A级旅游景区”（见图4），由四川省人民政府批准的“四川省旅游度假区”（见图5），由四川省旅游发展委员会、四川省环境保护厅、四川省林业厅批准的“四川省生态旅游示范区”（见图6）和由四川省人民政府安全生产委员会办公室批准的“四川省安全社区”。据统计，2016 年仙海区共接待游客 214.6 万人次，旅游总收入 2.68 亿元。至此，仙海区已成为成都、德阳、绵阳等城市市民近郊休闲度假所选择的重要目的地之一。

图 4　国家 4A 级旅游景区

“十三五”期间，仙海区将加快推进首开·仙海龙湾二期、商业街建设和五星级酒店装修，以及海地达海珀澜山、科技游乐园等项目建设，全力支持“萄源仙谷”、博森、绿博、奥亿森、志鹏、煌梓等农业龙头企业发展乡村旅游，包装仙海艺术文化体、科技游乐探索综合乐园、仙海玫瑰婚庆文化产业中心等项目，力争促成“东方园林整体环境提升整治”、“韩国橘子功成”和“首航直升机婚庆旅游”项目落户仙海区，按照“互联网 + 旅游”

的发展思路，加快推进智慧景区建设，积极做好旅游从业人员培训，不断提高景区服务质量和服务水平，把仙海区建设成为特色鲜明的国家级旅游度假区和绵阳市城乡统筹建设模范区。

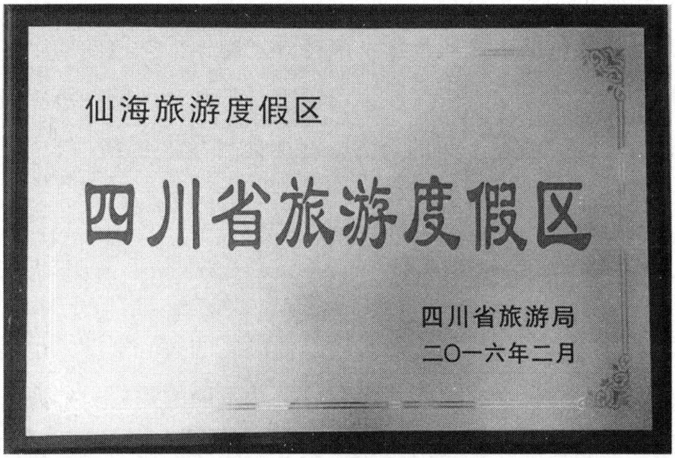

图5　四川省旅游度假区

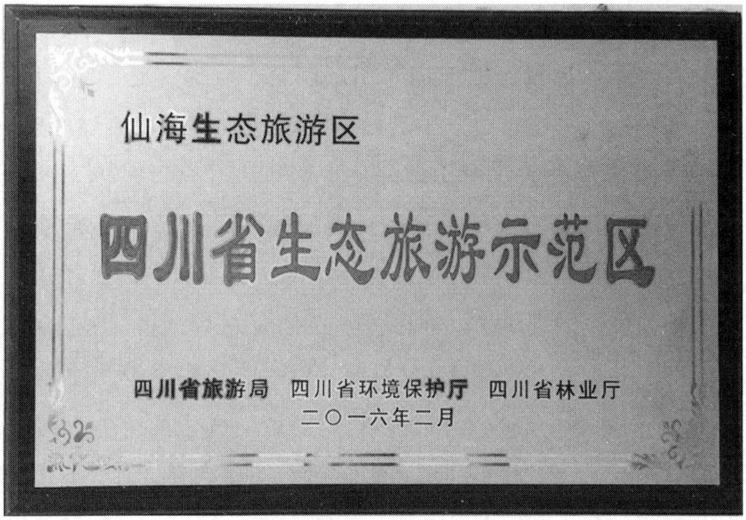

图6　四川省生态旅游示范区

三　建设成效

仙海区在以水利风景区建设为核心的基础上，致力于打造集多种功能于一体且具有西部特色的水利风景区，秉持开发与保护并重的原则，发挥绿色经济的乘数效应，使绿水青山变成金山银山，带动全区的经济腾飞和社会进步，长久造福百姓。经过不懈的努力，在生态环境、经济增长、社会进步、文化弘扬等方面取得了显著的成效。

（一）生态效益持续领先

优美的生态环境和优良的天然水质是仙海区的核心资源，也是仙海区生存与发展之根本。为了生态文明建设和可持续发展的需要，仙海区实施了环境保护工程，全面开展环境整治工作，核心区以保护为主。通过调整发展思路，实施了“退二进三、优化一产”的政策，将辖区内原有的对环境产生不利影响的化工厂、丝厂、砖厂、玻璃厂等企业全部迁出。仙海区通过编制环境保护、生态保护、水环境治理等规划，消除环境污染构成的威胁，在对环境保护不利的工业项目实施“退”出的同时，确保“进”入的高品质企业项目不再破坏生态环境，每一个进区企业或项目都必须通过严格的环评，并要求进区企业或项目的建设用地绿化率必须大于等于40%。与此同时，最大限度地保护了景区内面积最大、景观最好的天龙岛，在岛内划出1000亩作为禁止开发区域，确保不产生新的污染源，目前天龙岛已经建成为湿地公园。按照相关规划的要求，仙海区分别在仙海湖南、北、西三侧建设了3座污水处理厂，并配套铺设了22.5千米的污水收集主干管，使污水处理能力达1.85万吨，能够全部收集和处理规划区域内的生活与生产污水；对辖区内的垃圾也实行了定时收集和清运，做到了日产日清。为了不让一滴污水流入仙海湖，通过与国内有关公司进行战略合作，建立了水质自动化监测和综合预警信息化管理平台，目前平台运行正常、效果良好，实现了对景区水体生态环境全覆盖、全天候的实时监控和预警；还禁止任何单位与个人在湖内从事肥水养鱼，而是通过政府成立相关投资公司进行水面清水养殖。根据对景区实测的情况来看，在衡量水质的主要指标中，只有总磷为Ⅱ类标准，其他均常年保持在Ⅰ类标准；空气质量优良天数也达到了300天以上。

现在进入核心区，山坡是茂密的各种树木挺拔林立，层次分明、错综呈现，各具形态、奇异优美，墨绿、深绿、翠绿、嫩绿映入眼帘，让人心旷神怡、神清气爽；水中是诸多形状各异的岛屿星罗棋布，走进目中相映成趣。整个景区是蓝天、白云、青山、绿水相得益彰，环湖路与岛屿相对呼应，静中有动、动中有静，养眼、养心、养神，形成一幅优美秀丽的绿色生态画面。两万多仙海儿女正用智慧和汗水建设着这一方秀美家园，这颗镶嵌在绵州大地的璀璨明珠必将成为国内鲜有的城市后花园型、纯原生态休闲旅游胜地。

（二）经济效益不断增长

根据绵阳市委、市政府审批通过的《仙海区总体规划和控制性详细规划》，仙海区成功地在环湖路以外的辐射区引进了一批适合水利风景区发展的精品项目，使景区发展绿色、低碳经济的定位得到确立。这些项目包括低碳生态旅游项目：由国内著名企业投资150亿元建设的五星级酒店、风情商业街等；旅游精品项目：东辰－绿城旅游康养综合体、铂金海岸酒店、锦烁酒店等。目前，仙海区倾力打造的高端特色酒店群已初具规模，锦烁别墅型度假酒店、铂金海岸特色酒店已于2017年9月建成投用，首开五星级酒店装修方案正进一步优化中，这些项目的建设完成，将为水利风景区功能配套提供有力保障。与此同时，仙海区还利用自身投融资平台，筹措资金建设了诸多旅游基础设施，如：景观大道、仙海码头、沿湖观景平台、环湖自行车骑游道、亲水栈道、神仙树、迎宾广场等；通过对沉抗场镇及景区实施绿化、亮化和美化工程，使水利风景区的“颜值”有了实质性的提升，一个集休闲、度假、娱乐、旅游于一体的综合体正在日趋完善。

2016年，仙海区完成全社会固定资产投资23.1亿元，实现地区生产总值7.3亿元，其中服务业增加值4.62亿元；实现公共财政收入8495万元，社会消费品零售总额4.58亿元；城镇居民人均可支配收入为29370元，农村人均纯收入为16058元；接待游客达到214.6万人次，实现旅游收入2.67亿元。全区人均财力位列绵阳全市第一，经济效益十分显著。

（三）社会效益逐步显现

仙海区充分利用景区内的优质资源大力发展乡村旅游，通过对景区内农民进行多种技能培训，让他们在家门口从事旅游服务，千方百计提高农民收入；通过进一步调整农业产业结构和大力发展第三产业，尤其是努力发展全域旅游，不断优化产业结构，2016年全区三次产业比重为33∶4∶63，为域内的绿色发展、生态发展、低碳发展奠定了坚实的基础。同时，在全区范围内实施系列特色民生项目，以此让域内民众为实惠，使经济发展成果为全民共享。

（四）文化效益日渐丰富

仙海区地处九寨沟、黄龙、剑门蜀道、三国旅游热线的中心地带，域内文化积淀深厚、氛围浓郁，民间传承有典型四川风味的文化，已形成游客可参与的云盖寺、观音寺佛教文化，神仙树道教文化及放生文化等。“环仙海湖”自行车赛、端午龙舟赛、铁人三项挑战赛、半程马拉松等系列赛事赛会已成为仙海区的一大特色旅游活动名片，彰显出“运动仙海”的特色。景区优美的环境、深厚的文化，相继吸引了一批文化科普项目落户，包括中国书协创作基地、全国桥牌基地、学生科普实验基地、影视拍摄基地等。另外，景区内的少年宫建设也颇具特色，得到中央文明委的高度肯定，走在了全国前列。

四　经验启示

自2002年创建国家水利风景区以来，15年间仙海区始终坚持开发与保护并重，在生态环境和水资源保护方面取得了国内罕见的成效，具有资源类型、体制改革、构建生态文明特区、绿水青山转化金山银山等方面的代表性，所取得的经验与启示值得总结与推广，供相关部门借鉴。

（一）发展经验

1. 立足体制创新，顺应景区发展

仙海区实行市区镇合一的管理体制，所设党工委、管委会是市委、市政府的派出机构，且与景区所属地沉抗镇是两块牌子、一套班子，合署办公。景区管理部门主要负责区内的生态环境保护、经济建设和管理，履行的是市级经济管理权和县级行政管理权。这种新颖的管理体制，在现有国家水利风景区中尚不多见。管理体制的创新，让仙海区在水利风景区管理方面有了充分的自主权，确保了景区的开发与保护并重；而且能够发挥地处“剑门蜀道”“九寨环线”及绵阳科技城近郊的区位优势，大力招商引资，培育景区景观，优化发展环境，加快基础设施建设，形成以旅游促招商、以招商带发展的良性循环格局，凝聚人气、商气、财气，做大做强生态旅游和绿色产业。

2. 立足景区定位，做好品质规划

2008 年 2 月，绵阳市委、市政府提出要打造国家级旅游度假区和绵阳市城乡统筹模范区，并将绵阳市仙海水利风景区对外统一更名为绵阳市仙海旅游度假区。为此，在既定功能定位和发展目标的前提下，围绕水力资源的开发利用，仙海区借助国内外著名企业的力量，与德国鲁格公司、中国城市规划设计研究院合作构建了以总体规划为龙头，其他规划为支撑的全域规划体系，所编制的总体规划以及土地利用、产业发展和项目建设等规划，确保了景区的开发利用与建设发展，能够在规划科学合理的指导下进行。

3. 立足资源禀赋，迈向生态之路

仙海区良好的生态环境，为依托绿水青山打造精品景区奠定了坚实的基础，创造了优越的条件，同时也吸引了众多渴望投入自然、享受亲水休闲、追求身心健康的人们。长期以来，仙海区始终坚持“保护与开发并重”的理念，因地制宜地运用“加、减、乘、除”法，循绿色发展之径，走生态发展之路。通过做“减”法，“退二进三、优化一产”，为景区绿色发展、生态发展奠定基础；通过做“加”法，充分挖掘“内力”，加大旅游基础设施建设，同时借助“外力”来大力发展旅游产业；通过做“除”法，禁止对环境保护不利的企业或项目进入景区，从源头消除对环境污染构成的威胁；通过做“乘”法，充分发挥绿色经济发展的乘数效应，让绿水青山变成金山银山，带动景区经济腾飞，长久造福百姓。

4. 立足发展目标，绘制和谐蓝图

仙海区基于“休闲度假、运动养生、会议会展、生态居住”的发展定位与目标，坚持开发、利用与传承、保护并重的理念，立足景区的资源禀赋，打造水利特色品牌，走稳了生态发展道路；兑现了“不让一滴污水入湖”的庄严承诺，使景区成为绵阳市的一张亮丽名片。目前，“一湖晶莹水、一道风景线，一条产业链、一片经济带”已成为景区的生动写照，成为景区发展的基本前提与核心条件。景区由水而生存、依水而成立、因水而兴旺，景区人民正在努力构建人—水—社会和谐的蓝图（见图7）。

图7　仙海水利风景区景色3

（二）主要启示

1. 注重体制与机制的改革创新是景区发展的保证

仙海水利风景区是四川省第一个国家水利风景区，也是全国为数不多的在挂牌15年后仍然在景区主要标牌、管理机构和主要资源利用方式上，都以水利风景区为主的景区。仙海水利风景区率先在国内构建了唯一的行政特区模式，景区的管理机构不再是单纯履行管理职能的事业单位，而是作为绵阳市委、市政府的派出机构，代行地方政府职能、具有行政职能的管理委员会。景区管理部门主要负责区内的生态环境保护、经济建设和管理，履行的是市级经济管理权和县级行政管理权。

在基础制度改革方面，仙海水利风景区的模式包括了以管理单位体制改革为基础的自然资源资产产权制度、生态补偿机制、资源有偿使用机制、干部政绩考核评价制度等，其中干部政绩考核机制是按生态文明特区的指标来考核的，其创新在全国实属罕见。这种管理体制和运行机制的创新，让仙海区在水利风景区管理方面有了充分的自主权，并据此带动了区域的生态文明发展方式。

仙海水利风景区体制与机制创新的价值可归纳为两个方面：一是全面系统，体制与机制创新多样且能衔接全局，基础制度方面还初步系统构建了生态文明体制；二是水利风景区特色明显，其改革模式可复制、可拓展。目前，国内大多数水利风景区同时挂着多个牌子，而其中水利风景区往往是重视程度不高的那个，这样保护地即便进行了多方面体制机制创新，通常还是被作为其他系统的改革创新典型，使水利风景区行业在保护地体系中、水利风景区管理体制改革在国家生态文明体制改革中的地位难以彰显。而仙海水利风景区的改革模式如能够得到推广普及，则对体现水利风景区这类保护地的独特价值和水利风景区事业在国家生态文明建设中的重要作用，势必具有重大意义。

2. 坚持开发与保护并重的原则是景区发展的关键

仙海水利风景区坚持开发、利用与传承、保护并重的理念，结合优异的自然生态资源禀赋和区域发展的实际，在保护中开发，在利用中保护。

在经营机制方面，景区不再依赖水面出租、网箱养殖，而是以保护为主，依托库区天然繁殖的鱼，初步构建了惠及整个行政辖区居民的仙海湖绿色产品品牌增值体系。这使资源环境的优势转化为产品品质的优势并通过品牌平台固化推广后转化为价格优势和居民收入的提高，形成了因地制宜的绿水青山转化为金山银山的可持续模式，在全国的水利风景区中独树一帜。

在日常管理机制中的资源保护方面，景区坚持源头预防和末端处理相结合的原则，通过建立水质自动化监测和综合预警信息化管理平台，实现了对景区水体生态环境全覆盖、全天候的实时监控和预警；通过政府成立相关投资公司进行水面清水养殖，达到了禁止任何单位与个人在湖内进行肥水养鱼的目的；严格按照规划建设污水处理设施，实现规划区域内污水的全收集、全处理。

在公益科普方面，相继吸引了一批文化科普项目落户，包括中国书协创作基地、全国桥牌基地、学生科普实验基地、影视拍摄基地等；景区少年宫建设特色显著，得到中央文明委的高度肯定，走到了全国前列。

在社区发展方面，发展全域旅游，对社区居民进行培训，使其转化为旅游从业人员，增加收入；经济发展成果全民共享，开展了多项特色民生项目。

仙海水利风景区的行政特区模式，不但保证了生态环境的保护效果，而且实现了绵阳市下属县级行政单位人均 GDP 第一，是很难得的绿水青山转化为金山银山的体制典型。

3. 体制机制的创新需要与资源的开发保护并重相结合

管理体制与运行机制的创新，让景区在管理方面有了充分的自主权，丰富的生态和优良的环境也充分带动了旅游业和房地产业的发展。但这是一把“双刃剑”，景区的建设与发展尚存在一些不协调的现象值得注意，如：从环境承载力的角度而言，景区的房地产开发相对过多，一些房地产地块在土地出让时并没有留出足够的滨水空间，而随着房地产人口入住的增加，势必会对水库的水质保障带来一定的压力；再如：一些建筑物规划设计的天际线轮廓没有控制好，有些楼房的高度已经超过山体的高度，影响了景区的景观视线。因此，体制机制的创新需要与资源的开发保护并重相结合，在管理自主权充分的条件下，更要真正落实资源的开发与保护并重。

〈专家点评〉

四川仙海水利风景区属于水库型水利风景区，地处四川省绵阳市近郊，交通便利，区位优势显著。景区内山水相拥，形成了一幅“山衬水，水映山”、“山抱水，水漫山”、山水交融的天然画卷，具有较为显著的生态、旅游和经济资源优势。2002 年，仙海水利风景区成为四川省首个国家水利风景区。经过 15 年的建设与发展，仙海水利风景区陆续获得了“国家 4A 级旅游景区”、“四川省生态旅游示范区”、“四川省旅游度假区”和“四川省安全社区”的荣誉称号，已成为成都、德阳、绵阳等城市市民近郊休闲度假所选择的重要目的地之一，在生态环境、经济增长、社会进步、文化弘扬等方面取得了显著的成效。

自 2002 年创建国家水利风景区以来，15 年间仙海区始终坚持开发与保护并重，在生态环境和水资源保护方面取得了国内罕见的成效，具有资源类型、体制改革、构建生态文明特区、绿水青山转化金山银山的代表性，所取得的经验与启示值得总结与推广。突出的亮点在于以下两个方面。

一是实行区镇合一体制，两块牌子、一套班子，景区党工委、管委会与所属地沉抗镇党委、人民政府合署办公，主要负责区内的生态环境保护、经济建设和管理，履行市级经济管理权和县级行政管理权。管理体制的创新，让景区在管理方面有了充分的自主权，确保了景区的开发与保护并重，丰富的生态和优良的环境带动了旅游业和房地产业的发展。这种新颖的管理体制，这在众多国家水利风景区里尚不多见。

二是在编制完成了环境保护、生态保护、水环境治理等规划的基础上，景区还与国内有关公司签订了战略合作协议，自主建立了水质自动化监测和综合预警信息化管理平台，实现了对景区水体生态环境全覆盖、全天候的实时监控和预警，对提高景区的水体质量、保证水质常年保持总体Ⅱ类以上起了很大的作用。能够达到如此水质管理水平，在众多国家水利风景区里实属罕见。

B.17
陕西石门水利风景区发展报告

李 琛 朱齐亮*

摘 要： 石门栈道风景区是汉中市一个集汉文化、水文化和自然风光于一体的特色鲜明的旅游胜地，也是汉中品牌口碑最响、旅游服务最优、经济效益最好的旅游景区。近年来，石门栈道风景区以游客满意为追求，不断加大开发建设力度，提升景区品位；强化内部管理，提高服务质量；加强对外宣传，提高景区知名度，游客量逐年递增，石门旅游品牌逐渐发展壮大。2002 年被水利部命名为国家级水利风景区，2016 年创建为国家 4A 级旅游景区，2017 年进入世界灌溉工程遗产名录。石门水利风景区开发历史悠久，水利资源丰富，以灌溉工程为代表的水文化资源开发与以石门栈道为核心的历史文化资源保护是目前面临的两大任务，核心区疏解与拓展区开发将成为近期面临的主要矛盾。

关键词： 水文化 水利风景区 石门

一 景区概况

交通区位优越。汉中市石门栈道风景区位于陕西省汉中市汉台区的河东店镇，距离汉中主城区 15 千米。景区紧邻 316 国道和 108 国道，宝（鸡）

* 李琛，北京联合大学副教授；朱齐亮，华北水利水电大学信息工程学院讲师。

巴（中）高速从景区穿行，西汉高速、十天高速、汉中汽车客运站、机场、火车站、高铁站等均在景区 30 千米范围以内，21 路、102 路城市公交车以及勉县客运班车每 5 分钟 1 班直达景区。在汉中市重点景区中，石门栈道风景区的外部交通条件是最便捷、最优越的。

旅游资源丰富。石门栈道风景区总面积 68.75 平方千米，是以栈道文化为核心，融褒国地域文化、水文化和两汉三国文化为一体的国家水利风景区。景区位于秦岭和巴山之间，有优越的北亚热带气候，冬无严寒，夏无酷暑。褒谷两岸奇峰怪石，苍翠欲滴，“褒谷二十四景”闻名于世。景区内空气清新、无污染、无噪音，自然环境十分优美。坝上右岸栈道是在古褒斜道原址上抬高 70 米复建的。坝上栈道是在我国第一条穿越秦岭的川陕路遗址处仿建的。所建栈道浓缩了古褒斜道的七种形制，以及“五里一邮，十里一亭，三十里一驿”等附属建筑。石门栈道风景区建成后逐步成为汉中最著名的旅游名片和文化品牌，是汉中市政府规划的“大汉中 · 古栈道”旅游文化品牌的核心景区，也是陕西省唯一的栈道文化旅游目的地。

文化旅游资源品位极高。石门水库大坝，曾是全国最高的混凝土双曲拱坝；“石门”遗址，是世界首例人工开凿的通车隧道；石门摩崖石刻遗址遗存，特别是国之瑰宝“石门十三品”，是享誉国内外的书法瑰宝；褒斜栈道，是与万里长城、大运河齐名的中国古代第三大建筑工程；萧何创修的山河堰，是与郑国渠、都江堰齐名的水利工程（已列入 2017 年度世界灌溉工程遗产名录）；这里还是倾国倾城的西周美女褒姒的故乡。“萧何月下追韩信”“明修栈道、暗度陈仓”“张良写玉盆”“曹操题衮雪”“诸葛亮六出祁山”等历史典故均发生于此。

石门栈道风景区以其深厚悠久的两汉三国历史文化、珍贵绝美的摩崖石刻、峻险奇秀的自然山水、雄伟壮观的水利工程吸引着国内外游客。近年来，景区先后接待了中央政治局原常委李长春，中央政治局原委员刘淇，全国政协原副主席齐续春，国务院原副秘书长江泽林，中宣部原副部长景俊海，江苏省委书记娄勤俭，陕西省委书记胡和平，省委原副书记毛万春，原副省长张道宏、吴登昌等中央及省级领导，并得到各级领导的一致肯定和赞誉。

景区由汉中石门栈道风景区旅游开发有限公司（简称石门旅游公司）负责经营管理。公司成立于2004年2月，是汉中市石门水库管理局（简称石门局）下属的国有独资企业，注册资金1200万元。公司组织结构及职责明确，设有办公室、营销部、票务部、财务部、安保部、船务部、客服部和园务部等8个部门，现有干部职工110余人。公司不断完善各项管理制度、岗位职责及工作流程，严格执行逐级负责制。并实行全员聘用，绩效管理，定岗定员，职责明确。

二　发展历程

（一）高瞻远瞩寻出路

景区的主管单位石门水库管理局，早期的经济来源只有农业灌溉水费和发电收入。20世纪90年代开始，因灌区面积逐年减少，水电设施老化，水库淤积严重，职工人数不断增加等原因，全局经济陷入困境。为改变困境，石门栈道水利风景区不等不靠，在当时汉中市旅游产业尚未发展的情况下，从1996年开始建设景区，2002年被水利部命名为“国家水利风景区”。2004年初，从管理局分流干部职工40余人组建了石门旅游公司，启动了景区的规范性经营、开发和管理。景区开发初期困难重重，为解决建设资金问题，石门栈道水利风景区采取职工集资、贷款、垫资、滚动发展等多种方式筹措资金，开启了石门栈道风景区大发展的进程。

（二）科学规划谋发展

为使景区得到科学、合理、有效开发，2003年初，管理局委托西北林业勘察设计院编制了《石门国家水利风景区总体规划》，并报陕西省水利厅评审通过。石门局专门设立了建筑规划科，负责景区的规划、建设和工程管理。对每一个单体景观景点的打造，景区都制定有单独的规划方案，并邀请专家多次论证确定。工程建设中，严格按图施工，严把质量关，保证工程质量、施工安全及工程进度。

截至2012年，景区累计投入资金2亿余元，建设完善了景区水、电、路、码头、厕所等基础设施，建成了石门仿古栈道、情人桥、褒姒铺、石门文化广场、山河庙道观和仿古街等一大批景观景点，打造出一条褒河河谷自然山水景观，以褒斜栈道历史文化景观和石门水利工程景观为轴线，以山河堰、鸡头关、石门三个特色景区为依托，以栈道、石门大坝、山河堰、褒姒铺、石门文化广场和山河观六个星级景点为点缀，构成一轴、三区、六景点观光体系。石门栈道风景区从最初单一的水面游览发展为集自然风光、人文历史、水利工程于一体的综合性景区，得到了社会的普遍好评，并迅速成为汉中旅游景区的代表。

2014年，响应汉中市委、市政府实施全域旅游发展和全力打造“两汉三国、真美汉中”城市品牌的号召，为进一步提升景区品位，突出文化特色，提高影响力，景区又委托设计单位编制了《石门栈道风景区景观设施提升规划》，汉中市人民政府于2015年审批通过。此次规划的期限为2015～2025年，估算总投资2.1亿元。规划总目标是：立足石门国家水利风景区内的古栈道、地域文化特色、自然资源及区位优势，以石门水库为核心区，展现栈道文化、褒国文化、水文化、汉文化等四种文化，使游客感受文化体验、风光游览、水利科教、休闲养生等四种乐趣，重点实施拓展完善水文化和栈道文化体系，建设完善景区基础设施，新建山河堰水利展馆、石门水电展馆，开展水工程旅游，建设石门文化演艺舞台和石门大坝立面灯光裸眼秀等项目，以“5A级旅游区”标准打造“中国栈道旅游目的地”。

目前，石门水库管理局成立了景区建设管理委员会，并正在按照市政府批准的提升规划，全面组织稳步推进景区的开发建设。

（三）砥砺奋进创卓越

自2014年开始，景区投资8000余万元，着力创建国家4A级旅游景区。完成了1000平方米的游客中心建设，设置了游客休息室、咨询投诉接待处、无障碍设施、箱包寄存、安全监控指挥中心、景区立体全景沙盘展厅、影音室、培训中心、旅游纪念品和邮政品购物区、医务室、售检票区、吸烟区等，提供自动售取票等各项服务功能。

为增加游客的参与度，提高游客体验满意度，景区购置了2辆观光火车，满足游客乘坐需求；建成了横跨褒河山谷的高空滑索，让游客体会凌空飞跃的新奇感受；游客还可以乘坐画舫、快艇，深刻感受石门水库的瑰丽风光。

景区内配备了指示牌、游览线图、安全警示牌等500余块；率先在汉中实施智慧景区，建设了景区网站、微信、微博、电子门票系统，开通了电子商务，景区Wi－Fi全覆盖，设置了电子语音讲解系统和虚拟游览系统等。为了保证风格一致，景区对所有的建筑进行了外观仿古改造，对情人桥进行了重建加固。扩建改造停车场，使景区泊车能力增加至1000辆。按星级厕所标准改造4座厕所，新建了3座环保厕所，增加4处第三卫生间，景区厕所完全满足游客需求。吸引社会闲散资金8700万元，统一设计、统一施工、统一外部装饰，在景区建设了一条长1142米的仿古街，为游客提供休闲服务，满足“游”“购”“娱”的需求。

石门旅游公司还十分重视景区内部的建设管理工作。通过开展“4A级旅游区”创建、ISO9000质量管理体系认证、陕西服务名牌建设等工作，在不断改善景区景观景点、基础设施和配套服务设施等硬件条件的同时，使景区的服务水平、管理能力等软件环境都得到了明显提升。2015年，石门栈道风景区通过ISO9000质量管理体系认证，并成功被评为陕西服务名牌。2017年初石门栈道水利风景区开展汉中市首届市长质量奖创建工作，顺利通过了专家组的评审，被专家组称为汉中旅游行业服务质量的标杆。

旅游景区的文化内涵是旅游差异性的灵魂，是增强景区吸引力和竞争力的关键。石门具有丰厚的历史文化底蕴，石门栈道、文化广场、仿古街是石门历史文化的再现。文化广场上四十余个“两汉三国”历史人物的雕塑群，反映栈道文化的“栈道风云”浮雕文化墙，反映石门故事的“千古石门”浮雕文化墙，“刘邦入汉中”“追韩信”“诸葛亮智取汉中”等浮雕文化墙，以及叙述褒姒生平的泥塑长廊和汉中历史故事泥塑长廊更是栩栩如生。这些作品将石门文化用形象、生动的形式与手法表现出来，通过人物雕塑、文化墙故事浮雕以及故事泥塑等形式，凸显了汉人开汉业、三国风云起的豪迈情怀，为游客了解石门文化提供了平台。

2016 年 9 月，管理局启动山河堰申报世界灌溉工程遗产工作，历经现场整治、文物考古、资料收集、国内专家评估和国家灌排委评审，2017 年 10 月报请国际灌排委员会审定，山河堰连同城固五门堰、杨填堰作为“汉中三堰”，成功申报为“世界灌溉工程遗产”。为景区增添了一块国际性的“金字招牌”，也极大地丰富了景区文化内涵，必将为景区旅游发展建设发挥重大作用。

面对竞争日趋激烈的旅游市场，石门旅游公司意识到，在开发自然资源的同时，还要保护好自己的旅游品牌。自 2004 年，石门栈道水利风景区就开始实施“商标战略”，先后申请注册了“石门栈道”“褒姒故里”“褒姒铺”“褒姒”等商标，并分别将其创建为陕西省著名商标和汉中市著名商标，进一步丰富了“石门文化”新内涵。

三 建设成效

品牌影响力扩大。通过卓有成效的管理工作，石门栈道景区综合效益日趋良好。景区游客接待量从 2004 年的全年 3.8 万人次增长到 2016 年的全年 54 万人次，旅游收入从 2004 年的 35 万元增长到 2016 的 1950 万元。到 2016 年底，景区累计接待游客总量达到 294.1 万人次，实现经营收入 1.1454 亿元。年游客接待量、服务水平、综合收入、游客满意度等指标，已经连续六年在汉中独占鳌头，“石门栈道”成为汉中旅游最响亮的品牌，石门风景区也已被打造成全省响当当的水利风景区。

带动当地共同发展。石门风景区的辐射经济效益巨大，极大地带动了周边三产的快速发展，拉动了当地经济，促进了农民增收。景区所在的河东店镇依托景区打造了鲜鱼一条街、橘园休闲区、花果山农家乐以及褒国古镇等旅游项目；在河西的褒城镇，村民相继开办了餐饮、住宿、购物、客运等多种经营项目，景区周边种植的柑橘、樱桃、花卉等经济作物产销两旺。据统计，河东店、褒城两个镇现已建成宾馆酒店9家、鱼庄27个、农家乐58个，在景区内从事运输服务、卫生保洁、纪念品经营、农产品销售的从业人员达193人。石门栈道风景区的发展建设，为本地劳动力提供了就业机会，逐步形成了“资源共享、效益同步、发展和谐、全面推进”的良好态势。因对地方经济带动效果显著，汉中市委、市政府已规划将景区所在地作为汉中中心城区向外扩展三个组团之一“褒城组团”的中心。

获得了大量荣誉。2004～2008年，石门风景区连续5年被评为汉中市旅游行业“创佳评优”竞赛活动最佳单位。2007年，石门风景区“石虎”号游船被交通部授予全国水运系统优秀船舶。2008年，石门风景区通过“全国优秀旅游城市”和“陕西省卫生城市”双创验收。2009年，省国税局、地税局授予石门旅游公司“A”级纳税人信用等级，景区则通过了省、市3A级旅游景区验收。2011年景区被省综治办、公安厅和旅游局联合确定为“陕西省平安优秀景区”；2012年被省文化厅评定为“陕西省文化产业示范单位”；2014年被评为大美陕西“新思路新发现水利风光人气景区”；2016年成功创建为国家4A级旅游景区，同年陕西省水利厅再次将石门栈道风景区表彰为“陕西省水利风景区建设与管理先进单位”。景区还被陕西网评为“西北最美避暑胜地”，被美团网评为陕南唯一一个“最受用户欢迎风景区”；旅游公司连续四年被评为市级“青年文明号”。省水利厅在对石门风景区进行专题调研后认为：石门旅游的开发深度、投资力度和建设规模是全省水利风景区中最大的，石门是全省水利行业中调整产业结构、用旅游业的收益对水利事业进行有效补充、形成可持续发展最为成功的单位，并把石门水利风景区的成功经验向全省推广。

四　经验启示

（一）打破传统，创新思维

石门水库主要承担农田灌溉、水库防汛、发电生产等任务。一方面，石门局防汛、灌溉公益性强，付出费用高；另一方面，农业水价倒挂，水费计收难，收取率低，这一高一低造成灌区管理单位效益锐减，加之地方财政对管理局公益性支出补贴不到位，造成管理局难以生存和发展，职工工资和养老都得不到保障。为了走出困境，确保全局经济平稳，石门水库管理局敢于突破固定思维模式，发挥水利资源优势，在当时相对落后的汉中，率先开发旅游产业，进军第三产业，培育新的经济增长极，收到了较好成效，作为曾经背负巨大包袱的市直水利单位，通过自身发展逐步摆脱了困境。

2015 年以前，石门栈道风景区的工作人员均由石门水库管理局调配，难免会有一些职工存在工作懒散、得过且过、出工不出力等现象。随着景区游客量的不断增加以及全域旅游大力发展的高要求，2015 年，在管理局领导的支持下，石门旅游公司大胆创新，实行全员聘用，企业化绩效管理，将工资与岗位、业绩挂钩，使景区员工的精神面貌焕然一新，工作积极性、主动性和责任感得到极大提高。景区的管理质量和服务质量也明显得到提升，得到了旅游主管部门和国内外游客的一致好评。

（二）目标明确，环保优先

景区的发展目标是：将石门栈道国家水利风景区创建为国家 5A 级旅游区，打造成中国栈道旅游目的地。为此，石门水库管理局和石门旅游公司始终把改善景区旅游环境放在重要位置。

一是严格遵守国家相关法律法规，设立保护基金，并与汉中市博物馆合作，科学保护景区内的石门、栈道、摩崖石刻、山河堰等国宝级文物。

二是在景区开发建设中，严格限制可能污染水质的项目在水库大坝以上区域发展，保护库区水域环境不被破坏。还购置了大型清漂船，每天安排专人对库区水面漂浮物进行打捞清理转运，确保库区水面清洁。

三是建立队伍保护库区环境。石门水库承担了灌溉汉中市汉台区、城固县、勉县、鑫源新区四县（区）45 万亩农田的任务，惠泽百姓，是汉中人民的“生命库”和“母亲库”。为此，石门水库管理局成立了石门水库库区生态环境保护大队，专职从事库区环境保护工作，加强对景区内各类破坏水利工程、污染水源、违法弃渣、乱修乱建等违法违规行为的监管。特别是近年来，石门水库流域正在建设宝汉高速公路，为确保景区生态环境和水质安全，库区生态环境保护大队坚持每天对库区进行巡查，严防严控，并积极联系环保、水保、河管、公安等执法部门对穿跨越水库和景区的316国道维护施工项目、宝汉高速项目施工弃渣管进行督察检查，发现问题及时处理，有效防止了弃渣大量入库，确保了景区生态环境和水质安全；同时还邀请市、县、区职能部门和景区沿线村级组织召开研讨会，共同探讨如何做好景区生态环境保护工作，有效推进了景区生态环境的保护和修复工作的开展。

四是建立“国家级水生生物种质资源保护区石门库区管护站”。石门栈道水利风景区积极争取上级支持，建站保护石门水库水生生物种质资源。2016年和2017年在库区分别投放鱼苗10余万尾，以生态措施净化水质；相继投入4000余万元资金对景区的景观设施进行生态绿化，并积极争取到丹江口上游库区水土保持国家投资项目，加大了对石门水库库区水土保持及环境综合治理的工作力度，有效改善了景区生态环境和水源涵养能力。

五是加强景区环境卫生整治。景区一直把改善旅游环境、提高游客游览舒适度作为重要工作，对清洁工划定责任区，落实卫生清洁责任，进行绩效考核管理；执行环卫日巡查和周自查机制，加大监督检查力度，与景区经营户签订门前三包责任书，发现问题立即处理；强化对洒水车、垃圾清运车、手推车、垃圾箱等环卫设施的管理，及时维修厕所水电，与河东店镇签订垃圾转运协议，确保垃圾日产日清，杜绝卫生死角；加强花草树木的维护管理，对枯死的树木进行补植，不断增大绿化面积。

（三）预防为主，安全生产

安全管理是景区工作的重中之重。石门旅游公司不断完善景区的安全管理制度，严格执行日巡查、周自查及月综合治理等相关制度；公司和职工层层签订安全责任书落实安全管理责任；建设安全监控指挥中心，设置高清摄像探头186个，实现景区90%的覆盖率；建立了景区应急广播系统；配备有电警棍、橡胶棍、防暴钢叉、防毒面具等齐备的安全管理防护设施；主动与周边县区公安部门建立联防机制，遇节假日或举办重大活动期间，联合周边派出所及相关交通管理部门，联合维护景区内外安全。

石门旅游公司成立有防火队加强消防管理，制定了消防应急预案，每年组织职工进行消防演练。同时给经营户发放了《我是消防小卫士》等消防知识读物。在景区东西门制作了消防宣传栏、横幅等标识；设置了疏散口和消防通道，道路指示和应急照明充足完好。所有岗位和经营户均配备了灭火器，备有水泵、水管、水枪、发电机等消防用品。因管理细致，多年来，景区未发生一例应负主要责任的安全事故。

（四）注重营销，做强品牌

石门栈道风景区经过多年的探索，已经构建起一套多渠道、全方位的景区宣传框架，使景区的知名度逐年提升，“石门栈道”品牌效应已初显成效。

一是弘扬栈道文化，提高知名度。在2016年和2017年，成功举办了两届“中国汉中石门栈道文化旅游月”活动，邀请王立群、纪连海、胡思远、肖云儒等国内知名专家学者参加主题文化峰会，提升了“汉中栈道”在全国的知名度和品牌影响力。

二是加强与传统媒体的合作，宣传推介景区。通过与中央电视台、旅游卫视、凤凰卫视等合作，制作了《石门悬疑》《千古石门》《穿越石门》等景区宣传专题片；积极参与《走遍中国》《红色旅游》《美食走四方》《百山百川行》《汉中栈道》《汉水汉源》等专题片的拍摄工作；与陕西、四川、甘肃、西藏等地市电视台合作，拍摄并播出景区宣传片；与《陕西旅游》《陕西日报》《华商报》等多家报刊合作，刊登景区宣传专版。

三是充分利用网络等新兴媒体，丰富宣传手段，增加覆盖面。目前，石门栈道风景区已按照智慧景区要求，实现了 Wi－Fi 全覆盖，建立了景区网站、微信、微博等公众平台，与美团、携程、同城等电商合作开通了景区电子商务，与今日头条、腾讯新闻、百度推广及微信朋友圈进行了合作。景区还以重要节假日为主题不断推出微信互动活动，如“寻找最美褒姒、最帅韩信”“浪漫七夕集吻大赛”“追嫦娥赢大奖”“双十一拯救单身狗行动”等，提高游客关注度，不断拓展客源市场。

（五）强化管理，规范服务

一是提升景区服务质量，形成良好口碑。景区常态化推行规范化服务，严格劳动纪律，公司经理执行轮流带班考勤制度，部门经理和人事专员不定时督查；不断完善绩效考核指标和机制，使所有员工均能主动遵守各项规章制度，形成良好的自觉性；检票员铁面无私，坚持原则，严查各类优惠证件、出入口车辆和人员；售票员兢兢业业，坚持一票一杆，严格遵守售票制度；游船驾驶员任劳任怨，认真落实船务工作；讲解员热情主动，讲解内容丰富多彩、惟妙惟肖；安全员谨慎仔细，排查隐患，责任心强等。

二是注重教育培训，提高服务意识，提升服务水平。景区每年聘请专业培训师，对全体职工进行内部培训，提高专业能力，提升服务意识。组织职工学习优秀企业先进经验，增强专业知识。加强景区经营户服务规范管理，签订服务达标协议；建立旅游质量投诉机制，快速处理纠纷投诉，树立景区良好形象。

三是抓支部建设，筑造坚强堡垒。目前，石门旅游公司有党员 20 名，积极分子 3 名，员工向党组织靠拢的积极性日盛。公司党支部积极组织党员和入党积极分子开展“两学一做”教育和“三会一课”活动，给党员发放了学习教材，根据年度学习计划，对党员进行爱国主义教育，组织党员观看《雷锋》《将革命进行到底》等电教片并写观后感，以不断提高其思想觉悟和综合素质，使其切实起到模范带头作用。2017 年夏天，公司在景区开展了“夏日送清凉”活动，熬煮绿豆汤，为游客送清凉；设置雷锋服务点，为游客提供免费防暑药品和景区宣传资料，将为游客服务落到实处，大大提高了游客满意度。

（六）保护资源，突出水文化

一是水利风景区在发展方向上，以水生态文明建设为大背景，突出

“维护水工程、保护水资源、改善水环境、修复水生态、弘扬水文化、发展水经济”的理念，以“水”为主题，通过深入挖掘积淀丰厚的水文化遗产，大力弘扬和传承水文化。

二是以世界灌溉工程遗产保护与开发为重点，大力发掘厚重的历史文化和丰富的民俗风情，严格遵守国家相关法律法规，科学保护山河堰、石门、栈道、摩崖石刻、川陕公路遗址等国宝级文物，科学合理开发景区资源，突出景区历史文化特色。

三是大力建设智能景区，积极利用网络新媒体等传播手段，丰富宣传手段，扩大品牌效应。积极利用景区网站、微信、微博等公众平台，传播景区品牌，同时，积极与旅游电商合作，开通景区电子商务，提高游客关注度，不断拓展客源市场。

四是疏解核心景区功能，加大腹地建设力度。石门栈道水利风景区地处褒城镇与河东店镇，核心景区可供开发的土地资源有限，为保护景区文物资源与水生态环境，充分发挥景区的辐射带动作用，带动当地共同发展，应大力疏解核心景区的非观光功能，将餐饮、住宿、娱乐、购物等旅游服务功能疏解至褒城镇与河东店镇。依托山河堰、石门大坝、栈道、摩崖石刻、川陕公路遗址等资源，在核心景区集中打造水文化与历史文化精品，着力开发观光游览功能，在褒城镇与河东店镇集中打造旅游休闲小镇，着力开发旅游接待服务功能，以景区开发带动当地经济发展，扩大就业，形成水利风景区开发与当地社区“资源共享、效益同步、发展和谐、全面推进”的良好局面。

下一步要紧紧抓住“汉中三堰”成功申报“世界灌溉工程遗产”的良好契机，深入挖掘水利工程遗产资源，有机整合水文化、汉文化、栈道文化和书法文化，将石门栈道景区整体建设成为世界水利工程大型实景博物馆，再现中华民族从古到今的水利工程建设发展脉络。

〈专家点评〉

石门水利风景区位于陕西省汉中市，依托石门水库、山河堰、石门栈道等水利资源和水工文化遗产建设而成。景区始建于1996年，2002年获批国家水利风景区，建设历史悠久，知名度高，管理经验丰富。在开发建设过程中，景区始终把保护水质环境、保护水利风景资源放在第一位，严格限制可能污染水质的项目在水库大坝以上区域发展，保护库区水域环境不被破坏，同时，依据国家法律法规，严格执行相关措施，有效地保护了山河堰等国宝级文物。

在景区发展中，下一步要以水生态文明建设为核心理念，修复水生态，改善水环境，以保护为前提，重点开发以山河堰为核心的水文化遗产，大力弘扬和传承水文化，将石门栈道景区整体建设成为世界水利工程大型实景博物馆，再现中华民族从古到今的水利工程建设发展脉络。同时，科学保护山河堰、石门、栈道、摩崖石刻、川陕公路遗址等国宝级文物，合理适度开发景区资源，突出景区历史文化特色。合理进行景区功能分区，大力疏解核心景区非观光功能，将褒城镇与河东店镇作为景区腹地，承载住宿、娱乐、购物等旅游服务功能，加大两镇建设力度，加快开发进程。在景区建设过程中，要充分利用现代信息技术手段，建设线上线下信息管理平台，有效利用全息投影、虚拟仿真等高科技手段，拓展客源市场，提高游客体验质量。

B.18

安徽肥西三河水利风景区发展报告

李亚娟　董世一　卫东山*

摘　要： 安徽肥西三河水利风景区坚持保护优先，树立规划先行的理念，充分利用其地理、文化、历史等资源优势，形成了“一心一带三区”，即旅游综合服务中心、滨水景观游憩带、古镇文化体验区、养生休闲度假区、湿地休闲与农事体验区一体化综合性滨水旅游目的地。近年来，三河镇积极进行水环境整治和保护，充分利用三河水利风景区的水资源环境和古镇文化，以防洪排涝的圩区河湖水系工程、优美的湿地风光、底蕴深厚的古镇文化和圩田文化等资源为载体，以水资源保护、生态休闲和水文化传播为核心，力求结合风景区现有的优势资源，将“水文化”作为贯穿整个景区的主题与特色，呈现“滨湖圩区的水系风貌、平原湿地的田园风光、原味古镇的文化风情”。以实现人与自然的和谐相处为目标，强调社会效益、环境效益和经济效益的有机统一。

关键词： 安徽　肥西三河　水文化　古镇文化　一心一带三区

一　景区概况

（一）地理区位

三河水利风景区地处江淮大地、巢湖之滨、省城合肥西南，隶属三河镇

* 李亚娟，华中师范大学城市与环境科学学院副教授；董世一，肥西报社记者部主任；卫东山，新华水利控股集团公司总经理助理、办公室主任。

管辖，位于安徽省四大旅游板块中的环巢湖旅游圈内，合肥至黄山、九华山的黄金旅游线上，交通便捷。景区面积22平方千米，其中水域面积6.58平方千米，依托杭埠河、丰乐河、小南河及其圩田水系建设而成，属于自然河湖型水利风景区。风景区依托于环巢湖大堤、杭埠河大堤、丰乐河大堤、小南河、护城河等水利工程，充分展现古镇文化以及水生态文化特色。经过历年不间断的规划建设，景区逐步形成了古镇文化体验区、湿地保护区、环巢湖观光区等多个景观片区，深受中外游客青睐，已然成为环巢湖旅游休闲示范区上一颗璀璨的明珠。

三河镇位于肥西县东南部，面积72平方千米，是国家5A级旅游景区和中国历史文化名镇。地处合肥、六安两市的结合部，也是肥西、庐江、舒城三县两市交界处，东濒巢湖，距合肥40千米，距巢湖7千米，离合九铁路舒城站7千米，距合界高速公路舒城三河入口处3千米，位于合肥到黄山、九华山的黄金旅游线上，交通便捷。三河镇拥有全国小城镇建设重点镇、全国文明村镇、国家卫生镇、全国综合改革试点镇、全国首批美丽宜居小镇等十八项国字号荣誉称号。

（二）资源生态

1. 地形地貌

从地质地貌演化角度来看，三河所在之地原是古巢湖中的高洲，古街区原为古巢湖的西岸，地面高程相对比较高，后因泥沙淤积，围湖造田逐渐形成为陆地。镇区处在典型的丘陵地区，地势起伏较大，西高东低。

2. 气象水文

三河镇位于江淮之间，地处中纬度地带，全年气候冬寒夏热，春秋温和，属于暖温带向亚热带过渡性气候类型，为亚热带湿润季风气候。四季分明，气候温和、雨量适中，春温多变、秋高气爽、梅雨显著、夏雨集中。年平均日照2015小时，年平均气温14.8℃～16.6℃，年平均降水量1000毫升，年平均无霜期为234天，平均湿度70%。

三河镇因丰乐河、杭埠河、小南河三条河流贯穿其间而得名。这三条河构成了三河镇非常丰富的水文资源。同时三河镇地下水水量充沛，水质较好，可以作为饮用水。这些水流组成镇区水网，为防洪、灌溉、供水、航运、养殖、旅游提供了有利条件。

3. 河流水系

景区河流水系主要为小南河、丰乐河镇区段和杭埠河镇区至巢湖段、杭埠河故道汊河等水系，水体流通情况良好，水资源丰富，观赏性强。其中，杭埠河、丰乐河系长江水系巢湖的重要支流，在三河镇汇合而后注入巢湖，是巢湖入湖水量最大的河流，约占入湖总水量的60%左右。

（三）历史文化

三河距今已有2550多年的历史，历来以其古老、秀丽、繁华而闻名遐迩，历史上既是兵家必争之地，又是商贾云集之地。有“装不完的三河”“皖中商品走廊”之美誉。

三河历史悠久，文化灿烂，人杰地灵，物阜民丰，境内名胜古迹众多，历史上名人辈出。太平军将领陈玉成、李秀成在三河一战击败清军取得了近代史上有名的三河大捷。至今仍留有当时的大本营、古城墙、古炮台等遗迹。李鸿章家粮仓、杨振宁客居地等保存完好；还有宋太祖寄宿地“二龙街”、庐剧“小辞店”等传说。

三河文化底蕴浓郁，以各种精彩纷呈的文艺表演形成了旅游的一大看点。三河是庐剧的发源地，庐剧第一剧目《小辞店》就取材于三河二龙街上发生的故事。三河民俗文化丰富多彩，体现了中国南北文化的交融。至今，春节至元宵节期间，民间仍自发举行闹龙灯、跑旱船、跳河蚌舞、赶庙会等活动，端午节时，人们做粽子、玩龙船；中秋节玩火把；婚丧嫁娶，抬花轿、闹花船；前有姓氏后有郡的民俗灯笼仍高挂在每户人家的门楼之上，保存着淳厚的民风。

二　发展历程

三河因水而兴，1949年后，三河借水运便捷优势，大力发展轻工业、酿酒、商贸等产业，经济快速腾飞。改革开放后，三河借机转型，重点发展商贸业和第三产业。1991 年 7 月，三河遭受百年一遇的华东大水，23 分钟全镇淹没；1991 年 12 月 28 日，中央电视台录制三河灾后恢复重建的影像，春节期间在全国播放。1999 年，三河开展小南河综合治理工程，同时确立了“旅游兴镇”战略。2001 年，经批准，三河镇旅游文化发展有限公司成立，隶属三河镇政府管理，三河古镇景区正式对外开放。同年，三河镇开始编制旅游规划。2003 年，聘请同济大学规划设计院阮仪三教授主持修编了《三河镇总体规划》，在总体规划的指导下，编制了《三河镇历史街区保护规划》。

多年来，三河在坚持规划引领、保护生态环境的前提下，完成了小南河、杭埠河、丰乐河及内圩水系水循环体系建设，小南河沿岸截污管网铺设，护城河综合治理工程，完成了污水处理厂日处理 5000 吨工程建设。完成合铜路、英王路、老中街、三杭路、南街茶楼等路段的立面改造工程，延伸开展了背街小巷整治行动。完善了中心古镇建设，改造了杨振宁旧居、刘同兴隆庄、鹤庐、古娱坊、桃花岛等一批精品景点；完成董寅初生平事迹展览馆、孙立人故居、望月阁、大夫第、仙姑楼、万年禅寺、宗贤根雕艺术馆等景点建设工程；建设了以弘扬抗洪精神为主题的石雕、人民的丰碑、军民坝、水文化展示馆等一批水文化景观。完善了景区标识标牌、大型旅游停车场、多功能游客中心、高标准公厕等各项旅游基础设施和服务设施建设。实施了灯饰、浮雕、背景音乐工程，提升了三河旅游的休闲文化品位。以防洪保安为目标，结合旅游、交通要素，实施环巢湖旅游大道、六舒三杭埠河景观道路建设；完成三河丰乐河大堤除险加固和环巢湖大堤填塘固基工程；按照 50 年一遇的防洪标准，建设小南河南、北闸；对景区内巢湖、杭埠河故道进行清淤、绿化和游步道、观景台建设。充分利用万亩荷塘和广阔的巢湖水面的天然资源、生态资源，发展三河的古镇文化游、乡村游、生态游，打造三汊河生态湿地景观带，紧密结合环巢湖大旅游经济圈，延伸三河旅游链条。

为建设独具特色的三河水利风景区文化，景区利用春节、中秋、端午、国庆等传统节日，先后举办了民间文化艺术节、庐剧文化艺术节、水文化节（端午龙舟竞赛）、美食文化节，丰富扩展了景区传统文化的内涵和外延。成立了三河古镇餐饮协会，挖掘三河十大舍不得中的饮食文化，整理了以“太平庆功宴”“淮军宴”“杨家菜”“刘家菜”“董家菜”“孙家菜”为代表的三河土菜食谱，制订了标准和技术规程，规范了餐饮市场；成立了庐剧艺术团、民俗艺术团、民乐队等10多家业余文艺团体；举办了庐剧研讨会，收集了古碑石、古楹联、民歌民谣，申报了11项非物质文化遗产，开发了剪纸、刺绣、油纸伞、折扇、手工秤等文化类旅游商品。在中央电视台、《人民日报》、《中国水利报》、《中国旅游报》等多家媒体进行了大容量、多层面、全方位的宣传报道活动。

经过多年来的发展，景区旅游设施不断完善，规章制度不断健全，服务水平不断提升，旅游影响力不断扩大。2007年，三河镇荣获“国家4A级旅游景区”“中国历史文化名镇”称号；2010年获得“国家卫生镇”称号；2012年，荣获“中国美食文化古镇”称号；2013年，荣获“全国首批美丽宜居小镇”称号；2015年，获得“国家5A级旅游景区”荣誉称号，同年12月，三河湿地公园成功获批试点建设国家湿地公园资格；2017年，三河入选第二批中国特色小镇名单。

三　建设成效

三河水利风景区以培育生态、优化环境、保护资源、实现人与自然的和谐相处为目标，强调社会效益、环境效益和经济效益的有机统一。

（一）生态效益

景区自建设以来，有效发挥了防风抗洪、改善环境、改良土壤、净化水质、防治污染、调节生态平衡等作用，成为巢湖的重要生态屏障，以期更好地保护与修复巢湖及周边的生态环境。景区内自然生态与人工生态相结合，形成完整生态体系，宜林宜草区域绿化覆盖率达96%。景区濒临五大淡水湖之一的巢湖，有小南河、杭埠河、丰乐河穿流景区，为景区提供水源，水量充沛，水循环良好。景区内拥有的国家湿地公园试点单位三河湿地公园，地理位置独特，丘陵、沟塘密布、河流纵横交错，野生动植物种类繁多。湿地保护给三河水资源的天然优化配置、合理利用以及综合管理提供保障并带来了巨大的生态效益，在维护水资源的水质与水量安全方面发挥着重要作用。

（二）社会效益

景区共有12个精品景点，包含名人故居、文化艺术展览、特色工艺展示、水文化展示等，独特的八古奇观水上摇橹和画舫，能够满足游客的游乐需求；三河水利风景区距合肥高铁南站30千米，开通了三河—合肥、三河—万佛湖的旅游专线；开通了三河—肥西县城、三河—舒城、三河—庐江的公交车，15分钟一班，非常便捷。距京台高速三河和严店出口处仅5千米，沿途有清晰的交通引导标识引导游客顺利到达景区。景区的建成进一步挖掘了三河及环巢湖的历史文化及民风民俗，弘扬了水生态文明，留住了城市记忆，提升了城市品位，提供了更多更好的旅游产品和景区管理服务，为广大市民游客创造了一个了解自然、亲近自然的好去处，不断增强了居民的幸福感。

（三）经济效益

景区的建成促进了旅游消费和旅游业发展，加快了自然生态、文化遗存、人文景观等旅游要素集聚，提升了环巢湖旅游的品牌效应，成为推动区域经济发展新的增长点。

三河镇2016年财政收入完成6650万元，其中国税收入完成2500万元，地税收入完成4150万元；完成规上工业增加值7亿元、固定资产投资18.5亿元，招商引资到位资金11.5亿元。2012～2016年，三河镇全社会固定资产投资由12.5亿元增加到18.5元，年均增长9.6%；全镇规上工业产值由21.8亿元增加到34.5亿元，年均增长13.6%；城镇居民人均可支配收入由

14500 元增加到 28537 元，年均增长 19.3%；农民人均纯收入由 7150 元增长到 15601 元，年均增长 16%，高于合肥市平均水平。5 年内 30 多家企业先后来景区进行投资，淮军水营、三河荷花博览园两个大型旅游服务类项目正在积极推进。2016 年三河水利风景区接待游客 380.6 万人次，门票收入 787.6 万元，旅游综合收入 4.3 亿元。

四　经验启示

（一）发展经验

1. 遵循五大发展理念，严格水资源管理体系

三河水利风景区总体布局为“一心一带三区”，即旅游综合服务中心、滨水景观游憩带、古镇文化体验区、养生休闲度假区、湿地休闲与农事体验区。景区遵循“创新、协调、绿色、开放、共享”五大发展理念，以水生态文明为引领，科学合理利用和有效保护水利风景区资源，确保水工程安全、水环境维护良好、水资源保护到位。充分利用三河水利风景区的水资源环境和古镇文化，以防洪排涝的圩区河湖水系工程、优美的湿地风光、底蕴深厚的古镇文化和圩田文化等资源为载体，以水资源保护、生态休闲和水文化传播为核心，力求结合风景区现有的优势资源，将“水文化”作为贯穿整个景区的主题与特色，呈现“滨湖圩区的水系风貌、平原湿地的田园风光、原味古镇的文化风情”。完善风景区游憩体系、旅游服务体系、生态环境保护体系，推进三河古镇景区建设，着力将三河水利风景区打造成集水利功能、生态功能和文化传承、休闲度假、游览观光、科普教育等综合功能于一体的全国著名的自然河湖型国家水利风景区，成为全国著名的圩区水生态休闲度假展示地、水利工程展示与科普教育基地和古镇文化旅游示范区，在整体上实现环境效益、经济效益和社会效益的共赢。

景区在成立伊始，就坚持保护优先，树立规划先行的理念，以规划为引领，确保资源和景观的可持续利用。2004 年完成三河镇总体规划的修编并

报市规委会批准执行，目前正在进行总规的修编。2015 年完成三河湿地公园规划的编制，2017 年初，完成湿地公园的修建性详规的编制和审批工作。2016 年启动三河镇旅游专项规划的编制工作。2016 年，根据景区的发展要求，三河水利风景区委托池州学院生态经济与旅游发展研究中心精心编制了《安徽省肥西三河水利风景区规划纲要》，并于当年 3 月通过了县政府批复。在开发建设时，景区以水资源保护、水生态修复为主导，结合旅游休闲功能，精心规划建设景区的每个建设项目，保证景区的经济、环境与社会效益相统一，实现资源与环境的可持续利用。

2. 加强水利工程建设，写好水安全保障文章

水，是三河镇之魂；水景，是三河水乡的靓丽风景；水利工程，是三河镇安全与繁华的基础设施。三河镇一直非常重视水利工程的除险加固，在上级水利部门的支持下，水利工程建设取得了显著成就。目前，景区拥有 10.5 千米巢湖Ⅱ级堤防，小（Ⅰ）型涵闸 2 座，小（Ⅱ）型涵闸 36 座，大小泵站 45 处。

杭埠河，源自岳西县境大别山区的猫耳尖，流经岳西县、舒城县、庐江县、肥西县，在三河镇注入巢湖。全长 116 千米，流域面积 3064 平方千米。1977 年 11 月，肥西县杭埠河治理工程开工，肥西集中劳力 7.2 万人，退建县境老河堤防 10 千米。

丰乐河古称桃溪，出自六安市境，流经金安区、舒城县、肥西县，在龙嘴处与丰乐河三源合一。河道长 105 千米，流域面积 2124 平方千米。1976 年，丰乐河堤防治理工程开工；2008 年，丰乐河堤防加固工程实施；2011 年，中小河流丰乐河治理工程开工。

巢湖大堤南起滨湖联圩东安圩，北至派河入巢湖口，堤岸线总长 20.4 千米，保护面积 88.46 平方千米。巢湖大堤是省、市重点防洪工程，也是肥西县历年防汛的重中之重。巢湖大堤治理前堤身单薄，堤后普遍存在壕沟、深塘，堤防隐患多，护坡高程低，防洪能力有限。水位达 10 米时，散浸、渗漏、管涌、滑坡等险情即不断出现。1983 年、1991 年、1996 年巢湖大堤皆曾因管涌出现溃破。1999 年，按照“统筹兼顾，综合治理，一次规划，

分步实施”的原则，肥西县完成了巢湖大堤土方加固、迎水面护坡等工程。2014 年，合肥市启动环巢湖生态示范区建设，沿环巢湖大堤兴建交通工程，肥西境内兴建了跨河公路桥梁 3 座，沥青混凝土路面 20.4 千米，作为旅游景观大道，与环巢湖全境沟通，并将巢湖大堤防洪标准提高到 20 年一遇。

小南河自南向北流贯三河古镇，境内长 2.9 千米，经丰乐河、杭埠河与风光旖旎的巢湖景区连成一片。1999～2001 年，小南河完成清淤 17.75 万立方米，两岸修筑护坡 14 万立方米，拆迁违章建筑 6 万平方米，河两岸栽花植树，共投入资金 1700 多万元。2014 年，三河镇争取到亚行贷款 6000 万元，对小南河部分河段进行清淤，修建生态挡墙，沿河两岸铺设污水水网 16.19 千米，并对小南河支流实施了治理工程。

放眼望去，三河美丽的河湖岸线呈现为一道宏伟的生命线。

3. 着力保护水资源生态，营造人水和谐画境

三河风景区范围内，水资源丰富，水体流通情况较好。根据《地表水环境质量标准》（GB3838－2002）水质标准进行评价，区内的杭埠河、丰乐河、小南河各断面水质分别达到Ⅲ类、Ⅳ类、Ⅳ类水质标准。但原来的小南河、杭埠河故道与外界水交换性较差，水环境容量较小，水质时有超标现象发生。另外，小南河、丰乐河、杭埠河及故道部分河段杂质较多，南北走向的汊河内坑塘、滩涂较多，水面有漂浮物，影响景观效果，因而加强水系水质保护十分重要。

近年来，肥西县及三河镇高度重视水资源保护工作，先后投入 4.7 亿元，用于景区基础设施建设，包括三线下地、河道清淤、污水管网铺设、生态补水等工程。建设日处理能力为 5000 吨的污水处理厂一座，该污水处理厂在 2007 年被批复兴建，项目采用原国家环保总局和财政部推广的新工艺——硅藻土污水处理工艺。出水执行《城镇污水处理厂污染物排放标准》（GB18918－2002）一级标准中的 A 标准。厂区构筑物蕴含着浓浓的徽派气息，周边景色优美。污水处理厂服务范围为三河镇城区，设计收水范围 4.71 平方千米，污水收集管网长度 23.5 千米，项目总投资 4049.72 万元。于 2008 年 9 月启动，2012 年 3 月通过环保设施阶段性监测并顺利通过环保

验收。目前，污水处理厂由安徽国祯环保节能科技股份有限公司运营管理，该厂运营管理规范，出水稳定达标。

景区坚持“治湖先治河，治河先治污”，源头治理，标本兼治。在全市率先全面推行“河长制”管理工作，建立三级河长制，镇域内每条河流都落实管理主体和责任人，落实“一河一策”，实施辖区河段水环境污染综合整治，取得明显成效，初步实现了“水清、河畅、岸绿、生态”的治理目标。

4. 因地制宜综合施策，提高水生态环境质量

为了全面提升三河水利风景区的功能、品质、形象，打造优美秀丽的生态水乡古镇形象，景区先后完成了小南河综合治理、“三水贯通”和生态换水、护城河治理等工程。特别是自“三线三边”环境整治启动以来，三河镇更加突出生态环境整治，借助环巢湖生态示范区建设，多方筹措资金，加大项目投入，获得国开行、亚行贷款资金，总投资1.8亿元，开工建设三河镇丰乐河沿岸综合治理工程和三河镇生态环境综合整治工程，对镇区小南河6条支流及下拐河、三拐塘、王祠大塘、沈墩塘、单家大塘等沟塘实施补水、活水、清淤、绿化、截污，通过对河道、沟塘清淤，实施生态护坡、绿化，岸线整治及河中小岛加固、景观布置，全力将“死河道”“死沟塘”打造成与古镇景区体系一致的景观长廊。

景区抓住湿地公园建设契机，统筹规划污水收集和集中处理，统一排入污水管道，集中统一处理，减少水体污染负担。提倡使用有机、绿色化肥，并科学合理地施用。控制农药使用量，大力推广使用高效、低毒、低残留的农药与生物农药，严格控制农业污染。沿道路布置污水主干管，并根据需要设置次干管，实行雨污分流，单体污水排出管就近接入污水干管相应检查井中，雨水自然排放。拟通过河流生态廊道、巢湖水面生态板块和林地植被基质的保护和恢复建设，有效治理杭埠河老河道不畅、河水自净能力不足等问题，保证巢湖三河地区的生态安全，同时有效拓宽三河古镇的发展空间，将三河千年古镇文化“活水”注入湿地，引入巢湖，而且公园可以将三河镇的历史文化与巢湖的水文化联系在一起，成为和三河古镇旅游相映衬的生态

水乡。

5. 大力弘扬水文化，打造人水相依新境界

历史上，三河镇河水环绕，渠塘纵横，有“外环两岸，中峙三洲”之称。镇外河湖通航，河圩相连。水上有小桥，堤上有人家，是典型的皖中“江南水乡”。古镇街区的基本格局是沿河成街，临水建房；两岸小桥相连，水上轻舟荡漾；水、桥、码头、青石街、徽派民居与树木、花卉的点缀，融成“小桥、流水、人家”。

三河镇上连片的古民居飞檐翘角、雕梁画栋，是皖中地区少见的晚清建筑群。白色的马头墙，小青瓦覆盖的双坡屋顶。梁檩椽柱雕花彩绘，再加上黑漆鎏金的店招匾额，悬挂于门楣上的八角玲珑的挂灯，深幽的一人巷长满的青苔，无不透溢着浓郁的古风神韵。

从三河水文化的类型及特征、载体的类型及作用出发，“借水造景、以景传文、人水相依、文景共生”由来已久，水，是三河世世代代离不开的重要依靠。

“千年水乡古镇、小桥流水人家”已成为她的一张名片，被称为“八古”景观的古河、古桥、古街、古巷、古民居、古茶楼、古庙台、古战场等，融合“镇”和“城”的发展特点，形成了江淮地区独有的“江南”风光，堪称“宜居、宜商、宜游”、可亲可近的家园。景区内成片地保存着古西街、古南街、古东街等晚清时期徽派建筑群，完整保存着刘同兴隆庄、三河古码头等历史遗迹。

三河人文荟萃、名人辈出，著名物理学家杨振宁、抗日远征军将领孙立人、爱国侨领董寅初、新四军将领孙仲德、四川总督刘秉璋等众多名垂青史的风云人物，使三河古镇在中国近代史上留下了浓墨重彩的一笔。水乡三河名人屐痕不胜枚举，堪称物华天宝、人杰地灵。

三河民俗兼具南北文化，多彩多姿。每逢节庆，都有赛龙舟、闹花船、河蚌舞、羽扇舞、庐剧等沿街沿河演出，观者如堵，万人空巷。

6. 坚持立法先行，增强主体保护意识

为促进景区旅游业态健康发展，积极引导旅游业态按照功能定位进行发

展，特别是将景区内的历史街区保护规划真正落到实处，三河积极争取上级有关部门支持，制定了《合肥市三河历史文化名镇保护条例》，明确了三河古镇保护范围、保护主体、保护责任和“抢救第一，有效保护，统筹规划，合理利用，加强管理”的保护原则，将对古镇的保护纳入法制化轨道。2010 年 8 月 27 日，合肥市人大常委会会议正式通过了《合肥市三河历史文化名镇保护条例》，经安徽省人大批准，于 2011 年 1 月 1 日起施行。该条例从环境保护、市容市貌、旅游开发、文化传承等方面制定了多项保护措施，明确了保护的具体范围、内容和形式，为三河古镇保护提供了科学规范的法律依据。条例明确规定了开发建设的风格要求，保证了开发的科学性、合理性，杜绝了随意开发、过度开发现象，规定了市、县和镇三级政府在三河历史文化名镇保护工作中的作用和各自所承担的职责，能够更好地为三河提供政策、资金、技术等方面的支持，条例规定实施分区保护原则，对文物保护区、核心保护区、建设控制区三大区域，按重要程度分别提出了保护措施和要求。三河以立法的形式保护特定历史文化名镇的做法在安徽省属于首例。

7. 加强基础设施建设，全面提升景区承载力

近年来，景区加快推进旅游交通畅达工程。全面配合实施合铜路改造、环巢湖大道、六舒三公路建设工程，改善古镇外围交通要道通行条件。投资 2015 万元，对镇内的三条道路进行了 5.9 千米的景观大道改造提升工作。投入 448 万元建设了占地约 20000 平方米的旅游停车场。在主交通要道增设 22 块外部交通标识牌，增强指示引导。开通景区到肥西、舒城、庐江三县的公交车辆。开通三河至合肥、三河至舒城万佛湖旅游直通车，最大限度地方便游客抵达景区。景区将游客接待中心建成了集引导咨询解说、品牌形象展示、民俗文化推广、游客休闲娱乐于一体的一级游客接待中心。按照公共信息导向系统设置的原则和要求，规范景区标识标牌的设置，对景区标识系统进行了全面的规范和更新。开展“厕所革命”，对照旅游公厕等级标准，全面提标升级了 29 座公厕的硬件基础设施，美化公厕内部环境，及时补充如厕物品，强化日常保洁服务，营造舒心公厕文化。

为保障广大游客安全出游，景区设有专门的安全保护机构，各类安全保

护机构、制度和紧急预案规范健全，消防、城管、交警、公安、景区巡查员等，每日在景区内进行安全巡查，分布在整个古镇景区的152个视频监控探头密织成为一张集文物保护、客流监控、旅游服务、交通疏导、市容管理、治安防控于一体的智能管理服务和安全防护网。硬件方面，科学设置景区陆地、水上安全防护设施，全面修缮小南河两岸步栈道，沿护城河两岸增设1400米青石护栏，设立安全提示标牌，保障游客水边游览安全。对水上游船安全进行规范，每位游客乘坐游船必须穿戴救生衣方可开船，同时，确保小南河与护城河水位稳定，保障游客在游船码头上下船时的安全。在游客中心设置医务室，配备药箱、药品、担架等大量医疗器材，设立救援电话，明确专职救护人员，确保游客的突发伤害事故在第一时间得到最好的救治。

本着尊重历史、修旧如旧、传承文化的原则，景区新建三河大战风云馆、名人广场、古码头、景区大门、水文化展示馆等精品景点，投资2200万元提升改造和修缮维护孙立人故居、杨振宁旧居、刘同兴隆庄、董寅初纪念馆、鹤庐等标志性景点，深度挖掘景区历史，以丰富翔实的资料、生动有趣的高科技展示设备为游客呈现景区文化内涵。投资876万元在核心景区新建了33组浮雕和街头小品，充分展示了三河的悠久历史、特色风貌和厚重文化。对历史街区进行功能分区，充分依托“中国美食文化古镇”名片、“三河大捷”名战、孙立人等三河名人叠加效应，积极推进“一店一品”工作，将古西街培育为旅游商品一条街，古南街培育为特色美食街区，古东街培育为美食文化一条街，八扇街培育为羽毛扇一条街，把景区游览与购物消费巧妙融合。

此外，景区积极推进智慧景区建设工作，在景区范围内启用景点监控系统和客流监控系统，可以监看各景点游客参观的实时情况；建设了独立的旅游门户网站，提供旅游热点和景区快讯等动态信息；开发了基于苹果手机、安卓手机等智能型手机的名为“三河古镇旅游”的手机客户端，实现景区智能导航、导游、导购；在核心景区实现了无线网络覆盖；利用语音导游设备实现了游客在景区的自助式导游服务；开通了官方新浪微博和微信公众平台服务号，及时更新资讯。

8. 精心实施亮丽工程，全面装扮景区环境

近年来，景区十分重视街道整治工作，全面实施“三线下地”工程，将景区内原本杂乱的各类线路进行隐藏，与此同时，全面开展景区内的街面整治工作，清除核心景区空中、地面及水下垃圾杂物，拆除并清理有碍观瞻的灯箱、太阳能、挡雨棚、晾衣架、遮阳伞、水泥杆、信号塔、破旧门窗、店招店牌、枯死树木等，维护修缮年久失修的下水道、窨井盖、排污管道、瓦面挂落、破损道路等，全面净化景区市容市貌，为游客展现干净、整洁的游览环境。

为使核心景区风格相统一，三河镇本着还原古镇风貌、塑造旅游看点、彰显古镇魅力的原则，组织实施古镇内建筑的立面改造工作，重点是对古镇核心景区游线可视范围内的建筑外立面，统一色彩色调，统一使用木质材料，更换安装具有古朴典雅晚清徽派风格的花格门窗、空调罩，对空调、太阳能、电表箱等现代化功能性生活设施进行必要的隐藏和迁改。依据不同道路的经营特色和建筑特点，恢复具有传统特色文化的店招，形成风格各异、独具特色的街面店铺，打造古朴而亮丽的水乡古镇。

为了给游客提供一个良好的休息、文化娱乐、亲近大自然的场所，景区精心做好绿化园艺工作，运用园艺思维，坚持品种多样化、层次复杂化、色彩丰富化、景观季节化、赏花常年化、景致特色化，丰富园艺品种，提升园艺品质，精心打造一步一景、一个时节一个特色的园林景观。自 2014 年以来，景区先后分三期投入资金 1969 万余元，种植 30 多种 5000 余株乔灌木、30 余种 14. 3 万平方米地被植物。投入约 1000 万元，采用形式多样的新型 LED 节能灯柱灯带等饰品，着力打造镇区内小南河、护城河旁街巷道路、房屋轮廓、河道岸线、绿化景观的亮化工程，景区夜景优雅迷人，令人流连忘返。

9. 上下联动广泛宣传，营造良好旅游氛围

在景区发展的攻坚克难期，三河镇从镇直各机关、景区各单位、社区各企业商户招募 1000 多名志愿服务人员，分别成立了党员志愿者、巾帼志愿

者、青年志愿者、夕阳红志愿者、服务行业志愿者、镇直机关志愿者、社区志愿者、大型企业志愿者等20支志愿者服务队，重点组织开展宣传发动、日常巡查、引导劝助、协助管理、参与联合执法等日常创建工作，充分发挥了志愿骨干队伍的作用。

为进一步扩大景区知名度和美誉度，景区及时了解各类创建工作中涌现出的先进典型，通过政务信息平台通报、会议表扬、看望慰问、通报嘉奖等方式给予关心支持和宣传弘扬；对于少数影响景区经营管理工作的反面事例旗帜鲜明地予以点名批评。三河镇在景区核心地点万年台广场设立了吸引人驻足“红黑榜”，用大红喜庆光荣榜公布文明诚信示范户、十星级文明户、各类优秀志愿者、好婆婆、好儿媳、优秀建设工作者和优秀环卫工人等先进单位和先进个人，也用图文并茂曝光台点名批评了少数违反景区管理规定的商户、企业。通过设立“红黑榜”有力地弘扬了正气，遏制了陋习，得到了景区居民的广泛关注和支持。

与各级各类主流媒体保持密切联系，每逢重大活动、重要会议都及时邀请广大媒体记者进行采访报道。先后与《安徽日报》、《合肥日报》、合肥电视台联合举办专题专栏，及时发布和跟踪报道景区特色亮点，引起了社会各界的广泛关注。近年来，景区在《人民日报》头版头条刊发了《生态水乡三河镇》，在央视先后播放了《舌尖上的中国之三河土菜不土》《美丽乡村中国行之水韵三河》2部专题片，特别是2015年春节期间，中央电视台的5次现场直播，更是向全国乃至全球充分展示了三河的独特魅力。

10. 注重细节狠抓常态，全面提升管理水平

三河水利风景区内居住着近3.5万名居民，管理难度大，责任重。为了保障游客人身安全以及保持良好的景区游览秩序，三河在部分区域实行交通限行，依据《合肥市三河历史文化名镇保护条例》等法律法规，在景区核心保护区内设立7个卡点构成一个交通限行区域，明确规定每天上午8：30至下午17：30为交通限行时段。在交通限行时段，除专供观光游览的环保型车辆，执行公务的公安、消防、救护、抢险、环卫等特种车辆，禁止一切机动车辆（含机动三轮车）在景区内通行；自行车、两轮电动车、两轮摩

托车在景区内通行，应慢速行驶，禁鸣喇叭，遇有人群下车推行；古西街、古中街、古南街、古东街、下横街全路段禁止停放一切车辆。景区内所有车辆分类在指定区域入位停放，所有停放车辆车头应朝向一致，摆放整齐。同时，在春节期间，为了方便老弱病残孕等特殊人群购置年货，景区在主要路口设置了便民服务车，如遇携大包小包不便进出的特殊群众，市容管理人员将用服务车免费送居民进出。

为强化景区管理力度，三河镇按照定区域、定单位、定人员、定责任、定奖惩等“五定”原则，按照景区不同路段工作量，以 50～100 米为一段，将景区街巷划分为 118 个路段，精挑细选 200 多名志愿者分布到各责任段，全天候分段巡查，死看硬守，及时劝阻制止私拉乱接、出店经营、乱摆乱放、乱扔垃圾等不文明现象，努力养成市容市貌良好常态。

景区巡查员坚持每天两巡查，针对景区的硬件设施、软件服务开展细致排查，查找存在问题，建立整改台账，提出整改包保领导、责任单位、责任人员、整改措施、整改目标、完成时限等意见后，由景区负责人签发交办单；承担整改任务的单位和人员需在整改时限内反馈报告整改情况，由景区督查组检查验收后予以销号。

本着服务至上的原则，景区定期组织旅游从业人员进行学习培训和业务考核，提升从业人员的服务意识。重点对一线服务人员进行培训考核，不断明确旅游从业人员的岗位职责和行为规范。如每季度对导游员开展“导游星级评定考核”，主要考核内容包括现场讲解、基础知识答题、地方戏曲演唱、仪容仪表四大项。考核办法规定，导游员根据测评标准，被评定为三星、四星、五星导游员，星级越高，则每次带团的绩效额度越高，以此促进导游人员不断提升自己的服务技能。

11. 率先推出诚信菜单，促进景区健康发展

为进一步打造景区品牌，规范旅游市场秩序，营造行业诚实守信的良好氛围，景区大力推进旅游诚信体系建设，全面实行诚信经营战略，努力打造全国诚信建设示范景区。2015 年 10 月景区创新推出“诚信菜单”，在“诚信菜单”上不仅标明了菜肴最高限价，还包括用料的分量，如三河特色小

吃“三河米饺”，要求每个米饺不少于60克，最高售价1元，少了分量，高了价格，顾客都可以投诉。同时以“诚信菜单”为突破口，以点带面，全面建设诚信景区。除了“吃”外，还包括“住”，景区宾馆、客栈根据不同的住宿标准，制定了价格上限；“行”，景区内三轮车和水上游的收费标准都有明确规定并公示；“游”，作为国家5A级景区，其承诺为开放式，不收取大门票；“购”，景区的旅游商品价格均有上限控制并制定了特色价格标签；“娱”，景区娱乐业的收费标准也已规范，实现价格公开、公道。诚心体系建设，让广大游客在三河能吃得放心、玩得舒心，得到了广大游客的一致好评和社会各界的充分肯定。在三河镇旅游公司、市场监督管理局、餐饮烹饪协会的共同努力下，景区制定了诚信曝光制度，该制度以建立健全商户诚信档案为基础，以游客满意度为标准，建立健全景区诚信管理体系，形成完整的诚信记录、评价和奖惩机制，设立景区“诚信曝光台”和“诚信红榜”向社会公示，督促商户和旅游从业人员加强自律、诚信经营，促进旅游业持续健康发展，努力将三河古镇的诚信建设推上新的台阶。

（二）主要启示

经过一番经验梳理，三河水利风景区在景区规划管理、实施建设、服务水平等方面都有重要启示。总体来说，肥西三河水利风景区应当抓住创建机遇，在国家水利部和各级领导、专家的关心支持下，继续坚持“提升水工程、保护水资源、修复水生态、改善水环境、弘扬水文化”的理念，依托丰富的水体资源和水利工程等优势，完善防洪、排涝、观光、休闲等多种功能，重点推进“一心一带三区”建设。其中，一心，即旅游综合服务中心；一带，即杭埠河滨水景观游憩带；三区，即古镇文化体验区、养生休闲度假区、湿地保护与农事体验区。景区将按照国家水利部的要求，进一步修改完善规划，进一步加强水生态修复和生态建设，深度整合景区资源，大力发展生态游，重点做好以下工作。

1. 加快以生态修复为主的景区建设

坚持规划先行，通过水利设施的建设更好地保护水资源、修复水生态、优化水环境；按照“一心一带三区”的总体布局，注重恢复和保护区域内河、湖沿线自然生态系统的自我修复、自我净化功能，打造人水和谐理想环境；结合杭埠河六舒三道路交通建设，打造适宜群众休闲观光的生态景观和亲水功能，将古镇和巢湖湿地进行串联，实现人文景观和自然景观的有机组合，让群众共享生态水利发展成果。

2. 加强以提升品质为重点的景区管理

挖掘水文化，做好水文章，开发亲水体验、休闲采摘、垂钓养生等新兴业态，进一步丰富完善水上游和湿地生态旅游项目，开发水产和具有地方特色的文化旅游商品，进行水文化展示项目建设工作，不断弘扬水文化。寻找水资源特色与市场需求的最佳结合点，有针对性地举办丰富多彩的主题活动，举办龙舟赛、美食节、最美船娘等有影响力的赛事活动，扩大影响力和知名度。加强工作人员培训，从资源开发和环境保护等方面入手，力促景区管理水平再上新台阶。

3. 提高以资源保护为核心的服务水平

全面落实景区水资源管理责任，以推行河长制为中心，铁腕治污、全域治水，标本兼治、双管齐下，大力实施水质监测、水岸清理、面源污染治理、市政管网建设、生态修复等工程；培育尚水文化，倡导卫生文明生活方式，营造珍爱水、节约水、建设水的尚水文化，引导群众人人参与、各尽其能，广泛参与到保护生态、保护水源的行动中来。

〈专家点评〉

肥西三河水利风景区遵循“创新、协调、绿色、开放、共享”五大发展理念，以水生态文明为引领，科学合理利用和有效保护水利风景区资源，确保水工程安全、水环境维护良好、水资源保护到位。充分利用三河水利风景区的水资源环境和古镇文化，走出了一条综合环境保护、休闲娱乐和文化提升的新路径。

在未来的景区运营过程中应该重视以下原则。

(1) 保护为主，旅游开发为辅。在旅游开发建设中，要确保水利工程的安全正常运行。我国传统水利以兴利除害、防洪灌溉、供水发电为主，在最初设计时较少考虑旅游功能，只是随着这些年来旅游业的快速发展，旅游才作为水利工程的一项副业得以开发，但旅游开发绝对不能跃居水利工程安全运营之上。

（2）旅游带来的水污染应实时监控。旅游业由于自身的独特性，对环境带来的消极影响不容忽视，特别是以“水”为资源主体的水利风景区，需实时监控旅游活动对水体带来的影响。因此要保护水生态环境，做到可持续用水，尽可能减少水体污染

（3）水利部门监管是主体。在所有权和管理体制上，应以水利部门管理为主，协调旅游部门和当地政府共同参与管理。

附　　录

Appendix

B.19

国家水利风景区名单

序号	行政隶属	景区名称	批次
1	水利部(2)	黄河小浪底水利枢纽水利风景区	3
2		黄河万家寨水利枢纽水利风景区	3
3	长委(3)	丹江口市松涛水利风景区	6
4		丹江口大坝水利风景区	13
5		陆水水库水利风景区	17
6	黄委(22)	黄河三门峡大坝水利风景区	2
7		河南黄河花园口水利风景区	2
8		济南百里黄河水利风景区	3
9		山西永济黄河蒲津渡水利风景区	4
10		开封黄河柳园口水利风景区	4
11		濮阳黄河水利风景区	5
12		范县黄河水利风景区	6
13		潼关县金三角黄河水利风景区	6
14		河南台前县将军渡黄河风景区	7
15		山东淄博黄河水利风景区	7
16		河南孟州黄河开仪水利风景区	8

续表

序号	行政隶属	景区名称	批次
17		山东滨州黄河水利风景区	9
18		东阿黄河水利风景区	10
19		德州黄河水利风景区	10
20		垦利区黄河口水利风景区	10
21		山东邹平黄河水利风景区	11
22		山东菏泽黄河水利风景区	11
23		甘肃庆阳南小河沟水利风景区	11
24		河南故县洛宁西子湖水利风景区	11
25		利津县黄河生态水利风景区	12
26		洛阳孟津黄河水利风景区	14
27		长垣黄河水利风景区	17
28	淮委(3)	舞钢市石漫滩水库水利风景区	1
29		沂河刘家道口枢纽水利风景区	13
30		骆马湖嶂山水利风景区	16
31	海委(2)	德州市漳卫南运河水利风景区	4
32		迁西县潘家口水利风景区	5
33	松辽委(2)	兴安盟市察尔森水库水利风景区	5
34		齐齐哈尔市尼尔基水利风景区	7
35	太湖局(1)	吴江区太湖浦江源水利风景区	11
36	北京(3)	昌平区十三陵水库水利风景区	1
37		怀柔区青龙峡水利风景区	2
38		门头沟区妙峰山水利风景区	9
39	天津(2)	北辰区北运河水利风景区	3
40		东丽区东丽湖水利风景区	3
41	河北(21)	秦皇岛市桃林口水库水利风景区	2
42		鹿泉市中山湖水利风景区	4
43		秦皇岛市燕塞湖水利风景区	4
44		衡水市衡水湖水利风景区	4
45		平山县沕沕水水利风景区	5
46		武安市京娘湖水利风景区	5
47		邢台县前南峪生态水利风景区	6
48		邢台县凤凰湖水利风景区	6
49		承德市庙宫水库水利风景区	6
50		邯郸市东武仕水库水利风景区	6
51		迁安市滦河生态防洪水利风景区	7

续表

序号	行政隶属	景区名称	批次
52		沽源县闪电河水库水利风景区	9
53		丰宁县黄土梁水库水利风景区	10
54		魏县梨乡水城水利风景区	14
55		临漳邺城公园水利风景区	14
56		衡水滏阳河水利风景区	14
57		滦县滦河水利风景区	15
58		邢台七里河水利风景区	15
59		邢台紫金山水利风景区	16
60		保定易水湖水利风景区	16
61		邯郸广府古城水利风景区	17
62	山西(17)	太原市汾河二库水利风景区	2
63		忻州市汾源水利风景区	2
64		太原市汾河水利风景区	5
65		阳泉市翠枫山水利风景区	8
66		平顺县太行水乡水利风景区	8
67		晋城市山里泉自然风光水利风景区	8
68		吕梁市柳林县昌盛水保示范园水利风景区	8
69		盂县藏山水利风景区	8
70		朔州市桑干河湿地水利风景区	8
71		宁武县暖泉沟水利风景区	12
72		汾河水库水利风景区	12
73		沁县北方水城水利风景区	12
74		长子县精卫湖水利风景区	12
75		繁峙县滹源水利风景区	13
76		原平滹沱河水利风景区	14
77		长治漳泽湖水利风景区	14
78		怀仁鹅毛河水利风景区	15
79	内蒙古(27)	赤峰市红山湖水利风景区	4
80		赤峰市宁城县打虎石水利风景区	4
81		包头市石门水利风景区	4
82		鄂尔多斯市巴图湾水利风景区	4
83		巴彦淖尔市黄河三盛公水利风景区	5
84		赤峰市南山水土保持示范园水利风景区	6
85		赤峰市达理诺尔水利风景区	6
86		鄂尔多斯市杭锦旗七星湖沙漠水利风景区	6

续表

序号	行政隶属	景区名称	批次
87		赤峰市喀喇沁旗锦山水上公园水利风景区	6
88		呼和浩特市和林县前夭子水库水利风景区	7
89		兴安盟科右中旗翰嘎利水库水利风景区	7
90		鄂尔多斯市沙漠大峡谷水利风景区	7
91		赤峰市阿鲁科尔沁旗达哈拉湖水利风景区	8
92		赤峰市巴林左旗沙那水库水利风景区	8
93		呼和浩特市敕勒川(哈素海)水利风景区	8
94		锡林郭勒盟多伦县西山湾水利风景区	8
95		巴彦淖尔市二黄河水利风景区	9
96		牙克石市凤凰湖水利风景区	9
97		呼和浩特市白石水利风景区	10
98		鄂尔多斯市砒砂岩水利风景区	11
99		额济纳旗东居延海水利风景区	11
100		巴彦淖尔德岭山水库水利风景区	14
101		赤峰德日苏宝冷水库水利风景区	14
102		乌海市乌海湖水利风景区	16
103		巴彦淖尔狼山水库水利风景区	15
104		包头南海湿地水利风景区	17
105		鄂尔多斯马颤沟神龙寺水利风景区	17
106	辽宁(10)	本溪县关门山水利风景区	2
107		抚顺市大伙房水库水利风景区	2
108		大连市碧流河水利风景区	4
109		朝阳市大凌河水利风景区	5
110		沈阳市汤河水库水利风景区	5
111		铁岭凡河水利风景区	16
112		抚顺县关山湖水利风景区	5
113		喀左龙源湖水利风景区	16
114		沈阳市浑河水利风景区	8
115		沈阳市蒲河水利风景区	12
116	吉林(28)	长春市新立湖水利风景区	2
117		集安市鸭绿江水利风景区	2
118		磐石市黄河水库水利风景区	3
119		长春市石头口门水库水利风景区	3
120		通化市桃园湖水利风景区	4
121		舒兰市亮甲山水利风景区	4

续表

序号	行政隶属	景区名称	批次
122		长春市净月潭水库水利风景区	5
123		东辽县白泉镇聚龙潭水库水利风景区	5
124		松原市查干湖水利风景区	6
125		梅河口市磨盘湖水利风景区	7
126		延吉市布尔哈通河水利风景区	8
127		长白县十五道沟水利风景区	8
128		松原市龙坑水利风景区	9
129		吉林市松花江清水绿带水利风景区	9
130		白城市嫩水韵白水利风景区	11
131		四平市二龙湖水利风景区	11
132		沙河水库水利风景区	12
133		长岭县龙凤湖水利风景区	12
134		东辽县鹭鹭湖水利风景区	13
135		大安牛心套保水利风景区	16
136		松原市哈达山水利风景区	13
137		和龙市龙门湖水利风景区	13
138		白城嫩江湾水利风景区	16
139		和龙图们江流域红旗河水利风景	14
140		松原沿江水利风景区	15
141		永吉星星哨水利风景区	17
142		通榆向海水利风景区	17
143		临江鸭绿江水利风景区	17
144	黑龙江(31)	安达市红旗泡水库红湖水利风景区	1
145		五常市龙凤山水利风景区	3
146		五大连池市山口湖水利风景区	5
147		甘南县音河水库水利风景区	6
148		齐齐哈尔市劳动湖水利风景区	6
149		佳木斯市柳树岛水利风景区	6
150		鹤岗市鹤立湖水利风景区	7
151		密山市农垦兴凯湖第二泄洪闸水利风景区	7
152		哈尔滨市太阳岛水利风景区	8
153		密山市当壁镇兴凯湖水利风景区	8
154		哈尔滨市白鱼泡水利风景区	9
155		黑河市法别拉水利风景区	9
156		密山市青年水库水利风景区	9
157		孙吴县二门山水库水利风景区	9
158		伊春市红星湿地水利风景区	10

续表

序号	行政隶属	景区名称	批次
159		伊春市上甘岭水利风景区	10
160		伊春市卧龙湖水利风景区	10
161		伊春市乌伊岭水利风景区	10
162		伊春市新青湿地水利风景区	10
163		伊春市伊春河水利风景区	10
164		哈尔滨市西泉眼水利风景区	10
165		哈尔滨市呼兰富强水利风景区	11
166		哈尔滨市金河湾水利风景区	13
167		大庆市黑鱼湖水利风景区	13
168		鹤岗市清源湖水利风景区	13
169		兰西县河口水利风景区	13
170		伊春市滨水新区水利风景区	13
171		伊春回龙湾水利风景区	15
172		泰来泰湖水利风景区	15
173		哈尔滨长寿湖水利风景区	17
174		呼兰河口水利风景区	17
175	上海(4)	松江区松江生态水利风景区	3
176		青浦区淀山湖水利风景区	6
177		海湾区碧海金沙水利风景区	7
178		浦东新区滴水湖水利风景区	9
179	江苏(58)	溧阳市天目湖旅游度假水利风景区	1
180		江都区水利枢纽水利风景区	1
181		徐州市云龙湖水利风景区	2
182		扬州市瓜洲古渡水利风景区	2
183		淮安市三河闸水利风景区	3
184		泰州市引江河水利风景区	3
185		苏州市胥口水利风景区	4
186		淮安市水利枢纽水利风景区	4
187		淮安市古运河水利风景区	5
188		盐城市通榆河枢纽水利风景区	5
189		姜堰区溱湖水利风景区	5
190		南京市金牛湖水利风景区	6
191		宜兴市横山水库水利风景区	6
192		无锡市梅梁湖水利风景区	7

续表

序号	行政隶属	景区名称	批次
193		泰州市凤凰河水利风景区	7
194		南京市外秦淮河水利风景区	8
195		宿迁市中运河水利风景区	8
196		徐州市故黄河水利风景区	9
197		太仓市金仓湖水利风景区	9
198		南京市珍珠泉水利风景区	9
199		南京市天生桥河水利风景区	9
200		邳州市艾山九龙水利风景区	10
201		赣榆区小塔山水库水利风景区	10
202		淮安市樱花园水利风景区	11
203		如皋市龙游水利风景区	11
204		无锡市长广溪湿地水利风景区	12
205		连云港市花果山大圣湖水利风景区	12
206		宝应县宝应湖湿地水利风景区	12
207		盐城市大纵湖水利风景区	12
208		泗阳县泗水河水利风景区	12
209		盱眙县天泉湖水利风景区	12
210		淮安市清晏园水利风景区	12
211		淮安市古淮河水利风景区	12
212		苏州市旺山水利风景区	13
213		张家港市环城河水利风景区	13
214		扬州市凤凰岛水利风景区	13
215		徐州潘安湖水利风景区	13
216		徐州市金龙湖水利风景区	13
217		连云港市海陵湖水利风景区	13
218		金坛愚池湾水利风景区	14
219		昆山明镜荡水利风景区	14
220		镇江金山湖水利风景区	14
221		无锡新区梁鸿水利风景区	14
222		宿迁宿城古黄河水利风景区	14
223		溧阳南山竹海水利风景区	14
224		阜宁金沙湖水利风景区	15
225		扬州古运河水利风景区	16
226		南京玄武湖水利风景区	16

续表

序号	行政隶属	景区名称	批次
227		句容赤山湖水利风景区	16
228		宿迁六塘河水利风景区	15
229		宜兴竹海水利风景区	16
230		徐州丁万河水利风景区	15
231		常州雁荡河水利风景区	16
232		江阴芙蓉湖水利风景区	15
233		金湖荷花荡水利风景区	15
234		泰州凤城河水利风景区	17
235		宜兴华东百畅水利风景区	17
236		涟水五岛湖水利风景区	17
237	浙江(33)	宁波市宁海县天河生态水利风景区	1
238		海宁市钱江潮韵度假村水利风景区	1
239		奉化区亭下湖水利风景区	1
240		湖州市太湖水利风景区	2
241		湖州市安吉县天赋水利风景区	2
242		慈溪市杭州湾水利风景区	2
243		江山市峡里湖水利风景区	3
244		新昌县沃洲湖水利风景区	3
245		绍兴市环城河水利风景区	3
246		江山市月亮湖水利风景区	4
247		余姚市姚江水利风景区	5
248		台州市天台山龙穿峡水利风景区	5
249		绍兴市浙东古运河绍兴运河园水利风景区	7
250		安吉县江南天池水利风景区	7
251		上虞区曹娥江城防水利风景区	8
252		台州市玉环区玉环水利风景区	8
253		丽水市南明湖及生态河川水利风景区	9
254		安吉县老石坎水库水利风景区	9
255		绍兴市曹娥江大闸水利风景区	10
256		天台县琼台仙谷水利风景区	10
257		衢州市乌溪江水利风景区	10
258		富阳区富春江水利风景区	10
259		衢州市信安湖水利风景区	11
260		遂昌县十八里翠水利风景区	12

续表

序号	行政隶属	景区名称	批次
261		桐庐县富春江水利风景区	13
262		松阳县松阴溪水利风景区	13
263		景宁畲族自治县畲乡绿廊水利风景区	15
264		宁波东钱湖水利风景区	16
265		乐清中雁荡山水利风景区	16
266		永嘉黄檀溪水利风景区	16
267		湖州吴兴太湖溇港水利风景区	17
268		云和梯田水利风景区	17
269		金华浦阳江水利风景区	17
270	安徽(42)	六安市龙河口(万佛湖)水利风景区	1
271		黄山市太平湖水利风景区	1
272		六安市佛子岭水库水利风景区	3
273		蚌埠市龙子湖水利风景区	3
274		金寨县梅山水库水利风景区	4
275		六安市响洪甸水库水利风景区	4
276		太湖县花亭湖水利风景区	4
277		蚌埠市淮河蚌埠闸枢纽水利风景区	4
278		宁国市青龙湾水利风景区	4
279		六安市横排头水利风景区	5
280		霍邱县水门塘水利风景区	6
281		宣城市广德县卢湖竹海风景区	7
282		泾县桃花潭水利风景区	8
283		黄山市歙县霸王山摇铃秀水水利风景区	9
284		凤台县茨淮新河水利风景区	9
285		霍邱县临淮岗工程水利风景区	9
286		亳州市白鹭洲水利风景区	9
287		阜南县王家坝水利风景区	10
288		淮南市焦岗湖水利风景区	10
289		郎溪县石佛山天子湖水利风景区	10
290		黄山市石门水利风景区	10
291		芜湖市滨江水利风景区	11
292		六安市淠河水利风景区	11
293		岳西县天峡水利风景区	12
294		来安县白鹭岛水利风景区	12

续表

序号	行政隶属	景区名称	批次
295		全椒襄河水利风景区	14
296		岳西大别山彩虹瀑布水利风景区	14
297		颍上八里河水利风景区	14
298		肥东岱山湖水利风景区	14
299		合肥滨湖水利风景区	15
300		六安悠然蓝溪水利风景区	15
301		休宁横江水利风景区	15
302		池州九华天池水利风景区	15
303		望江古雷池水利风景区	15
304		黟县宏村－奇墅湖水利风景区	16
305		宿州新汴河水利风景区	16
306		芜湖陶辛水韵水利风景区	16
307		池州杏花村水利风景区	16
308		金寨燕子河大峡谷水利风景区	16
309		肥西三河水利风景区	17
310		南陵大浦水利风景区	17
311		祁门牯牛降水利风景区	17
312	福建(34)	福清市东张水库石竹湖水利风景区	1
313		仙游县九鲤湖水利风景区	2
314		南平市延平湖水利风景区	5
315		永安市桃源洞水利风景区	6
316		永泰区天门山水利风景区	6
317		德化县岱仙湖水利风景区	8
318		尤溪县闽湖水利风景区	9
319		龙岩市梅花湖水利风景区	9
320		华安县九龙江水利风景区	11
321		永定区龙湖水利风景区	11
322		漳平市九鹏溪水利风景区	12
323		泉州市山美水库水利风景区	13
324		漳州开发区南太武新港城水利风景区	13
325		莆田市木兰陂水利风景区	13
326		三明市泰宁水利风景区	13
327		顺昌县华阳山水利风景区	13
328		武夷山市东湖水利风景区	13

续表

序号	行政隶属	景区名称	批次
329		南靖土楼水乡水利风景区	14
330		邵武云灵山水利风景区	14
331		宁德东湖水利风景区	14
332		泉州金鸡拦河闸水利风景区	14
333		连城冠豸山水利风景区	15
334		永春桃溪水利风景区	15
335		邵武天成奇峡水利风景区	15
336		厦门天竺山水利风景区	15
337		柘荣青岚湖水利风景区	15
338		漳平台湾农民创业园水利风景区	15
339		莆田九龙谷水利风景区	16
340		武平梁野山云礤溪水利风景区	16
341		宁德洋中水利风景区	16
342		永春晋江源水利风景区	16
343		长汀水土保持科教园水利风景区	17
344		宁德水韵九都水利风景区	17
345		霞浦杨家溪水利风景区	17
346	江西(41)	宜春市上游湖水利风景区	3
347		景德镇市玉田湖水利风景区	3
348		贵溪市白鹤湖水利风景区	4
349		井冈山市井冈湖水利风景区	4
350		南丰县潭湖水利风景区	4
351		乐平市翠平湖水利风景区	4
352		南城县麻源三谷水利风景区	4
353		泰和县白鹭湖水利风景区	4
354		宜春市飞剑潭水利风景区	4
355		上饶市枫泽湖水利风景区	5
356		赣州市三江水利风景区	5
357		铜鼓县九龙湖水利风景区	6
358		安福县武功湖水利风景区	6
359		景德镇市月亮湖水利风景区	7
360		九江市都昌县张岭水库水利风景区	9
361		萍乡市明月湖水利风景区	9
362		会昌县汉仙湖水利风景区	10

续表

序号	行政隶属	景区名称	批次
363		南昌市赣抚平原灌区水利风景区	10
364		庐山市庐湖水利风景区	10
365		宜丰县渊明湖水利风景区	11
366		新建区梦山水库水利风景区	11
367		新建区溪霞水库水利风景区	11
368		武宁县武陵岩桃源水利风景区	12
369		九江市庐山西海水利风景区	13
370		万年县群英水库水利风景区	13
371		玉山县三清湖水利风景区	13
372		广丰区铜钹山九仙湖水利风景区	13
373		弋阳龟峰湖水利风景区	14
374		德兴凤凰湖水利风景区	14
375		宁都赣江源水利风景区	14
376		新干黄泥埠水库水利风景区	14
377		吉安螺滩水利风景区	14
378		武宁西海湾水利风景区	15
379		德安江西水保生态科技园水利风景区	15
380		瑞金陈石湖水利风景区	15
381		南城醉仙湖水利风景区	15
382		吉安青原禅溪水利风景区	16
383		弋阳龙门湖水利风景区	16
384		石城琴江水利风景区	17
385		崇义客家梯田水利风景区	17
386		德兴大茅山双溪湖水利风景区	17
387	山东(92)	临沂市沂蒙湖水利风景区	1
388		东营市天鹅湖水利风景区	2
389		聊城市江北水城风景区	3
390		诸城市潍河水利风景区	5
391		泰安市天平湖水上公园水利风景区	5
392		昌乐县仙月湖风光水利风景区	5
393		东营市清风湖水利风景区	5
394		安丘市汶河水利风景区	6
395		寿光市弥河水利风景区	6
396		滨州市中海水利风景区	6

续表

序号	行政隶属	景区名称	批次
397		广饶县孙武湖水利风景区	7
398		东阿县洛神湖水利风景区	7
399		胶州市三里河公园水利风景区	7
400		淄博市峨庄水土保持生态水利风景区	7
401		枣庄市抱犊崮龟蛇湖水利风景区	7
402		海阳市东村河水利风景区	7
403		莱西市莱西湖水利风景区	7
404		潍坊市峡山湖水利风景区	8
405		昌邑市潍河水利风景区	8
406		滕州市微山湖湿地红荷水利风景区	8
407		桓台县马踏湖水利风景区	8
408		高唐县鱼丘湖水利风景区	8
409		枣庄市岩马湖水利风景区	8
410		肥城市康王河公园水利风景区	8
411		潍坊市白浪河水利风景区	9
412		枣庄市台儿庄运河水利风景区	9
413		淄博市太公湖水利风景区	9
414		沾化区秦口河水利风景区	9
415		临朐县淌水崖水库水利风景区	9
416		高青县千乘湖水利风景区	9
417		高密市胶河水利风景区	9
418		新泰市青云湖水利风景区	9
419		潍坊市浞河水利风景区	10
420		文登区抱龙河水利风景区	10
421		胶州市少海水利风景区	10
422		莱芜市雪野湖水利风景区	10
423		泰安市天颐湖水利风景区	10
424		东平县东平湖水利风景区	10
425		菏泽市赵王河水利风景区	10
426		滨州市三河湖水利风景区	10
427		莒南县天马岛水利风景区	10
428		滨州市小开河灌区水利风景区	10
429		沂源县沂河源水利风景区	10
430		淄博市五阳湖水利风景区	11

续表

序号	行政隶属	景区名称	批次
431		青州市仁河水库水利风景区	11
432		临朐县沂山东镇湖水利风景区	11
433		莱阳市五龙河水利风景区	11
434		乳山市岠嵎湖水利风景区	11
435		沂南县竹泉水利风景区	11
436		单县浮龙湖水利风景区	11
437		惠民县古城河水利风景区	11
438		无棣县黄河岛水利风景区	11
439		龙口市王屋水库水利风景区	12
440		栖霞市长春湖水利风景区	12
441		泗水县万紫千红水利风景区	12
442		乳山市大乳山水利风景区	12
443		邹平县黛溪河水利风景区	12
444		招远市金都龙王湖水利风景区	13
445		沾化区徒骇河思源湖水利风景区	13
446		夏津县黄河故道水利风景区	13
447		博兴县打渔张引黄灌区水利风景区	13
448		章丘区绣源河水利风景区	13
449		济南市长清湖水利风景区	13
450		微山县微山湖水利风景区	13
451		枣庄市城河水利风景区	13
452		曲阜沂河水利风景区	14
453		济宁蓼河水利风景区	14
454		青州弥河水利风景区	14
455		单县东沟河绿色生态长廊水利风景区	14
456		茌平金牛湖水利风景区	14
457		滨州秦皇河水利风景区	14
458		寿光洰淀湖水利风景区	14
459		烟台芝罘大沽夹河水利风景区	14
460		禹城大禹文化水利风景区	14
461		巨野洙水河水利风景区	14
462		烟台牟平沁水河水利风景区	14
463		滨州韩墩引黄灌区水利风景区	14
464		临朐弥河水利风景区	15

续表

序号	行政隶属	景区名称	批次
465		邹平樱花山水利风景区	15
466		金乡金水湖水利风景区	15
467		聊城莲湖水利风景区	15
468		泰安徂徕山汶河水利风景区	15
469		夏津九龙口湿地水利风景区	15
470		任城南池水利风景区	15
471		肥城龙山河水利风景区	15
472		菏泽成武文亭湖水利风景区	15
473		莒南鸡龙河水利风景区	16
474		金乡羊山湖水利风景区	16
475		禹城徒骇河水利风景区	16
476		莒县沭河水利风景区	17
477		青州阳河水利风景区	17
478		沂水县沂河水利风景区	17
479	河南(40)	信阳市南湾湖水利风景区	1
480		驻马店市薄山湖水利风景区	1
481		修武县云台山水利风景区	2
482		平顶山市昭平湖水利风景区	2
483		焦作市群英湖水利风景区	2
484		焦作市博爱青天河水利风景区	3
485		灵宝市窄口水库水利风景区	3
486		林州市红旗渠水利风景区	4
487		驻马店市铜山湖水利风景区	4
488		信阳市香山湖水利风景区	4
489		商城县鲇鱼山水库水利风景区	4
490		西峡县石门湖水利风景区	5
491		光山县龙山水库水利风景区	5
492		许昌市白沙水库水利风景区	5
493		方城县望花湖水利风景区	6
494		安阳市彰武南海水库水利风景区	6
495		卫辉市沧河水利风景区	7
496		驻马店市宿鸭湖水利风景区	7
497		信阳市光山县泼河水利风景区	7
498		洛阳市陆浑湖水利风景区	8

续表

序号	行政隶属	景区名称	批次
499	河南(40)	漯河市沙澧河水利风景区	9
500		南阳市龙王沟水利风景区	9
501		信阳市北湖水利风景区	9
502		商丘市黄河故道湿地水利风景区	10
503		南阳市鸭河口水库水利风景区	10
504		郑州市黄河生态水利风景区	11
505		柘城县容湖水利风景区	11
506		商丘市商丘古城水利风景区	12
507		驻马店市板桥水库水利风景区	12
508		禹州市颍河水利风景区	13
509		武陟嘉应观黄河水利风景区	14
510		永城沱河日月湖水利风景区	14
511		淮阳龙湖水利风景区	14
512		民权黄河故道水利风景区	14
513		睢县北湖生态水利风景区	15
514		许昌曹魏故都水利风景区	16
515		虞城响河水利风景区	16
516		荥阳古柏渡南水北调穿黄水利风景区	17
517		林州太行平湖水利风景区	17
518		南乐西湖生态水利风景区	17
519	湖北(22)	荆门市漳河水利风景区	2
520		恩施市龙麟宫水利风景区	3
521		京山县惠亭湖水利风景区	4
522		襄阳市三道河水镜湖水利风景区	5
523		钟祥市温峡湖水利风景区	6
524		荆州市瓶水水利风景区	7
525		武汉市夏家寺水利风景区	7
526		武汉市江滩水利风景区	8
527		孝昌县观音湖水利风景区	9
528		罗田县天堂湖水利风景区	9
529		英山县毕升湖水利风景区	10
530		通山县富水湖水利风景区	11
531		长阳土家族自治县清江水利风景区	12
532		麻城浮桥河水利风景区	14

续表

序号	行政隶属	景区名称	批次
533		郧西天河水利风景区	15
534		荆州北闸水利风景区	15
535		黄冈白莲河水利风景区	16
536		宜昌百里荒水利风景区	16
537		麻城明山水利风景区	16
538		武汉金银湖水利风景区	17
539		蕲春大同水库水利风景区	17
540		武穴梅川水库水利风景区	17
541	湖南(40)	张家界市溇江水利风景区	2
542		娄底市水府水利风景区	2
543		怀化市九龙潭大峡谷水利风景区	3
544		衡阳市衡东洣水水利风景区	4
545		长沙市湘江水利风景区	4
546		攸县酒埠江水利风景区	4
547		益阳市鱼形山水利风景区	5
548		永兴县便江水利风景区	5
549		长沙市千龙湖水利风景区	5
550		湘西土家族苗族自治州大龙洞水利风景区	6
551		双牌县阳明山水利风景区	6
552		怀化市五龙溪水利风景区	7
553		长沙市皂市水利风景区	8
554		衡山县九观湖水利风景区	8
555		凤凰县长潭岗水利风景区	8
556		衡阳县织女湖水利风景区	8
557		长沙市宁乡市黄材水库水利风景区	9
558		新化县紫鹊界水利风景区	9
559		韶山市青年水库水利风景区	9
560		衡阳县斜陂堰水库水利风景区	9
561		花垣县花垣边城水利风景区	10
562		耒阳市蔡伦竹海水利风景区	11
563		澧县王家厂水利风景区	12
564		辰溪县燕子洞水利风景区	12
565		常德市柳叶湖水利风景区	13
566		益阳市皇家湖水利风景区	13

续表

序号	行政隶属	景区名称	批次
567		江华瑶族自治县潇湘源水利风景区	13
568		湘潭韶山灌区水利风景区	14
569		汉寿清水湖水利风景区	14
570		资兴东江湖水利风景区	15
571		江永千家峒水利风景区	15
572		永兴青山垅－龙潭水利风景区	15
573		蓝山湘江源水利风景区	15
574		望城半岛水利风景区	16
575		汝城热水河水利风景区	16
576		郴州四清湖水利风景区	16
577		涟源杨家滩水利风景区	16
578		芷江侗族自治县和平湖水利风景区	17
579		长沙洋湖湿地水利风景区	17
580		祁阳浯溪水利风景区	17
581	广东(13)	清远市飞来峡水利枢纽水利风景区	1
582		茂名市玉湖水利风景区	4
583		茂名市小良水土保持水利风景区	4
584		惠州市白盆湖水利风景区	5
585		梅州市洞天湖水利风景区	7
586		五华县益塘水库水利风景区	9
587		连州市湟川三峡水利风景区	10
588		增城区增江画廊水利风景区	11
589		仁化县丹霞源水利风景区	13
590		珠海竹洲水乡水利风景区	14
591		广州白云湖水利风景区	15
592		湛江鹤地银湖水利风景区	16
593		广州花都湖水利风景区	16
594	广西(13)	百色市澄碧河水利风景区	2
595		北海市洪潮江水利风景区	2
596		南宁市大王滩水利风景区	2
597		南宁市天雹水库水利风景区	4
598		德保县鉴河水利风景区	11
599		鹿寨县月岛湖水利风景区	12
600		南丹县地下大峡谷水利风景区	13

续表

序号	行政隶属	景区名称	批次
601		柳城县融江河谷水利风景区	13
602		象州县象江水利风景区	13
603		靖西龙潭鹅泉水利风景区	14
604		都安澄江水利风景区	16
605		桂林灵渠水利风景区	17
606		隆林万峰湖水利风景区	17
607	海南(5)	儋州市松涛水库水利风景区	2
608		定安县南丽湖水利风景区	6
609		琼海合水水库水利风景区	14
610		保亭毛真水库水利风景区	16
611		海口美舍河水利风景区	17
612	重庆(15)	大足区龙水湖水利风景区	4
613		江津区清溪沟水利风景区	9
614		璧山区大沟水库水利风景区	9
615		合川区双龙湖水利风景区	9
616		黔江区小南海水利风景区	9
617		武隆区山虎关水库水利风景区	9
618		潼南区从刊水库水利风景区	10
619		石柱县龙河水利风景区	10
620		南岸区南滨路水利风景区	11
621		永川区勤俭水库水利风景区	12
622		开县汉丰湖水利风景区	12
623		璧山璧南河水利风景区	14
624		武隆阳水河水利风景区	15
625		荣昌荣峰河水利风景区	16
626		丰都龙河谷水利风景区	17
627	四川(39)	绵阳市仙海水利风景区	2
628		三台县鲁班湖水利风景区	5
629		绵阳市安县白水湖水利风景区	5
630		自贡市双溪湖水利风景区	5
631		自贡市尖山水利风景区	6
632		盐源县凉山州泸沽湖水利风景区	6
633		巴中市平昌县江口水乡水利风景区	8
634		蓬安县大深南海水利风景区	11

续表

序号	行政隶属	景区名称	批次
635		都江堰水利风景区	13
636		汶川县水墨藏寨水利风景区	13
637		绵阳市涪江六峡水利风景区	13
638		眉山市黑龙滩水利风景区	13
639		隆昌市古宇庙水库水利风景区	13
640		南充市升钟湖水利风景区	13
641		苍溪县白鹭湖水利风景区	13
642		西充县青龙湖水利风景区	13
643		遂宁市琼江源水利风景区	13
644		乐山大渡河金口大峡谷水利风景区	14
645		峨边大小杜鹃池水利风景区	14
646		犍为桫椤湖水利风景区	14
647		蓬安嘉陵第一桑梓水利风景区	14
648		阆中金沙湖水利风景区	14
649		青川青竹江水利风景区	14
650		武胜太极湖水利风景区	14
651		金口河大瓦山五池水利风景区	14
652		大竹百岛湖水利风景区	15
653		开江宝石桥水库水利风景区	15
654		雅安飞仙湖水利风景区	15
655		内江黄鹤湖水利风景区	15
656		巴中化湖水利风景区	15
657		广安白云湖水利风景区	15
658		西昌邛海水利风景区	16
659		泸州张坝水利风景区	16
660		壤塘则曲河水利风景区	16
661		南部红岩子湖水利风景区	16
662		广安华蓥山天池湖水利风景区	16
663		雅安陇西河上里古镇水利风景区	17
664		南江玉湖水利风景区	17
665		遂宁观音湖水利风景区	17
666	贵州(31)	镇远县舞阳河水利风景区	1
667		毕节市织金恐龙湖水利风景区	1
668		岑巩县龙鳌河水利风景区	2

续表

序号	行政隶属	景区名称	批次
669		贞丰县三岔河水利风景区	2
670		黄平县舞阳湖水利风景区	2
671		长顺县杜鹃湖水利风景区	2
672		毕节市天河水利风景区	3
673		贵阳市松柏山水利风景区	4
674		龙里市生态科技示范园水利风景区	4
675		贵阳市金茫林海水利风景区	7
676		六盘水市明湖水利风景区	11
677		关岭布依族苗族自治县木城河水利风景区	11
678		遵义市大板水水利风景区	11
679		贵阳市永乐湖水利风景区	11
680		沿河土家族自治县乌江山峡水利风景区	11
681		罗甸县高原千岛湖水利风景区	11
682		惠水县涟江水利风景区	12
683		剑河县仰阿莎湖水利风景区	12
684		铜仁市锦江水利风景区	12
685		施秉县舞阳河水利风景区	13
686		织金县织金关水利风景区	13
687		龙里莲花水利风景区	14
688		锦屏三江水利风景区	15
689		思南乌江水利风景区	15
690		绥阳双门峡水利风景区	15
691		大方奢香九驿水利风景区	15
692		威宁草海水利风景区	16
693		开阳清龙河水利风景区	16
694		凯里清水江水利风景区	17
695		福泉洒金谷水利风景区	17
696		贵定金海雪山水利风景区	17
697	云南（20）	曲靖市珠江源水利风景区	2
698		泸西县五者温泉水利风景区	2
699		普洱市梅子湖水利风景区	3
700		建水县绵羊冲水利风景区	5
701		景谷傣族彝族自治县昔木水库水利风景区	5
702		泸西县阿拉湖水利风景区	5

续表

序号	行政隶属	景区名称	批次
703		芒市孔雀湖水利风景区	5
704		普洱市西盟县勐梭龙潭水利风景区	6
705		保山市北庙湖水利风景区	6
706		洱源县茈碧湖水利风景区	7
707		泸西县阿庐湖水利风景区	9
708		丘北县摆龙湖水利风景区	9
709		普洱市洗马河水利风景区	10
710		丽江市玉龙县拉市海水利风景区	11
711		文山市君龙湖水利风景区	12
712		祥云县青海湖水利风景区	13
713		宜良九乡明月湖水利风景区	15
714		临沧冰岛水利风景区	15
715		双柏查姆湖水利风景区	17
716		丘北纳龙湖水利风景区	17
717	西藏(3)	林芝市措木及日湖水利风景区	10
718		乃东区雅砻河谷水利风景区	13
719		拉萨市拉萨河水利风景区	16
720	陕西(38)	铜川市锦阳湖水利风景区	2
721		汉中市石门水利风景区	2
722		渭南市黄河魂水利风景区	3
723		安康市瀛湖水利风景区	4
724		汉中市南郑区红寺湖水利风景区	4
725		渭南市友谊湖休闲度假山庄水利风景区	5
726		西安市霸柳生态综合开发园水利风景区	5
727		商洛市丹江公园水利风景区	6
728		汉中市城固县南沙湖水利风景区	7
729		咸阳市郑国渠水利风景区	8
730		丹凤县龙驹寨水利风景区	9
731		凤县嘉陵江源水利风景区	9
732		宝鸡市千湖水利风景区	10
733		西安市汉城湖水利风景区	10
734		宝鸡市渭水之央水利风景区	11
735		商南县金丝大峡谷水利风景区	11
736		太白县黄柏塬水利风景区	12

续表

序号	行政隶属	景区名称	批次
737		西安市翠华山水利风景区	12
738		西安市灞桥湿地水利风景区	12
739		宜川县黄河壶口瀑布水利风景区	13
740		神木市红碱淖水利风景区	13
741		鄠邑区金龙峡水利风景区	14
742		太白青峰峡水利风景区	14
743		合阳洽川水利风景区	14
744		丹凤桃花谷水利风景区	14
745		柞水乾佑河源水利风景区	14
746		西安世博园水利风景区	14
747		岐山岐渭水利风景区	14
748		汉阴凤堰古梯田水利风景区	14
749		宝鸡太白山水利风景区	15
750		沣东沣河水利风景区	15
751		渭南卤阳湖水利风景区	15
752		眉县霸渭关中文化水利风景区	16
753		岚皋千层河水利风景区	16
754		米脂高西沟水利风景区	16
755		延川乾坤湾水利风景区	17
756		西安渭河生态水利风景区	17
757		镇坪飞渡峡水利风景区	17
758	甘肃(28)	酒泉市金塔县鸳鸯池水库水利风景区	2
759		武威市凉州天梯山水利风景区	3
760		平凉市崆峒水库水利风景区	3
761		酒泉市赤金峡水利风景区	4
762		高台县大湖湾水利风景区	4
763		庄浪县竹林寺水库水利风景区	4
764		泾川县田家沟水利风景区	4
765		嘉峪关禹苑水利风景区	5
766		瓜州县瓜州苑水利风景区	5
767		临泽县双泉湖水利风景区	6
768		张掖市二坝湖水利风景区	6
769		张掖市大野口水库水利风景区	7
770		张掖市临泽县平川水库水利风景区	8

续表

序号	行政隶属	景区名称	批次
771		陇南市西河县晚霞湖水利风景区	8
772		山丹县李桥水库水利风景区	9
773		阿克塞县金山湖水利风景区	9
774		迭部县白龙江腊子口水利风景区	10
775		临潭县冶力关水利风景区	10
776		民勤县红崖山水库水利风景区	11
777		敦煌市党河风情线水利风景区	11
778		玛曲县黄河首曲水利风景区	12
779		康县阳坝水利风景区	13
780		卓尼县洮河水利风景区	13
781		两当云屏河水利风景区	14
782		崇信龙泽湖水利风景区	14
783		肃南隆畅河风情线水利风景区	16
784		庆阳市庆阳湖水利风景区	16
785		景电水利风景区	17
786	青海(13)	互助土族自治县南门峡水库水利风景区	5
787		西宁市长岭沟水利风景区	5
788		黄南藏族自治州黄河走廊水利风景区	7
789		大通县黑泉水库水利风景区	8
790		循化县孟达天池水利风景区	8
791		互助县北山水利风景区	9
792		久治县年保玉则水利风景区	10
793		民和县三川黄河水利风景区	10
794		玛多县黄河源水利风景区	11
795		囊谦县澜沧江水利风景区	13
796		海西州巴音河水利风景区	13
797		乌兰县金子海水利风景区	13
798		玉树通天河水利风景区	16
799	宁夏(12)	青铜峡市唐徕闸水利风景区	4
800		中卫市沙坡头水利风景区	5
801		银川市艾依河水利风景区	6
802		石嘴山市星海湖水利风景区	7
803		灵武市鸭子荡水利风景区	10
804		石嘴山市沙湖水利风景区	11

续表

序号	行政隶属	景区名称	批次
805		中卫市腾格里湿地水利风景区	11
806		彭阳县茹河水利风景区	12
807		隆德县清流河水利风景区	13
808		银川市鸣翠湖水利风景区	13
809		彭阳阳洼流域水利风景区	16
810		银川黄河横城水利风景区	17
811	新疆(12)	拜城县克孜尔水库水利风景区	4
812		巴音郭楞州西海湾明珠水利风景区	4
813		伊犁州喀什河流域龙口水利风景区	5
814		和田市乌鲁瓦提水利风景区	5
815		吐鲁番市坎儿井水利风景区	6
816		塔城市喀浪古尔水利风景区	7
817		玛纳斯县石门子水库水利风景区	8
818		沙湾县千泉湖水利风景区	10
819		天山天池水利风景区	11
820		巩留县库尔德宁水利风景区	13
821		岳普湖县达瓦昆沙漠水利风景区	13
822		巩留县野核桃沟水利风景区	13
823	新疆兵团(10)	农八师石河子市北湖水利风景区	1
824		五家渠市青格达湖水利风景区	3
825		喀什市西海湾水库水利风景区	3
826		阿拉尔市塔里木多浪湖水利风景区	4
827		阿克苏市千鸟湖水利风景区	4
828		奎屯市双湖水利风景区	4
829		石河子市巴音山庄水利风景区	5
830		石河子市桃源水利风景区	5
831		阿拉尔市塔里木祥龙湖水利风景区	5
832		北屯市福海县布伦托海西海水利风景区	6

皮书起源

"皮书"起源于十七、十八世纪的英国，主要指官方或社会组织正式发表的重要文件或报告，多以"白皮书"命名。在中国，"皮书"这一概念被社会广泛接受，并被成功运作、发展成为一种全新的出版形态，则源于中国社会科学院社会科学文献出版社。

皮书定义

皮书是对中国与世界发展状况和热点问题进行年度监测，以专业的角度、专家的视野和实证研究方法，针对某一领域或区域现状与发展态势展开分析和预测，具备原创性、实证性、专业性、连续性、前沿性、时效性等特点的公开出版物，由一系列权威研究报告组成。

皮书作者

皮书系列的作者以中国社会科学院、著名高校、地方社会科学院的研究人员为主，多为国内一流研究机构的权威专家学者，他们的看法和观点代表了学界对中国与世界的现实和未来最高水平的解读与分析。

皮书荣誉

皮书系列已成为社会科学文献出版社的著名图书品牌和中国社会科学院的知名学术品牌。2016 年，皮书系列正式列入"十三五"国家重点出版规划项目；2013~2018 年，重点皮书列入中国社会科学院承担的国家哲学社会科学创新工程项目；2018 年，59 种院外皮书使用"中国社会科学院创新工程学术出版项目"标识。

中国皮书网

（网址：www.pishu.cn）

发布皮书研创资讯，传播皮书精彩内容
引领皮书出版潮流，打造皮书服务平台

栏目设置

关于皮书：何谓皮书、皮书分类、皮书大事记、皮书荣誉、
皮书出版第一人、皮书编辑部

最新资讯：通知公告、新闻动态、媒体聚焦、网站专题、视频直播、下载专区

皮书研创：皮书规范、皮书选题、皮书出版、皮书研究、研创团队

皮书评奖评价：指标体系、皮书评价、皮书评奖

互动专区：皮书说、社科数托邦、皮书微博、留言板

所获荣誉

2008 年、2011 年，中国皮书网均在全国新闻出版业网站荣誉评选中获得“最具商业价值网站”称号；

2012 年,获得“出版业网站百强”称号。

网库合一

2014 年，中国皮书网与皮书数据库端口合一，实现资源共享。

S 基本子库
UB DATABASE

中国社会发展数据库（下设 12 个子库）

全面整合国内外中国社会发展研究成果，汇聚独家统计数据、深度分析报告，涉及社会、人口、政治、教育、法律等 12 个领域，为了解中国社会发展动态、跟踪社会核心热点、分析社会发展趋势提供一站式资源搜索和数据分析与挖掘服务。

中国经济发展数据库（下设 12 个子库）

基于"皮书系列"中涉及中国经济发展的研究资料构建，内容涵盖宏观经济、农业经济、工业经济、产业经济等 12 个重点经济领域，为实时掌控经济运行态势、把握经济发展规律、洞察经济形势、进行经济决策提供参考和依据。

中国行业发展数据库（下设 17 个子库）

以中国国民经济行业分类为依据，覆盖金融业、旅游、医疗卫生、交通运输、能源矿产等 100 多个行业，跟踪分析国民经济相关行业市场运行状况和政策导向，汇集行业发展前沿资讯，为投资、从业及各种经济决策提供理论基础和实践指导。

中国区域发展数据库（下设 6 个子库）

对中国特定区域内的经济、社会、文化等领域现状与发展情况进行深度分析和预测，研究层级至县及县以下行政区，涉及地区、区域经济体、城市、农村等不同维度。为地方经济社会宏观态势研究、发展经验研究、案例分析提供数据服务。

中国文化传媒数据库（下设 18 个子库）

汇聚文化传媒领域专家观点、热点资讯，梳理国内外中国文化发展相关学术研究成果、一手统计数据，涵盖文化产业、新闻传播、电影娱乐、文学艺术、群众文化等 18 个重点研究领域。为文化传媒研究提供相关数据、研究报告和综合分析服务。

世界经济与国际关系数据库（下设 6 个子库）

立足"皮书系列"世界经济、国际关系相关学术资源，整合世界经济、国际政治、世界文化与科技、全球性问题、国际组织与国际法、区域研究 6 大领域研究成果，为世界经济与国际关系研究提供全方位数据分析，为决策和形势研判提供参考。